# REMARQUES
*Sur divers Endroit de*
# L'ITALIE,
PAR
MONS*. ADDISSON.

*Pour servir au*
# VOYAGE
*DE*
## MONS* MISSON.
TOME QUATRIEME.

A UTRECHT,
Chez { GUILLAUME vande WATER,
ET
JAQUES van POOLSUM
MDCCXXII.

# PREFACE.

IL n'y a assurément aucun Païs au monde, où l'on puisse voyager avec plus de plaisir & avec plus d'avantage qu'en Italie. On y trouve quelque chose de plus particulier sur la face de la Terre & quelque chose de plus étonnant dans les ouvrages de la Nature, qu'en aucun autre Endroit du Monde. Elle est la grande Ecole de la musique : Elle contient toutes les productions les plus nobles de la Sculpture & de l'Architecture, tant ancienne que moderne. Elle abonde en Cabinets de Curiosités, & en vastes Collections d'Antiquités de toutes les sortes. Il n'y a point de Païs où l'on voïe une si grande variété de Gouvernemens, & si differens dans leur Constitution & dans leur politique. Il n'y a presque aucun endroit qui ne soit fameux dans l'Histoire, pas une Montagne, ni pas une Riviere qui n'ait été la scène de quelque action extraordinaire.

*  2                              Com-

# PREFACE.

*Comme il y a tres peu de Personnes qui ayent la capacité ou l'occasion d'examiner un sujet si étendu, on peut observer qu'entre diférens Auteurs qui ont écrit de l'Italie, les uns ont mieux réüssi que les autres, dans de certaines espéces de Curiosités, par exemple, les uns ont recherché les Tableaux, les Statuës, & les Bâtimens; les autres se sont apliqués aux Bibliotheques, aux Cabinets de Raretés, aux Collections de Médailles, & d'autres aux Inscriptions, aux Ruines, & aux Antiquités, Entre les Auteurs de notre Païs, nous sommes obligés à Wr. l'Evêque de Salisbury, de ses Observations sur la Religion & sur le Gouvernement d'Italie. Lassels nous a donné les noms de plusieurs Ecrivains qui ont traité des divers Etats par lesquels il a passé. On doit estimer Monsieur Ray pour ses observations, sur les productions du Terroir. Monsieur Misson est entré dans un detail plus éxact, en général,*

# PRÉFACE.

néral, qu'on n'avoit fait avant lui,
& nous a donné, mieux qu'aucun autre, le Plan du Païs avec des Couleurs aussi vives que naturelles.

Il y a encore beaucoup de ces ma-
tiéres qui sont bien loin d'être épui-
sées, & bien des Sujets où un Voyageur peut trouver à s'employer. Pour
moi, comme j'ai pris connoissance de
divers lieux & de diverses Antiquités dont Personne n'a encore parlé,
je croi qu'outre les choses dont les autres ont écrit, & dont je fais mention, il y en a peu qui ne soient, ou
mises ici dans un nouveau jour, ou
accompagnées de Réflections particulieres. J'ai pris soin sur tout de considerer les divers passages des anciens
Poëtes qui ont quelque rapport aux
lieux, ou aux Curiosités que j'ai ren-
contrées, car avant que de me mettre
en Voyage, je me suis rafraichi la
mémoire des Auteurs Classiques, &
j'en ai fait le Recueil, dont j'ai crû
que je pourrois avoir besoin. Il faut

\* 3                                    que

# PREFACE.

que j'avoüe que ce n'a pas été le
moindre des entretiens & des plaisirs
que j'ai eûs dans mon Voyage, que
d'éxaminer ces différentes descriptions, sur les liex mêmes & de con-
fronter les Pays & leur Situation,
avec les descriptions que les Poëtes
nous en ont données. Néanmoins, pour
éviter la Confusion, qui peut venir
d'un grand nombre de Citations, j'ai
seulement raporté les vers qui nous
donnent quelque Idée des Lieux, ou
qui renferment plus que le simple
nom, ou qui les rend tant soit peu
recommendables. C'est pourquoi, je
ne ferai point d'apologie pour là quantité de passages des Poëtes Latins
que je raporte. Je souhaite qu'ils ne
fassent pas tout ce qu'il y a de bon
dans mon Livre.

MO.

# MONACO,

## GENES, &c.

e douziéme de *Décembre* 1699. je commençai mon Voyage de *Marseille* à *Gê-nes* dans une Tartane. Le premier soir, nous arriva-mes tard à un petit port, qui s'appelle *Cassis*. Le lendemain, nous ne fûmes pas peu surpris, de voir toutes les Montagnes d'alentour couvertes d'O-liviers verts, arrangès comme dans des Jardins, & faisant une grande variété de perspectives fort agréables, même au mi-lieu de l'Hyver. Les montagnes les moins cultivées produisent naturellement quantité de plantes odoriferantes. J'en cueillis de cinq ou six sortes differentes, qui venoient à trois piés, l'une de l'autre, Il y avoit du *Serpolet*, de la *Lavande*, du *Romarin*, du *Baûme* & du *Myrte*. On nous montra, à une certaine distance d'i-ci, les déserts si fameux par la pénitence de *Marie Madelaine*, qui ayant abordé à *Marseille* avec *Lazare* & *Joseph* d'*Arima-*

Tom. IV.                A                *thée,*

*thlé*, paffa le refte de fes jours, à ce que l'on dit , à pleurer fes péchés dans les Rochers & dans la folitude de ces montagnes, qui forment une Scène fi romanesque, qu'elle a toujours probablement donné lieu à de femblables fables. C'eft de ce lieu , comme je m'imagine , dont Claudian parle dans la defcription fuivante.

*Eft locus extremum pandit qua Gallia littus,*
*Oceani prætentus aquis , qua fertur Ulyffes,*
*Sanguine libato populum moviffe filentûm.*
*Illic umbrarum tenui ftridore volentûm*
*Flebilis auditur queftus ; fimulachra coloni*
*Pallida, defunctasque vident migrare figuras* &c.
Cl.In. Ruf. L.1.

Je fai qu'il n'y a rien de plus indéterminé, ni de plus incertaim, que le Voyage d'*Uliffe*. Les uns difent que ç'a été fur la *Méditerranée* , les autres fur le *grand Océan* , & d'autres dans un monde bâti par les Poëtes ; quoique fes converfations avec les morts , foient généralement fuppofées avoir été à *Cumes.*

*Incul-*

*Incultos adiit Læstrigonas , Anthiphatena-*
*que , &c.*
*Atque hæc seu nostras intersunt cognita terras,*
*Fabula sive novum dedit his Erroribus orbem.*
Tib. L. 4. El. 1.

Le lendemain, nous remîmes à la voile,
& nous hâtâmes autantque nous pûmes,
jusques à ce que nous fûmes contraints
par les vents contraires , de relâcher à *Saint*
*Rémo*, Ville fort jolie, dans le Territoire des *Génois.* Sa face , du côté de la
mer , n'est pas grande , mais il y a par
derriere quantité de maisons bâties sur la
pente d'une montagne , pour être à l'abri
des vents & des vapeurs qui viennent de
la mer. Nous Vîmes ici plusieurs personnes , qui au milieu de Décembre , n'a-
voient sur leurs epaules , qu'une simple
chemise , sans se plaindre du froid. C'est
assurément un bonheur pour le menu peuple de ce païs là, de naître sous un climat
éxemt des plus grandes incommodités aux-
quelles sont assujetties les Nations septen-
trionales, comme la nôtre ; parceque sans
cet avantage , l'extréme misere & l'extréme pauvreté , qui se trouvent dans la
plus part des Etats d'Italie , seroient tout
à fait insupportables. Il y a à *St. Rémo*
plusieurs plantations de Palmiers, ce qui
A                          est

eſt particulier à ce païs là. Nous partî-
mes d'ici directement pour *Gênes* , &
ûmes un bon vent qui nous mena jusqu'au milieu du Golfe, qui eſt ſi fameux
par ſes Tempêtes & par ſa diſette de Poiſſon. Il eſt probable que l'un eſt la cauſe de l'autre ; ſoit que les Pêcheurs ne
puiſſent pas ſe ſervir de leur art , dans
une mer ſi agitée , ou que le poiſſon ne
ſe ſoucie gueres d'habiter dans des Eaux
ſi orageuſes.

*Atrum*
*Defendens piſces byemat mare*
Hor. Sa. 2. l. 2.

Nous fûmes contraints d'y demeurer
pendant deux jours , & nous fûmes ſi
proche de périr, que le Capitaine ſe mit
à genoux & ſe confeſſa à un Capucin, qui
étoit ſur notre Bord. Mais à la fin, nous
primes l'avantage d'un vent de côté, qui
nous repouſſa en peu d'heures juſqu'à *Monaco* , où nous eûmes bien de la joye de
nous voir, après le danger que nous
avions échapé. *Lucain* nous a donné la
deſcription de ce petit havre.

*Qua*

*Quaque sub Herculeo Sacratus nomine portus*
*Urget rupe cavâ pelagus : non corus in illum*
*Jus habet aut Zephyrus : Solus sua littora*
    *turbat*
*Circius, & tutâ prohibet statione Monæci.*
                     Lib. 1.

Sur le Promontoire, où la Ville de *Mo-naco* est à présent, étoit autrefois le Temple de *Hercules Monæcus*, qui donne encore le nom à cette Principauté.

*Aggeribus focer Alpinis atque arce Monæci*
*Descendens* ———     Virg. Æn. 6.

Il n'y a dans l'Etat du Prince de *Mona-co* que trois Villes, dont la principale est située sur un Rocher qui s'étend dans la Mer, & qui est bien fortifié par la Nature. *Monaco* étoit autrefois sous la protection des *Espagnols*, mais dans l'Année ..... cette Ville en chassa la Garnison, & en reçut une *Françoise*, qui est à cette heure composée de cinq cens hommes, qui avec leurs Officiers sont envoyés & paiés par le Roi de France. L'Officier qui me montroit le Palais, me dit avec beaucoup de gravité, que son Maitre & le Roi de France, au milieu de toutes les brouilleries de l'Europe, avoient toujours

A 3                   été

été bons Amis, & bons Alliés. Le Palais a de beaux apartemens ; & il y en a plusieurs qui sont ornés des Portraits des Beautés les plus brillantes de la Cour de France. Mais la meilleure partie des ameublemens étoit à *Rome*, où le Prince de *Monaco* étoit alors Ambassadeur. Nous primes ici un petit Bateau pour nous transporter le long de la Côte, jusqu'à *Génes* : mais à *Savône* voyant un gros temps, nous fûmes contraints de decendre, & d'aller par Terre le mieux que nous pûmes par des Montagnes fore rudes, & par des Précipices ; Car ce Chemin est beaucoup plus difficile, que celui du *Mont Sénis.*

Les Génois passent pour éxtrémement adroits, & éxtrémement industrieux, & plus accoutumés à la fatigue que le reste des Italiens. C'étoit aussi le Caractére des Anciens *Liguriens* ; mais il ne faut pas s'étonner que les habitans ayent toujours été les mêmes, puisque le pays a toujours été sterile. Il n'y a rien, qui rende les hommes plus rusés, & qui employe mieux leurs mains, & leurs têtes que l'Indigence. Le Proverbe Italien dit des *Génois*, qu'ils ont une mer sans Poisson, une Terre sans Arbres, & des Hommes sans Foi. Il y a tres peu de différence entre ce Caractére des Génois, & celui que les Poëtes Latins en ont donné             *Assue-*

*Affuetumque malo Ligurem.* Virg. G. 2.

——— *Pernix Ligur.* Sil. It. 1. 8.

*Fallates Ligures.* Auſ. Eid. 12.

*Apenninicolæ bellator filius Auni.*

*Haud Ligurum extremus dum fallere fata*
    *finebant &c.* Æn. 11.

*Vane Ligur , fruſtraque animis elate fu-*
    *perbis,*

*Nequicquam patrias tentaſti Lubricus ar-*
    *tes.* Id.

Il y a quantite de beaux Palais rangés
le long du Rivage de la mer des deux
côtez de *Gênes* , ce qui fait paroître la
Ville beaucoup plus longue qu'elle n'eſt,
à ceux qui côtoyent ſon bord. Aſſurément la Ville fait la plus belle figure
du monde. Preſque toutes les Maiſons
ſont peintes par dehors , ce qui leur donne beaucoup de gayeté & d'éclat , d'autant plus qu'elles ſont fort ſerrées , &
les plus hautes qu'il y ait dans toute l'Europe. Il y a dans la nouvelle ruë,
d'un bout à l'autre , un double rang de
Palais d'un grand goût , propres à être
habités par les plus grands Princes. Néanmoins je ne trouve pas bonne leur maniere de peindre la plus part de leurs Maiſons. Les Figures, les perſpectives, les

Traits d'Hiſtoire, ſont aſſurément de
grands embelliſſemens pour pluſieurs Murailles, qui autrement ſembleroient trop
nuës & trop uniformes. Mais au lieu de
cela, ou voit bien ſouvent la façade d'un
Palais tonte couverte de piliers peints, de
divers ordres; ſi c'étoit de veritables Colomnes de marbre ſelon les Regles de
l'Architecture, elles orneroient beaucoup les Palais, mais ce qu'Elles ſont à
cette heure, nous montre ſeulement,
qu'il manque quelque choſe à ces Palais,
qui ſeroient beaucoup plus magnifiques, ſi
ces Ornemens n'étoient pas feints. La
face de la *Ville Imperiale*, à un mile de
*Gênes*, qui n'a rien de ce fard, eſt com-
poſée d'un Rang de Piliers Dorics & Co-
rinthiens, qui ſont les plus jolis que j'aye
vûs. Le Palais du Duc *Doria* eſt le plus
beau par dehors, & celui de *Durazzo* eſt
le mieux meublé par dedans. Dans le
premier, il y a une Chambre tenduë de
Tapiſſeries de haute lice, où l'on voit
les figures des grands Perſonnages de la
Famille. Peut-être qu'il n'y a aucune
Maiſon, qui puiſſe montrer une auſſi
grande ſuite de Heros, & qui ayent toujours agi pour le bien de leur Patrie. A
l'entrée du Palais du *Doge*, il y a une
ſtatuë d'*André Doria* avec le titre glorieux de *Liberateur de la République*. Il
y a encore une Statuë d'un autre Héros
de

de la même Famille , avec le Nom de
*Confervateur de la République.* Dans le
Palais du *Doge* , font les Chambres où
s'affemblent le Grand & le petit Confeil, avec les deux Colleges. Mais comme l'Etat de *Génes* eft fort pauvre , &
qu'au contraire plufieurs de fes membres
font extrémement riches , on voit infi-
niment plus de fplendeur & de magnificence dans les Maifons de quelques particuliers , que dans celles du Public ; au
lieu que dans la plus part des Etats de
l'Europe , on ne voit que pauvreté dans
le peuple , & fplendeur dans les Princes.
Les Eglifes font fort belles , particulierement celle de l'*Annonciation*, qui, hormis un coin , eft en dedans , toute couverte de Statuës, de dorures, & de peintures. On croiroit que dans une Ville
dès plus anciennes d'*Italie* , il fe trouve
des Antiquités de quelque confidération ;
mais tout ce qu'ils ont de cette efpèce,
c'eft un vieux *Roftrum* d'un Vaifleau Romain , placé fur la Porte de leur Arfenal , qui n'eft long que d'un pié ; Et
peut-être qu'on ne l'auroit jamais pris
pour l'Eperon d'un navire , s'il n'avoit
été trouvé dans un havre. Il eft tout de
fer , & a un bout femblable à la Tête
d'un Verrat , felon la répréfentation ,
que j'en ai vûe dans des Médailles , &
fur la *Columna Roftrata* à *Rome.* J'ai vû

A 5                    à *Gé-*

à *Génes* la fameuse Collection de Co-
quilles de Monsieur *Micceni*. Le Pere
*Buonani Jésuite* m'a dit depuis, qu'Elle
est une des meilleures qu'il y ait en Italie. Je ne sache rien de plus remarquable dans le Gouvernement de *Génes*, que
la *Banque de St. George*, qui est composée de certaines portions des Revenus
Publics, lesquelles ont été destinées pour
payer ce qu'on a emprunté pour les be-
soins de la République. En quelque état
qu'Elle se soit trouvée, l'on n'a jamais
violé le credit Public, ni employé aucune partie de ces Revenus à d'autres usages, qu'à ceux aux quels ils ont été affectés.

L'Administration de cette Banque est
entre les mains des Principaux Citoyens,
qui l'ont à vie, ce qui leur donne une
grande Authorité dans l'Etat, & un grand
pouvoir sur la Populace. On regarde
cette Banque comme le plus grand far-
deau des Génois; & ses Directeurs ont
été rèprésentés comme une seconde espece de Sénat, qui romp l'uniformité du
Gouvernement; & ruine en quelque
façon, la Constitution fondamentale de
la Republique. Néanmoint il est tres
vrai, que le Peuple ne tire pas peu d'a-
vantage de cet Etablissement, qui partage le pouvoir entre plus de Membres de la Republique, & donne encore
quel-

quelque figure aux Communes : de forte
qu'il tient en bride les Nobles , & fait
que le Sénat de *Gênes* a plus de modé-
ration envers fes fujets, que celui de *Venife*. C'auroit été un fort grand bien pour
la République de *Gênes* , fi à l'exemple
de *Venife* fa fœur , elle n'avoit pas permis à fes Nobles d'acheter ni Terres,
ni maifons, chez aucun Prince étranger,
au lieu qu'à l'heure qu'il eft, la plus part
des Grands Seigneurs *Génois* font, pour
ainfi dire Sujets d'*Efpagne* , à caufe des
biens qu'ils poffedent dans le Royaume
de *Naples*. Les Efpagnols les taxent fort
haut , & ils font fi fenfibles à l'avantage
que ces fortes d'aquifitions faites par les
Génois , leur donnent fur la République,
qu'ils ne permettroient pas qu'un *Napolitain* achetât les Terres d'un *Génois*; ce
qui oblige les Génois à chercher des Marchands entre leurs Compatriotes , lorf-
qv'ils veulent fe défaire de leurs Terres.
Pour cette raifon , & à caufe auffi des
grandes fommes, que les Efpagnols leur
doivent, Ils font à prefent forcés d'être
dans les Interêts des François ; & probablement ils continueroient à y demeurer,
quand même tout le refte de l'*Italie* viendroit à fe liguer contre la *France*

 *Gênes* n'eft pas encore tout à fait hors
de danger d'un bombardement; quoiqu'elle y foit moins expofée qu'autrefois; Car

depuis l'infulte des François, ils ont bâti un *Môle*, avec quelques petites Fortereffes, & fe font pourvûs de longs Canons & de Mortiers. Il eft bien facile à ceux qui font forts fur mer, de les faire venir où il leur plait ; car comme ils n'ont que tres peu de Terres labourables, ils font venir tout leur Blé de *Naples*, de *Sicile*, & des autres Païs étrangers, hormis un peu qui leur vient de *Lombardie*, & qui à cette heure vray-femblablement, va ailleurs, pour fournir deux grandes Armées. Leur Flote, qui autrefois remporta tant de Victoires fur les *Sarafins*, les *Pifans*, les *Venitiens*, les *Turcs*, & les *Efpagnols*, & qui les rendit Maîtres de *Crète*, de *Sardaigne*, de *Majorque*, de *Minorque*, de *Négre-pont*, de *Lesbos*, de *Malte*, & qui les établit en *Scio*, à *Smirne*, en *Achaïe*, à *Théodofie* & en plufieurs autres Villes fur les Confins de l'*Europe* & de l'*Afie*, cette Flote dis-je, eft préfentement reduite à fix Galéres. Il y a quelque tems que l'ayant augmentée de quatre, le Roi de France leur donna ordre de fupprimer ces quatre, difant qu'il favoit fort bien que la République n'avoit pas befo'n de ce nombre là, Cette petite Flote ne fert à cette heure qu'à leur aller chercher du Vin & du Blé, & à donner aux Dames le divertiffement de la Mer dans l'Eté.

La

La République de *Gênes* à une Couronne
& un fceptre pour fon *Doge*, à caufe de
la conquête de l'Ifle de *Corfe* faite autrefois fur un Roi *Sarafin*, ce qui donne en
effet à fes Ambaffadeurs, un Accueil plus
honorable dans quelques Cours; mais en
même tems, cela peut donner au Peuple
des Idées de mépris pour leur forme de
Gouvernement, puifque c'eft une efpece
d'aveu en faveur de la Monarchie. Les
Anciens Romains avoient une Politique
toute opofée, pour infpirer à leurs peuples du mepris pour la Royauté, traitant
avec infamie les Rois vaincus, & les at-
tachant aux rouës de leurs Chars de
Triomphe.

A 7

# PAVIE,

## MILAN, &c.

**A** Génes nous montames en chai-
se pour nous rendre à *Milan*,
& en passant nous nous arrê-
tames à *Pavie*, qui autrefois
étoit la Capitale d'un Royau-
me, mais à present c'est une pauvre Ville. Nous y vimes le Couvent des Religieux de *St. Augustin*, qui depuis environ trois Ans, prétendent avoir le Corps.
du Saint qui donne le nom à leur Ordre.
Le Roi *Luitpraud*, qui est enseveli dans
la même Eglise, y ayant apporté ce Corps,
le cacha de peur qu'il ne fût mal traité
par les Nations barbares, qui alors rava-
geoient l'*Italie*, c'est pourquoi il est surprenant qu'il n'ait pas été découvert plus-
tôt. Les Religieux ne trouvent pas encore leur compte à cette découverte; Car
il y a des Chanoines Réguliers, qui ont
la moitié de la même Eglise, qui ne veulent pas tomber d'accord, que ce soit le
Corps du Saint, d'autant plus qu'il n'est
pas encore reconnu par le Pape. Les
Religieux disent que le nom du Saint
étoit

étoit écrit fur l'Urne où étoient les
Cendres, & que dans un Ancien Regître
on voit un Acte public qui porte, Que le
Saint a été entèrré entre la muraille, &
l'Autel, à l'endroit où l'on a recueilli les
Cendres, qui, à ce que nous dirent les
Religieux, avoient déja commencé à se
justifier par des Miracles. Au coin d'un
des Cloiftres de ce Couvent, eft le Tombeau d'un Duc de *Soffolk*, & d'un Duc de
*Lorraine*, qui furent tous deux tués dans
la fameufe Bataille de Pavie. Ce Monument leur a été érigé par un Charles Parker Eccléfiaftique, comme j'ai apris par
l'Infcription, que je ne puis pas laiffer fans
la tranfcrire, parceque je ne me fouviens
point de l'avoir vûe imprimée.

*Capto a Milite Cæfareo Francifco I Gal-
lorum Rege in agro Papienfi Anno 1525. 23.
Feb. inter alios proceres qui ex fuis in præ-
lio occifi funt, occubuerunt duo Illuftriffimi
principes Francifcus Dux Lotharingiæ &
Richardus de la Poole Anglus Dux Suffol-
ciæ a Rvge Tyranno Hen. VIII. pulfus regno. Quorum corpora hoc in cænobio &
ambitu per Annos 57. fine honore tumulata
funt. Tandem Carolus Parker, a Morley
Richardi proximus confanguineus Regno An-
gliæ a Reginâ Elifabethâ ob Catholicam fidem ejectus, beneficentiâ tamen Philippi
Rogis Cath. Hifpaniarum Monarchæ Invi-
Etiffimi*

*ctiſſimi in Statu Mediolanenſi ſuſtentatus, hoc qualecunque monumentum pro rerum ſuarum tenuitate chariſſimo propinquo & Illuſtriſſimis principibus poſuit , 5. Septemb. 1582. & poſt ſuum exilium 23. majora & honorificentiora commendans Lotharingicis. Viator precare Quietem.*

Ce *Parker* eſt enterré au même endroit avec l'Inſcription ſuivante.

### D. O. M.

*Carolo Parchero a Morley Anglo ex Il- luſtriſſimâ clariſſimâ ſtirpe. Qui Epiſcopus Des , ob fidem Catholicam actus in Exilium An. xxx. peregrinatus ab Invictiſſ. Philip. Rege Hiſpan. honeſtiſſimis pietatis & con- ſtantiæ præmiis ornatus moritur Anno a par- tu Virginis. M. D. C. XI. Men. Septem- bris.*

Il y a à *Pavie* une Univerſité de ſept Colleges , dont il y en a un qui eſt ap- pellé le College de Borromée. Il eſt bien grand & bien bâti. Il y a encore une ſta- tuë équeſtre de cuivre de *Marc Antoine* qui eſt appellée *Charles Quint* , par le Peu- ple , & *Conſtantin le Grand* , par quelques Sçavans.

*Pavie* eſt le *Ticinum* des anciens , il pre- noit ſon Nom de la Riviere *Ticinus* qui traverſe la ville , c'eſt ce qu'on appelle à

**cette**

cette heure le *Tefin*. Cette Riviere eft
fort rapide, & tombe dans le *Pô*. Monfieur l'Evêque de *Salisbury* dit, qu'en fuivant le fil de l'eau, il a fait trente Miles
en une heure, & qu'il n'avoit qu'un feul
Rameur. C'eft pourquoi je ne me puis
imaginer par quelle Raifon *Silius Italicus*
nous a répréfenté le Tefin, dans la belle
defcription qu'il nous en a donnée, comme un fleuve qui coule doucement.

*Cæruleas Ticinus aquas. & Stagna vadofo.*
*Perfpicuus fervat, turbari nefcia, fundo,*
*Ac nitidum viridi lentè trahit omne liquorem;*
*Vix credas labi, ripis tam mitis opacis*
*Argutos inter (volucrum certamina) cantus*
*Sonniferam ducit lucenti gurgite lympham.*

L. 4.

Un Poëte d'une autre Nation n'auroit
pas infifté fi long tems fur la limpidité, &
fur le criftal transparent du Courant;
mais en *Italie* on voit rarement des Rivieres qui foient bien claires; par ce que
la plus part tombent des Montagnes, ce
qui rend leurs Eaux bien troubles, au
lieu que le *Tefin* n'eft que la décharge de
ce vafte Lac, que les Italiens appellent à
l'heure qu'il eft, *Lago Maggiore.*

Je vis entre *Pavie* & *Milan* un Couvent
de

de Chartreux qui eſt fort beau & fort ſpatieux. L'Egliſe eſt fort jolie, & curieuſe-
ment ornée, mais elle eſt d'une ſtructure
Gothique. Dès que je fus à *Milan* j'allai
voir la grande Egliſe, dont j'avois tant ouï
parler, mais je n'ai de ma vie été ſi
trompé dans mon attente, que je le fus
en y entrant. Car la Façade qui étoit
tout ce que j'en avois vû par dehors, n'eſt
pas à demi faite; & pour le dedans, il eſt
tellement ſali de pouſſiere, & de la fumée
des Lampes, que ni le Marbre ni les
Ouvrages, ſoit d'Argent, ſoit de Cuivre,
ne paroiſſent pas avec le moindre avantage. Ce vaſte Bâtiment Gothique eſt
tout de Marbre, horsmis le Toit, qui auroit été de la même matiere, ſi le poids ne
l'avoit pas rendu peu propre pour cette
partie du Batiment. Mais pour la Raiſon
que je viens de rapporter, le dehors de
l'Egliſe paroit beaucoup plus blanc, &
beaucoup plus neuf, que le dedans; parcequ'il eſt ſouvent lavé par les pluyes, excepté le côté du ſeptentrion, vers le quel
le vent du Nord porte de la pouſſiere,
& de la fumée, qui s'y attachent. Cette
profuſion de Marbre n'a rien de ſurprenant que pour les Etrangers, parceque le
Païs en eſt tout plein; néanmoins ces ſortes de Pierres ſont fort cheres, parcequ'Elles coutent beaucoup à travailler.
On dit ordinairement, qu'il y a onze mille

le ſtatuës à l'entour de l'Egliſe; mais on y conte les Figures hiſtoriques, & diverſes petites Images qui font l'équipage des Grandes. Il y en a quantité qui ſont plus grandes que le Naturel. J'en ai comté plus de deux cents cinquante par dehors, ſeulement de trois côtés de l'Egliſe; Encore ne ſont Elles pas ſi ſerrées, de la moitié, qu'ils les voudroient avoir. Les ſtatuës ſont toutes de Marbre, & la plus part bien taillées. La plus eſtimée de toutes, & qui vaut ſon peſant d'Or, ç'eſt un *St. Barthélemi* avec la peau pendante ſur les Epaules, comme ſi on venoit de l'écorcher. On y voit ce vers ſur le Piédeſtal, pour marquer le cas qu'on fait de l'Ouvrier.

*Non me Praxiteles, ſed Marcus finxit Agrati.*

Juſtement à l'entrée du Chœur eſt une petite Chapelle ſoûterraine dédiée à *St. Charles Borromée*, où j'ai vû le Corps de ce Saint en habits Epiſcopaux dans une Chaſſe de Cryſtal de Roche, qui eſt ſur l'Autel. Cette Chapelle eſt ornée de quantité d'ouvrages d'Argent. Il fut fait Evêque de *Milan* à vingt deux Ans, & il mourut à quarante ſix; mais il a ſi bien employé ce peu de tems en Oeuvres de Charité, & de Munificence, que ſes Com-

patriotes en ont encore la mémoire toute fraiche, & la beniſſent tous les jours. Il
y a environ cent Ans qu'il fut canonizé.
Certainement ſi cet honneur eſt dû à quelqu'un, ç'eſt ſans doute à Ceux qui ſe
font conſacrés au bien public, plutôt
qu'à ces ſortes de Gens, ou qui afectent
de ſe ſéparer tout à fait du Genre humain, ou qui ont fait paroître un grand
zele contre les *Etêrodoxes*, ou qui donnent dans des Viſions, des Chimeres,
ou dans des pénitences fantasques ; toutes qualités qui font le merite le plus ordinaire des Saints de l'Egliſe Romaine. Il
eſt vrai qu'on demande des miracles à
Ceux à qui on fait l'honneur de les ca-
noniſer ; parceque dit on, l'Hypocriſie
peut imiter la Sainteté en toute autre choſe qu'én cela ; Ainſi ils attribuent quantité de Miracles à celui dont je parle. Son
grand merite, joint à l'importunité de
ſes Compatriotes, lui a procuré la Cano-
nization avant le Tems ordinaire. Car
une des Ruſes de l'Egliſe Romaine, c'eſt
de n'acorder cet honneur que cinquante
ans après la mort du Candidat, pour
ainſi dire ; parcequ'on a ſujet de croire,
qu'après ce long térme, il ne ſe trou-
vera plus aucun de ceux qui pourroient
contredire les prétendus Miracles, on ſe
ſouvenir de quelque foibleſſe indigne du
Saint, Il eſt ſurprenant, que les Catholiques

liques Romains , qui font fi atachés au
Culte des Saints, s'addreffent moins aux
Apôtres , à qui ce Titre eft généralement
reconnu apartenir qu'a ces Saints de nouvelle impreffion , qui font aujourdui tellement à la mode , qu'il n'y a presque
pas une Ville Catholique qui n'en ait
quelqu'un, qu'Elle révere d'une maniere
particuliere. Mais une des chofes qui devroit rendre fufpeCtes ces fortes de Ca-
nonifations , c'eft que l'Intérêt des Familles particulieres , des Ordres Religieux , des Couvents, ou des Eglifes, y
a plus de part que le refte.

Quand j'étois à *Milan* je vis un Livre
tout nouveau dédié au Chef de la Famille *Borromée* , & intitulé Difcours de
*Jefus Chrift* , & de St. *Borromée*. Il y a
dans l'Eglife de *Milan* deux Chaires magnifiques de Cuivre , dont chacune en-
toure un grand Pilier, comme une Galerie,
fupportée par de grandes figures du même Metal. L'Hiftoire de Notre Sauveur,
ou plus tôt l'hiftoire de la Vierge ( car
Elle commence à fa naiffance , & finit à
fon Couronnement dans le Ciel , Celle
de Notre Sauveur n'y entrant que par
maniere d'Epifode ) cette hiftoire, dis-je,
eft curieufement taillée en marbre par
*André Biffy*. Cette Eglife eft fort riche
en Reliques, qui vont jufqu'à *Abraham* ,
à *Daniel* , & à *Jonas*. Entre autres ils
mon-

môntrent un Morceau de Notre Compa-
triote Becket : Il y a tres peu de Tréfors
en Italie que n'ayent une Dent , ou un
Os de ce Saint.

On ne finiroit point , fi on vouloit
parler en détail des Richeffes d'Or, &
d'Argent , & des Pierres précieufes, qui
fe voient en cette Eglife, & en diverfes
autres de la même Ville. On me dit qu'il
y avoit foixante Couvents de Femmes,
quatre vingts d'Hommes, & deux Cens
Églifes. Il y a aux *Celeftins*, un Tableau
à frefque de *Noces* de *Cana* , & fort eftimé; mais par malheur, le Peintre a mis
fix doigts à la main d'une dès Figures.
On montre les Portes d'une Eglife, que
St. *Ambroife* ferma à l'Empereur *Théodofe*,
ne le jugeant pas digne d'affifter au fer-
vice divin, qu'il n'eût réparé par une pè-
nitence, le maffacre qu'il avoit fait faire
des Habitans de *Theffalonique* pour une
mutinerie. Ce Prince fut fi peu fâché
contre ce Saint, qu'à fa mort , Il lui
commit l'éducation de fes Enfans. Il
y a quantité de Gens qui font des Reliques des petits brins de bois qu'ils ra-
maffent de ces Portes.    On a relevé
depuis peu une petite Chapelle , où
*Saint Ambroife* baptifa St. *Auguftin*. Il
y a fur la muraille une Infcription qui
dit, que ce fut là que St. *Ambroife* chanta
pour la premiere fois fon *Té Deum*) auquel
                                                    fon

fon Converti répondit verfet arpès verfet.
Dans une des Eglifes, je vis une Chaire
& un Confeffional Marqueté d'Azur, &
de diverfes fortes de Marbres par un Religieux du Convent.    C'eft un grand bonheur pour des perfonnes qui ont tant de
loifir, de pouvoir s'amufer dans les Couvents à des Ouvrages de ce Genre là. Il y en a
qui ont un Génie admirable pour les beaux
Arts, & qui fe divertiffent à la Peinélu-
re, à la Sculpturé, à l'Architeéture, au
Jardinage, &c.    A propos de confeffional, voici quelques Infcriptions que j'ai
vûes fur plufieurs, dans les Païs Catholiques, toutes tirées de l'Ecriture, & qui
regardent, ou le Penitent, ou le Confef-
feur.    *Abi, Oftende Te Sad acerdotem*—
*Ne taceat pupilla oculi Tui*——*Ibo ad pa-
trem meum & dicam, Pater peccavi*—
*Soluta erunt in Calis*——*Redi Anima mea
in Requiem tuam*——*Vade, & ne deinceps
pecca*——*Qui vos audit me audit*——*Venite
ad me omnes qui fatigati eftis & onerati*
——*Corripiet me juftus in mifericordiâ*
——*Vide fi via Iniquitatis in me eft & de-
duc me in vià æternâ*——*Ut audiret gemitus compeditorum.*    Je vis la *Bibliotheque
Ambrofienne*, où fuivant le génie Italien,
ou a plus depenfé en Tableaux, quen Livres.    Entre les Têtes de divers favans,
je ne vis d'Anglois, que celle de l'Evêque *Fifcher*, que *Henry huitiéme* fit mou-
tir

rir póur n'avoir pas voulu reconnoître
fa fuprématie. Les Livres font la moindre partie de ce qu'on va voir ordinairement, dans les Bibliothèques Italien-
nes, qui font pour la plus part, enri-
chies de Tableaux, de Statuës & d'autres embelliffemens, par tout, où l'on
peut en placer, à l'Exemple des Anciens
Grecs, & Romains.

———————— *Plena omnia gypfo*
*Chryfippi Invenias: Nam perfectiffimus ho-*
*rum*

*Si quis Ariftotelem fimilem vel Pittacon emit,*
*Et jubet Archetypos pluteum fervare Clean-*
*thas.* Juv.S. 2.

Dans un apartement, derriere la Bibliotheque, font diverfes Raretés, tant en
peinture, qu'en fculpture, qui ont été
décrites par les Voyageurs, comme les
*Elements* de *Brugeal*, une Tête du *Titien*,
de fa propre Main, un Manufcrit de *Jo-*
*fephe*, que Monfieur l'*Evêque de Salisbury*
dit être d'environ le tems de *Théodofe*, &
un autre de *Léonard Vinci*, que le Roi
*Jacques Premier* ne put avoir, quoi qu'il
en offrit trois Milles Piftoles d'Efpagne.
Il eft compofé de Traits Méchaniques,
& d'autres, qui regardent l'Architecture
Militaire.

Or

On m'y fit voir une Esquisse de Bombes, & de Mortiers, comme ils sont à cette heure en usage. On ne manque pas de montrer aux Étrangers, entre les Curiosités de Milan, le Cabinet du Chanoine *Settala*, dont je ne dirai rien, parcequ'il est imprimé, & assez commun. J'ai considéré de fort près un morceau de Crystal, qui renferme deux goutes qui paroissent d'eau quand on la remuë, quoique ce ne soit peut-être que des bulles d'Air. C'est justement comme cette larme que j'ai vuë à *Vendôme* en *France*, & que l'on prétend être une de celles que notre Sauveur versa sur Lazare, & qui fut ramassée par un Ange, qui la mit dans une semblable phiole, dont il fit present à Marie Madelene. Cette Relique est dans un Monastere de *Bénédictins*, & comme ils profitent considérablement de la Dévotion du Peuple pour cette larme, ils ont engagé le fameux *Pere Mabillon* de leur Ordre, à la défendre contre un Savant Ecclésiastique du Voisinage, qui a fait un livre, le quel il a dédié à l'*Evêque de Blois*, *Diocésain*, pour montrer que c'est une Relique aussi fausse que ridicule, & que l'on devroit la suprimer. C'étoit une semblable Curiosité que *Claudian* a celebrée dans l'Epigramme que voici.

*Solibus indomitum glacies alpina rigorem*
  *Sumebat , nimio jam preciosa gelu.*
*Nec potuit toto mentiri corpore gemmam,*
  *Sed medio mansit proditor orbe latex :*
*Auctus honor ; liquidi crescunt miracula Saxi,*
  *Et conservatæ plus meruistis Aquæ.*

En me promenant dans une des Ruës de
*Milan* je fus surpris de l'Inscription suivante, sur un Boulanger qui avoit conspiré
avec le Commissaire & d'autres , d'em-
poisonner ses Concitoyens ; L'endroit où
étoit sa Maison est vuide, & au milieu il
y a un pilier avec ces mots, *Colonna Infa-*
*me.* L'histoire en est raportée en joli
Latin que je mettrai ici, ne l'ayant point
vûe ailleurs ,

  *Hic , ubi hæc Area patens est,*
  *Surgebat olim Tonstrina*
  *Jo' Jacobi Mora :*
*Qui factâ cum Gulielmo Platea publ. Sanit.*
          [ *Commissario*
  *Et cum aliis Conspiratione,*
  *Dum pestis atrax sæviret,*
*Lethiferis unguentis huc & illuc aspersis*
  *Plures ad diram mortem compulit.*

                              *Hos*

*Hos igitur ambos, hostes patriæ judicatos*
    *Excelso in Plaustro*
*Candenti prius vellicatos forcipe*
    *Et dextera mulctatos manu*
      *Rotâ infringi*
*Rotaque intextos post horas Sex jugulari,*
    *Comburi deinde,*
*Ac, nè quid tam Scelestorum hominum re-*
        [ *liqui sit,*
    *Publicatis bonis*
    *Cineres in flumen projici*
    *Senatus jussit:*
*Cujus rei memoria æterna ut sit,*
    *Hanc domum, Sceleris officinam,*
      *Solo æquari,*
    *Ac nunquam in posterum refici*
      *Et erigi Columnam,*
      *Quæ Vocatur Infamis,*
      *Idem ordo mandavit.*
    *Procul hinc procul ergo*
      *Boni Cives,*
    *Ne Vos Infelix, Infame solum*
      *Commaculet!*
    M. D. C. xxx. Kal. Augusti.
        B 2         Præ

*Præside Pub. Sanitatis M. Antonio Montie.*
*Senatore R. Justitiæ Cap. Jo. Baptistâ*
*Vicecomi.*

Les *Italiens* tombent d'àcord , que la
Citadelle de *Milan* est une belle Fortification , ayant tenu autrefois après la Conquête de tout le Duché. Son Gouverneur est indépéndant de celui de *Milan*,
suivant la Métode des Anciens Perses,
qui , pour prévenir les Complots , donnoient le Gouvernement des Provinces &
des Forteresses , à des Personnes d'O-
pinions & d'Intérêts diférens. A deux
Miles de *Milan* il y a un Batiment , qui
auroit été un Chef d'Oeuvre dans son
genre, si l'*Architecte* l'avoit fait à dessein
pour un *Echo* Artificiel. Nous tirames
un Coup de Pistolet par une des Fénê-
tres , & le son nous revint plus de cinquante six fois , quoiqu'alors il fit un
gros Broüillard. Les premieres répéti-
tions se suivent de fort près , & sont
oüies plus distinctement , à proportion
qu'elles diminuent. Il y a deux murailles paralléles, qui renvoyent le son l'une
à l'autre, jusqu'à ce que l'ondulation soit
tout à fait perduë ; à peu près comme
les diverses reverbérations de la même
image de deux miroirs opposés.

Le *Pere Kircher* a remarqué cet Echo,
comme

comme le *Pere Bartolin* a fait depuis,
dans fon Traité ingénieux des fons. l'E-
tat de *Milan* eft femblable à un vafte Jardin, remparé de Roches & de Montagnes. A confiderer la difpofition interieu-
re de l'*Italie*, on diroit que c'eft la nature qui l'a partagée en tant d'Etats & de
Gouvernemens, par le moyen des *Alpes*,
& fur tout de l'*Apenin*, le quel la coupe
par le milieu, & s'étend en plufieurs
branches, qui font comme autant de
Bornes & de Fortifications naturelles,
pour les petits Territoires qu'elles renferment.

Nous trouvons auffi dans les plus anciennes defcriptions de ce Païs, qu'il
étoit partagé en quantité de Royaumes,
& de Républiques, lorfque les *Romains*
les envahirent toutes, & les confondi-
rent en un, à la maniere d'un grand
Torrent, qui renverfe tout ce qu'il rencontre, & fe répand dans les endroits,
& les recoins les plus éloignés du Païs.
Mais enfin cette enorme Puiffance des
*Romains*, n'ayant pû fe foutenir, l'*Italie*
eft revenuë dans l'ancienne variété d'E-
tats, qui eft comme naturelle à fa fituation. A la cour, de *Milan*, comme en
plufieurs autres endroits d'*Italie*, il y a
quantité de Gens qui donnent dans la
Mode & dans l'Air des *François*, mais
ils ont toujours une certaine mauvaife

B 3                    grace,

grace, qui fait voir, que ces manieres
ne leur sont point naturelles. Assurément
ç'est une chose bien étrange de voir une
si grande différence de mœurs, dans deux
Nations, qui ont presque le même Climat. Les *François* sont toujours, ouverts,
familiers, & parleurs. Les *Italiens* au
contraire, sont affectés, pointilleux, &
réservés. En *France* on regarde, & l'on
recherche la gayeté & le brillant, comme une perfection non petite; au lieu que
les *Italiens*, nonobstant leur ardeur naturelle, affectent tellement de paroître
graves & rassis, qu'on rencontre quelquefois de jeunes hommes, qui se pro-
menent par les ruës, les lunettes sur le
nez : afin de paroître plus sages, & plus
judicieux que leurs Voisins. Cette différence de Mœurs vient principalement de
la différence de l'Education.

En *France* il est ordinaire de mener les
Enfans dans les Compagnies, & de leur
inspirer dès le Berceau une espece de vivacité, & d'assurance. Outre cela, les
*François* s'appliquent par tout à leurs Exercices, plus qu'aucune autre Nation;
de sorte qu'on voit peu de jeunes Gentilshommes en *France*, qui ne sachent
faire des Armes, dancer, & monter à
Cheval passablement bien. Outre que ces
sortes d'Exercices du Corps leur donnent
un air libre & aisé, on peut dire qu'ils
ope-

operent méchaniquement fur l'Efperit, en le tenant toujours alerte & en mouvement. Mais ce qui contribue le plus à cette humeur vive des *François*, c'eft la liberté avec laquelle ils frequentent les Femmes, & le foin qu'ils ont de leur plaire. Et comme les *Italiens* n'ont pas cet avantage, ils tâchent de fe faire valoir par la gravité, & par la prudence. C'eft pourquoi, comme en *Efpagne* l'on a moins de cette liberté, les gens y font plus compofés, & plus férieux. Mais comme la joye fait ordinairement plus de *Profélites*, pour ainfi dire, que la mélancholie ; on a remarqué que depuis peu d'années, les *Italiens* ont donné dans les modes, & dans les Libertés Françoifes, felon qu'ils font plus, ou moins eloignés de la *France*. Il ne fera pas mal à propos de confiderer ici d'où vient cette grande averfion que la Populace d'*Italie* a généralement pour les *François*, & que tous ceux, qui voyagent en *Italie*, ne manquent jamais de remarquer.

La principale raifon & la plus naturelle eft affurément, la grande différence qu'il y a dans le Temperament, & dans les Mœurs des deux Nations, ce qui fait toujours plus d'Impreffion fur le menu peuple, efclave des prejugés de l'Education, que fur les Perfonnes de Qualité; fans parler de ces libertés que les *Fran-*

*çois*

çois se donnent dans leur conversation avec le Sexe, ni de cette ardeur à vouloir primer dans toutes sortes de Compagnies, ce qui choque extrémement les *Italiens* naturellement fiers & jaloux. D'ailleurs, comme la Populace *Italienne* aime plus les Nouvelles, & les raisonnemens politiques, qu'aucune autre Nation, elle a toujours quelque aigreur contre le *Roi de France*. Les *Savoiards*, nonobstant le penchant présent de la Cour, ne se peuvent émpêcher de detester ce Prince, à cause d'une infinité de maux qu'il leur a faits dans la derniere Guerre. Les *Milanois*, & les *Napolitains* se souviennent des diverses Insultes, qu'ils ont reçûes de lui, tant la maison d'Autriche, que leur feu Roi, pour qui ils gardent encore un certain respect, & une certaine affection particuliere. Les *Génois* ont toujours sur le cœur le bombardement de leur Ville, & le mauvais Traitement fait à leur *Doge*. Les *Venitiens* se plaignent de l'Alliance *du Roi de France* avec les *Turcs*. Les *Romains*, qui adorent la mémoire du Pape *Innocent onzieme*, parlent toujours des Menaces qu'il lui a faites. Il est vrai que l'Interêt de l'Etat, & le changements des Circonstances, peut avoir adouci ceux qui sont les plus polis; mais ces sortes d'impressions ne s'effacent pas si facilement de la mémoire

moire du peuple; Et je croi que le principal motif, pour lequel la plus part des *Italiens* favorisent plus les *Allemans*, que les *François*, c'est la persuasion où ils sont que l'Intérêt de l'*Italie*, demande que *Naples*, & *Milan*, tombent entre les mains des premiers. On remarque ordinairement, que le Peuple a des vuës plus justes pour le bien public, & qu'il les suit avec plus d'integrité que la Noblesse; parce que celle-ci a des esperances, & des intérêts particuliers, qui déterminent leur jugement, & les disposent à sacrifier le bien du Païs à leur Fortune particuliere; Au lieu que le gros du Peuple ne peut avoir d'autre but, ni d'autre esperance dans les changements, & dans les Révolutions, que le bien, qui peut se répandre sur tout l'Etat en général.

Pour retourner à *Milan*, j'en mettrai ici ici la Description qui se trouve parmi celles, qu'*Ausone* a faites de plusieurs autres Grandes Villes.

*Et Mediolani mira omnia, copia rerum:*

*Innumeræ cultæque domus, facunda virorum*

*Ingenia, & mores læti. Tum duplice Muro*

*Amplificata loci Species, populique. voluptas*

B 3                    C is

Circus, & inclufi moles cuneata Theatri :

Templa , Palatinaque arces , opulensque
    Moneta,

Et regio Herculei celebris ab honore la-
    vacri ,

Cunctaque marmoreis ornata periftyla Signis,

Mœniaque in Valli formam circumdata labro,

Omnia quæ magnis operum velut æmula
    formis

Excellunt nec juncta premit vicinia Romæ

# BRESSE,
## VERONE,
## PADOVE.

e *Milan* nous Voyageames par un Païs bien agréable jufqu'à *Breffe* , & nous paffames l'*Adde* , qui fort du *Lac de Come*, que *Virgile* appelle Lac Larius , & qui va fe perdre enfin dans le *Pô*, où fe rendent la plus part des Rivieres de ce Païs là. Ceux de la Ville , & de la Province de *Breffe* , font plus confiderés du Senat de *Venife*, qui leur fait plus pronte, & meilleure juftice , qu'à aucun autre Païs de la Seigneurie, & leur donne toujours pour *Gouverneur* un homme doux, & fage , ce qui les rend plus heureux, que le refte des fujets de la Republique. Car comme la *Breffe* faifoit autrefois partie du *Milanois* , & qu'ainfi elle en eft Frontiere, les *Vénitiens* ne les ofent charger comme les autres Provinces, & les traitent avec plus de douceur,

B 6

que

que les *Espagnols* ne traitent leurs Voifins ; àfin qu'ils n'aient pas la moindre
tentation de retourner aux *Espagnols.*
*Breſſe* eſt fameuſe pour diverſes fortes d'ouvrages de Fer. En allant à *Vé-*
*rone*, qui eſt à une petite journée de là,
nous vimes le *Lac Benacus*, aujourd'hui
appellé par les Italiens, *Lago di Guarda.*
Il étoit alors ſi agité de Tempêtes, que
cela met fit reſſouvenir de la noble deſcription que Virgile nous en a donnée.

*Lago di Como.* *Adde lacus tantos, Te Lari maxime, Te que*
*Lago di Guarda.* *Fluctibus & fremitu aſſurgens, Benace,*
*Marino.*

Ce Lac eſt tout à fait ſemblable à une
Mer, quand il eſt agité par quelque Ora-
ge. Il a trente cinq Miles de Longueur, &
douze de largeur ; A ſon extremité nous
paſſames le *Menzo.*

——————— *Tardis ingens ubi flexibus errat*
*Menzo R.* *Mincius, & tenerà prætexit arundine ripas.*
G. 3.

L'*Adige* coule préſentement par *Vere-*
*rone*, ce qui fait voir que la ſituation de
cette Ville a bien changé de ce qu'elle
étoit dans le tems de *Silius Italicus.*

*L'Adi-* ——————— *Verona Atheſi circumflua.* L. 8.
*ge R.* C'eE

C'est la seule grande Riviere de *Lombardie* qui ne tombe pas dans le *Pê*, cequ'elle auroit fait si elle avoit continué son cours un peu plus loin avant que d'entrer dans la *Mer Adriatique. Claudian* fait mention de toutes les Rivieres.

—— *Venetosque erectior omnes*

*Magnâ voce ciet. Frondèntibus humida ripis*

*Collà levant , pulcher Ticinus , & Adula* Tesino R. *visu*

*Cærulus , & velox Athesis , tardusque* Adda. *meatu* R.

*Mincius , inque novem consurgens ora Ti-* Adige *mavus.* Sexto Con. Hon. R.

Son *Larius* est sans doute à l'Imitation Brenta *du Benacus* de *Virgile.* R.

—— *Umbrosa vestit qua littus Olivâ Larius & dulci mentitur Nerea fluctu.* De Bel. Gat.

Je vis à *Verone* le fameux Amphithéatre qui a tous ses Sieges entiers , par le moyen de quelques Réparations faites depuis peu: Il y a là quelque chose de fort magnifique , quoique la haute Muraille, & les Corridors qui l'entourroient, soient

B 7 pres-

presque tout à fait ruinés ; L'Arene eſt
toute remplie jusqu'aux ſieges d'enbas d'où
autrefois les Spectateurs pouvoient voir
au deſſous d'Eux ſans danger , les Combats des Bêtes ſauvages , & des Gladiateurs. Puisque j'ai *Claudian* devant Moi,
je ne ſaurois m'empêcher de mettre ici
la belle deſcription qu'il fait d'une Bête
ſauvage, nouvellement amenée des Forêts, à ſa premiere Comparution, l'Amphithéatre étant tout plein de Specta-
cteurs.

*Ut fera quæ nuper montes amiſit avitos,*

*Altorumque Exul nemorum , damnatur*
    *arenæ*

*Muneribus , commota ruit , vir murmure*
    *contra*

*Hortatur , nixuſque genu venabula tendit;*

*Illa pavet Strepitus , cuneoſque erecta Thea-*
    *tri*

*Deſpicit , & tanti miratur Sibila vulgi.*

In Ruf. L. 2.

Il y a d'autres Antiquités à *Verone* dont
la principale eſt la Ruine d'un Arc de
Triomphe , érigé à *Flaminius* ; où l'on
voit d'Anciens Piliers Doriques ſans aucun Piédeſtal, ou Bâſe , comme *Vitruve*
les a décrits. Je n'ai encore vû en *Italie*
aucune

aucun jardin qui merite que j'en fasse
mention. Les Italiens sont en fait de
Jardins, au dessous des *François*, autant
qu'ils sont au dessus, en fait de Palais. Il
faut pourtant avoüer à l'honneur des
*Italiens*, que c'est d'eux, que les *François* ont pris les premiers plans, tant pour
les Jardins, que pour les Eaux ; de sorte
qu'on doit plutôt attribuer à leurs Richesses qu'à leur Goût, l'avantage qu'ils
ont à cet Egard sur les *Italiens*. J'allai
voir la *Terrace*, jardin de *Verone*, dont
presque tous les Voyageurs font mention. Entre les Anciennes Inscriptions,
voici celle que j'ai trouvé la plus lisible.
*Deo magno Æterno L. Statius Diodorus
quod se precibus compotem fecisset.* VSLM
c'est a dire, *votem solvit libens merito.*
Quelque chose que ce fût que ce *votum*,
il fut mis probablement, sur ce Piéde-
stal de marbre. L'Inscription est certainement payenne ; ou le peut conjecturer, entre autres, du nom de *Diodorus*,
qui, comme il est aisé de se l'imaginer,
s'est perdu avec le culte de *Jupiter*, & à
été changé en celui, ou de *Théodosius*,
ou de *Théodorus*, ou de *Théodotus*. Entre les Eglises de *Vérone*, celle de *St. Georges* est la plus belle. Son principal ornement est le Tableau du Martyre du Saint,
par *Paul Veronese*, comme il y en a plusieurs autres dans la Ville, qui sont de
la

la même main. On montre toujours
aux Etrangers, le Tombeau du *Pape Lu-*
*cius*, qui fut enterré dans le Dôme. Je
vis dans la même Eglife un Monument,
érigé par le public, à un de leurs Evê-
ques, l'Infcription dit, qu'il y avoit entre lui & fon Dieu, *fumma neceffitudo*,
*fumma fimilitudo*. Les Tombes des Italiens font ordinairement plus extravagantes qu'ailleurs ; la Nation donnant plus
dans les Complimens, & dans les Hyper-
boles.

De *Vérone* à *Padoue*, nous voyageames par un Païs fort agréable, tout plein
de meuriers, dont les feuilles fervent
à nourir une grande quantité de Vers à
Soye, comme le fruit fert aux Porcs, &
à la Volaille. Les Arbres fervent en même tems à foûtenir les Vignes, qui font
fufpenduës comme des Cordes entre les
Arbres. Entre les divers rangs de Meuriers, on feme du Blé, qui dans ces Païs
chauds, meurit beaucoup mieux à l'ombre
de ces Arbres, que s'il étoit en pleine
Campagne. C'eft pour quoi quand je
paffai par là, ceux du Païs craignoient
beaucoup que la *Lombardie* ne devint le
Théatre de la Guerre, ce qui auroit fait
un dégât épouvantable dans leurs plants.

Car ce n'eft pas là comme en *Flandre*,
où tout ce qui croit dans les Terres labourables, peut revenir tous les Ans.

Nous

Nous arrivames fi tard à *Vicenza*, que
nous n'eûmespas le tems de la bien voir Le
jour fuivant nous mena à *Padouë*. *St. Antoine*, qui vivoit, il y a cent Ans, eft le Grand
Saint, pour qui les Padouans ont une
dévotion particuliere. Il eft enterré dans
la grande Eglife qui porte fon nom, &
qui eft fort magnifique, & fort richemeñt
ornée. A fon Tombeau il y a des fentes
étroites, où les bons Catholiques vont
froter leurs *Chapelets*, & fentir fes Os,
qui, à ce qu'ils difent, rendent une odeur
femblable à celle du Baume apolecti-
que ; ce qui fait croire qu'on en frotte le
marbre, c'eft qu'on obferve qu'il fent
plus fort au matin, qu'au foir. On voit
par toute l'Eglife, quantité de Tableaux,
attachés aux murailles par fes Dévots.
Ceux qui font dans quelque peril ont coûtume d'implorer fon aide, & s'ils echa-
pent, ils appellent cette delivrance un
miracle, dont on attache le Tableau ou
la defcription dans fon Eglife. Ce qui
gâte la plus part des Eglifes Catholiques,
ce font ces fortes de Barbouilures pi-
toyables, & d'Infcriptions impertinentes,
dont les Murailles font couvertes. On y
voit des *Mains*, des *Jambes*, & des *Bras*
de Cire, & mille Offrandes de même nature. Je ne faurois m'empêcher de raporter les Titres donnés à *St. Antoine*
dans un de ces Tableaux, qui eft un vœu
&

& un Temoignage de la gratitude d'un
pauvre Païfan , qui s'imagina , que le
Saint l'avoit fauvé de fe rompre le Cou.

*Sacratiſſimi puſionis Bethlehemitici*
    *Lilio candidiori Delicio,*
*Seraphidum foli fulgidiſſimo ,*
    *Celſiſſimo ſacræ ſapientiæ tholo ,*
*Prodigiorum patratori Potentiſſimo ,*
*Mortis , Erroris , Calamitatis , Lepræ , Dæ-*
    *monis ,*
*Diſpenſatori , correctori , Liberatori , cura-*
    *tori , fugatori ,*
*Sancto , ſapienti , potenti , tremendo*
*Ægrotorum & Naufragantium Salvatori*
    *Præſentiſſimo tutiſſimo.*
*Membrorum reſtitutori , Vinculorum con-*
             *fractori ,*
    *Rerum perditarum Inventori ſtupendo,*
    *Periculorum omnium profligatori*
      *Magno , Mirabili*
      *Ter Sancto ,*
      *Antonio Paduano ,*
· *Pientiſſimo poſt Deum ejuſque Virgineam*
                 [ *matrem*
    *Protectori & Soſpitori ſuo &c.*

                             Cette

Cette coutume de pendre ainfi dans les Eglifes, des Membres en Cire, vient affurément des Anciens Payens, qui offroient, ou en Bois, ou en Métal, ou en Argille, la partie qui avoit été affligée de quelque Maladie, à la *Divinité*, qui l'en avoit guérie. Je croi que parmi les antiquités qui m'ont été montrées, j'ai vû tous les Membres du Corps humain, ou en Fer, ou en Argille, & faits à cette occafion. L'Eglife de St. *Juftine*, du deffein de *Palladio*, eft la plus belle, la mieux éclairée, & la moins embarraffée que j'aie vû de ma vie, elle eft eftimée, par plufieurs Maitres, pour un des plus beaux ouvrages d'*Italie*. La longue Nef confifte en un Rang de cinq Dômes, la Croix en a un de chaque côté, plus haut, & plus large, que les autres. Le martytyre de Ste. *Juftine* eft fur l'Autel, c'eft une piéce de *Paul Veronefe*. Dans la Maifon de Ville de *Padoüe*, il y a une Pierre fur la quelle font gravés ces mots, *Lapis Vituperii*; parceque tout Debiteur eft entierement délivré de la pourfuite de fes Créanciers, lorfqu'y ayant été affis trois fois les Feffes nues, par les Sergents, la Hale étant bien pleine de monde, il declare avec ferment n'avoir pas la valeur de cinq Livres; mais il y a vingt quatre Ans que cela ne s'eft pratiqué.

De-

Depuis quelques Années , l'*Univerfité*
de *Padoue* eft beaucoup plus reformée
qu'autrefois ; cependant il ne fait pas fûr
de fe promener par les ruës après Soleil
couché. Il y a à *Padoue* une *Manufactu-
re de Draps* , dont la Republique tiroit
autrefois de grands, profits , avant que
les *Anglois* fourniffent des leurs, non feulement le *Levant* , mais auffi en partie
la Ville même de *Venife* , y ayant peu de
Gens de qualité que ne portent du drap
d'*Angleterre* , quoique le Magiftrat des
Pompes foit obligé par fon Office , de
voir que perfonne n'en porte d'étranger. Il y a aparence que nos Marchands
ont quelque adreffe pour faire entrer de
ces Marchandifes de contrebande.

Ce qu'on montre ici pour les cendres
de *Livie* , & d'*Antenor* , n'en a pas le
moindre fondement. Le Tombeau d'*Antenor* me fit reffouvenir de la derniere
partie de la defcription de *Virgile* , qui
nous donne l'Origine de *Padoue*.

*Antenor potuit mediis elapfus Achivis*

*Illyricos penetrare finus, atque intima tutus*

*Regna Liburnorum : & fontem fuperare Ti-
mavi*

*Unde per ora novem vafto cum murmure
montis*

Le

*It mare præruptum & pelago premit arva*
  *sonanti*
*Hic tamen ille urbem Patavi , sedesque*
  *locavit,*
*Teucrorum , & genti nomen dedit, Arma-*
  *que fixit*
*Troja nunc placidâ compostus pace quiescit.*
                                      Æ. I.

De *Padoue* je descendis la *Brente*, dans
le Bac ordinaire, qui me mena dans un jour
à *Venise.*

# VENISE.

Enise m'ayant été souvent répréfentée comme la plus forte Ville du Monde, j'ûs foin
de m'informer en quoi confifte fa force , & je trouvai
qu'elle eft duë à l'avantage de fa fituation , n'y ayant à l'entour ni Rochers, ni
Fortifications , ce qui la rend imprena-
ble , fi quelque Ville l'eft en Europe.
Elle eft de tous côtés, du moins à quatre miles de la Terre Ferme ; & pour
les bas-fonds qu'il y a dans les environs,
ils ne font jamais affez gelés, pour porter une Armée; foit que cela vienne du
Flux & Reflux , ou de la douceur du
Climat, ce qui eft un avantage, que les
*Hollandois* n'ont point, quand ils mettent
leur Païs fous l'eau. Du Côté de la
mer , l'Entrée eft fi difficile à trouver,
qu'on l'a marquée par des Pieux enfoncés dans la Terre , & que l'on peut couper , à la premiere approche d'un Flote
Ennemie. C'eft la Raifon pourquoi ils ne
fe font pas fouciés de fortifier les petites
Ifles , qui font à l'Entrée, & qui pourroient , fans la moindre difficulté , com-
mander tous les paffages du Golfe à la
Ville

Ville. Outre , qu'une petite Flote de
Vaisseaux à Bombes , ne pourroit rien
faire contre une place , qui a toujours
dans son Arfenal quantité de Galéres,
& de Vaisseaux de Guerre, tous prêts à
mettre en mer , en tres peu de tems.
Quand même ils feroient bloqués de
tous côtés, par une force bien superieu-
re , tant par mer que par terre, ils pourroient encore se defendre , contre toutes chofes, excepté la Famine. Ils y pourroient en quelque façon remedier , par la
grande quantité de Poisson que la Mer
leur fournit , & qu'on peut prendre au
milieu même des Ruës , ce qui est un
Magazin naturel, que tres peu de Villes
peuvent fe vanter d'avoir , si un Ennemi
les pressoit de tous côtéz. Suivant les divers contes qu'on fait de *Venise* , Elle est
en grand danger de se trouver dans une
fiecle ou deux , fur la Terre Ferme, parceque l'on pretend, que la Mer baisse peu
à peu , & se retire dans son Canal. J'ai
parlé de cela à plufieurs perfonnes , entre autres au Pere Coronelli , Géogra-
fe de la Seigneurie , & tous m'ont assuré
que la Mer monte aussi haut que jamais;
quoique les grands monceaux de fable
& de boüe qu'elle amene , ayent coutume d'engorger les bas-fonds ; mais pendant que les Vénitiens voudront faire la
dépenfe, de tranfporter ailleurs ces Amas
de

de fable & de boue , il n'y a aura point
de danger pour eux, de perdre l'avantage de leur fituation. Quand la marée eft
baffe, on peut voir quantité de ces amas
fur la furface de l'eau , répandus çà &
là, comme autant de petites Ifles , & c'eft
ce qui rend l'Entrée du Port fi difficile,
pour ceux qui ne l'ont pas pratiqUée. Les
*Vénitiens* font une grande dépenfe pour
tenir libres & ouverts de profonds canaux, par où la Mer paffe entre ces Ifles,
ou Amas. *Venife* eft fituée tres commodément pour le commerce. Elle a diverfes Rivieres navigables , par les quelles
Elle peut fournir de Poiffon , d'autres
Marchandifes , & de Denrées , la plus
grande partie de l'Italie , fans parler des
Commodités qu'elle a pour le Levant,
& pour toutes les Côtes de la *Mer Adriatique* ; Mais avec tous ces Avantages,
fon commerce eft bien loin d'être en un
Etat floriffant, & cela pour diverfes Raifons que voici. Il y a de grands droits
fur les Marchandifes. Les Gens de qualité tiennent le Traffic au deffous d'Eux,
& quand les Marchands font devenus ri-
chés & capables d'un plus grand Négoce, ils le quittent pour la plus part, &
achettent la Nobleffe. Leurs Manufactures de Draps, de Verre, & de Soye n'ega-
lent pas celles des autres Païs. Au lieu
qu'une Nation Marchande doit être toûjours

jours pour les nouvelles Modes, & dif-
pofée à changer, felon les conjonctures,
& les occafions, qui fe préfentent; les
Vénitiens au contraire font, pour ainfi
dire, Efclaves de leurs anciens Droits,
& de leurs vieilles coutumes, ce qui tour-
ne fort à leur prejudice. Ils fentent bien
cette décadence du commerce, comme
un Noble Vénitien qui eft encore Marchand me l'a dit, & ils efperent d'y trouver bientôt quelque reméde; Ce fera probablement, en faifant un Port libre; comme à *Ligourne* qu'ils regardent de mauvais oeil, à caufe qu'il attire la plus
grande partie des Vaiffeaux defti-
nés pour l'*Italie*. Ils ont été fi negli-
gens jufqu'ici à cet egard, que plufieurs croient que l'or du *Grand Duc* n'a
pas peu d'influence dans leurs Confeils. Il
y a plufieurs chofes dans *Venife*, qu'on
ne trouve pas ailleurs; c'eft pourquoi
elle eft fort agréable aux Voyageurs. Elle paroit de loin, comme une grande
Ville à demi flotante fur les Eaux. Il
y a des Canaux qui la traverfent par tout,
de forte qn'on peut aller à la plus part des
Maifons, ou par Terre ou par Eau; Ce
qui eft une grande commodité pour les
habitans: Car à *Venife*, une Gondole à
deux Rameurs, eft auffi magnifique,
qu'eft ailleurs un Carroffe à fix Chevaux,
avec un grand Equipage; outre que cela

*Tom*. IV.                C            rend

rend toutes les Voitures à bon marché.
Les Ruës font pour la plus part, pa-
vées de Brique, ou de Pierres de taille,
& toujours fort propres : Car il n'y a
point de voiture, pas même une Chaife
qui y paffe. Il y a une infinité de jolis
Ponts, tous d'une feule arcade ; Ce qui
feroit un grand inconvenient dans une
Ville moins fobre que celle de Venife.
On pourroit s'étonner, que le Vin ne foit
pas à la mode parmi les *Vénitiens*, qui
font dans un Air humide, & dans un
Climat tempéré, & qui n'ont pas les divertiffements du jeu de la Boule, de la
Chaffe, de la promenade, de monter à
Cheval, & de femblables exercices pour
les occuper au dehors. Mais comme il
n'eft pas permis aux Nobles, d'avoir beaucoup de commerce avec les Etrangers,
il n'y a point de danger, qu'ils prennent
ces fortes de divertiffements, qui demandent trop de liberté pour l'humeur jaloufe
& foubçonneufe des *Vénitiens*. Il y a grand
nombre de Palais magnifiques dans *Venife*,
& les meubles pour la plus part y font
fort riches ; On y voit beaucoup de
Tableaux, & en plus grande quantité
qu'en aucune autre Ville de l'*Europe*, faits
par les meilleurs Maitres de l'École de
Lombardie, comme *Titien*, *Paul Vero-
nèfe*, & *Tintoret*, dont le dernier eft plus
eftimé à *Venife*, que dans tout le refte de
l'*Italie*.

Les

Les Chambres pour la plus part, font
tenduës de cuir doré, qu'en de certaines
occafions ils couvrent de Tapifferie de
haute lice, & de plus grand prix. Le
plancher eft une efpece de plâtre rouge,
fait de brique pulverifée, & mife en mortier. Ce Plancher eft frotté d'huile, ce
qui fait une furface unie, belle, & bril-
lante. Ils obfervent tout cela principalement, à caufe de l'humidité de l'air, a-
vec la quelle d'autres fortes de meubles,
ne s'accomoderoient pas; comme il paroit trop vifiblement, à plufieurs de
leurs plus beaux Tableaux. Quoique les
*Vénitiens* foient fort jaloux de la grande
réputation, & du grand merite de leurs
Concitoyens, pendant leur vie, ils ne
manquent jamais de leur donner les
louanges qui leur font duës, quand ils
n'ont plus rien à craindre de leur ambition; & s'ils érigent des monumens,
comme il y en a quantité à *Venife*, à
l'honneur de ceux qui ont rendu de
grands fervices à l'Etat, ce n'eft généralement qu'après leur mort. Entre les divers Eloges qui font donnés au Doge Pi-
fauro, qui avoit été Ambaffadeur en Angleterre, fon Epitaphe dit. *In Angliâ Jacobi Regis obitum mirâ calliditate celatum
mirâ fagacitate rimatus prifcam benevolen-
tiam feliciter firmavit.* On trouve le detail des Eglifes, & des Tableaux parti-

C 2                    cu-

culiers de *Venife* , dans de petits livres, qu'on y peut acheter , & qui ont été fidelement tranfcrits , par *Laffels* & *Miffon*. Quand je fus à *Venife* , on alloit mettre au jour des Eftampes fort curieufes, des divers Edifices , qui font les plus fameux , ou pour leur beauté , ou pour leur magnificence. L'*Arfenal* de *Venife* eft une Ifle , d'environ trois miles. Il renferme toutes les munitions de Guerre , qui ne font pas actuellement employées. Il y a des Chantiers , & des Baffins pour les Galéres , & Vaiffeaux de Guerre , & dont la plus part font pleins. Il y a auffi des Atteliers pour ce qui eft néceffaire, tant par Terre que par Mer.

Le quartier où font les Armes paroit fort ; & c'etoit il y a cent ans, quelque chofe de fort extraordinaire ; mais aujourd'hni, la plus grande partie de ces Armes ne font d'aucune ufage. On diroit qu'il y a autant d'Armures , que de Fufils. Les Epées font à la vieille mode , & il y en a quantité qu'on ne peut manier ; & les platines font mal jointes aux fufils ou mousquets ; en comparaifon de celles dont on fe fert à préfent. Les *Vénitiens* prétendent , que dans une extremité , ils pourroient mettre en Mer trente Vaiffeaux de Guerre , cent Galéres , & dix Galeaffes ; Mais pour moi,

Je

je ne comprens pas , comment ils en
pourroient équiper seulement la moitié.
C'est assurément une grande faute en politique dans les *Vénitiens* d'avoir affecté
tant de Conquêtes en Terre ferme , puis
qu'elles n'ont servi qu'à donner de la jalousie aux autres Princes Chrétiens , &
qu'il y a environ trois cents ans qu'elles
penserent ruiner entierement la *République*. Au lieu que s'ils s'etoient appliqués
avec la même politique , & la même in-
dustrie, à augmenter leurs forces par Mer,
ils auroient pû avoir toutes les Isles de
l'*Archipel* , & par consequent une plus
grande Flote , & un plus grand nombre
de Matelots , qu'aucun autre Etat de
l'Europe. Outre que cela n'auroit pas
donné la moindre jalousie à leurs Voisins, qui sans avoir rien à craindre d'eux,
auroient été contens de voir un Boule-
vard aussi fort , contre toutes les forces ,
& toutes les invasions de l'Empire Otto-
man. Comme cette République a été
autrefois beaucoup plus puissante qu'elle
n'est à present, il y a apparence qu'elle
ira plutôt en diminuant , qu'en augmen-
tant; Car tout le monde sait comment elle
a trompé tous ses Voisins , & qu'il y en
a quelques uns, qui sont capables de lui
rendre la pareille. Il n'est pas impossible
que l'*Espagnol* ne lui demande un jour,
*Creme, Bresse*, & *Bergame*, qui ont été

C 3                              de

demembrées du *Milanois* , & s'il leur ar-
rivoit une Guerre à ce sujet, & qu'ils per-
diffent une seule Bataille, ils pourroient
être chassés de la Terre ferme dans un
été ; ce qu'ils y ont de places fortes n'e-
tant d'aucune considération. D'un autre côté, les *Vénitiens* font dans de con-
tinuelles apprehensions de la part des
*Turcs* , qui certainement , tâcheront de
recouvrer la *Morée*, aussitôt que leur Empire se sera rétabli. Ils voient bien qu'ils
auroient beaucoup mieux fait de pousser
leurs Conquêtes sur les Côtes de la *Mer
Adriatique* , leurs Terres auroient été con-
tiguës & plus à portée du secours ; mais
les *Vénitiens* se font obligés de remettre
entre les mains de l'*Empereur* tout ce
qu'ils gagneront sur les *Turcs*, & qui aura
été de l'*Empire*. Et après le tort qu'ils
lui ont fait dans le *Frioul* & dans la *Dal-
matie* , ils n'osent pas l'irriter d'avantage.
Le Pape leur difpute le *Polefin* , comme
le *Duc de Savoye* leur difpute le Royaume
de *Cypre*. C'eft une chofe affez plaifan-
te de voir avec quelle chaleur, ce Prince & les *Vénitiens* , ont contefté le Titre d'un Royaume, qui eft entre les mains
d'un autre. Parmi toutes ces difficultés
la *Republique* fe defendra , fi la Politique
peut vaincre la Force; Car il eft certain
que le *Sénat de Venife* eft le plus fage
Confeil du monde ; quoiqu'il faille a-
voüer

voüer, qu'une grande partie de leur Politique confiste, dans l'obfervation de certaines maximes, que d'autres ont trop d'honneur, & de confcience, pour les mettre en pratique ; puifque pour le maintien de leur Republique, ils employent toutes fortes de voyes, fans Religion, ni juftice. Favorifer l'oifiveté & le Luxe dans la Nobleffe ; entretenir l'ignorance, & le libertinage dans le Clergé ; exciter toujours de Factions parmi la Populace ; tolerer les vices, & les débauches des Couvens; fomenter des diffentions entre les Nobles de Terre ferme ; traitter un honnête homme avec meprix, & avec infamie, ce font les raffinemens Vénitiens, pour la confervation, comme pour l'aggrandiffement de leur République. Ce qu'il y a de plus remarquable dans leur politique, c'eft l'exactitude à garder le fecret, qui regne dans leurs Confeils. Quoique le Senat foit généralement auffi nombreux que noftre Chambre baffe, fi nous contons feulement ceux qui s'y trouvent ; néanmoins fes Réfolutions font fi fecrettes, qu'elles ne font prefque jamais connuës avant l'exécution. Il y a quelques années qu'il y eut dans le Senat un grand debat, touchant la punition d'un de leurs Amiraux, & qui après avoir duré un mois de fuite, fe termina par fa condamna-

C 4                              tion;

tion : Cependant il n'y eut aucun , ni de
fes amis , ni de ceux qui s'etoient engagés dans fa défenfe , quoi qu'avec bien
de la chaleur , qui lui donnât la moindre connoiffance de ce qui s'etoit paffé
contre lui , jufqu'à ce qu'il fut entre les
mains de la Juftice. *La plus grande rai-*
*fon de leur fecret vient peut être de ce qu'ils*
*n'ont pas avec leurs Femmes , & leurs Mai-*
*treffes , le commerce qu'ont les autres Na-*
*tions : Car leurs Femmes ne font générale-*
*ment capables de parler , que des fujets les*
*plus communs de la converfation ; ainfi toute*
*forte de communication eft fermée de ce côté*
*là , & le Sexe n'entre nullement dans les*
*fecrets de l'Etat ; ce qui ailleurs eft fou-*
*vent l'occafion de les divulguer.*

Les Nobles Vénititiens fe croient , au
moins , Egaux aux *Electeurs* de l'*Empire*,
& d'un feul degré au deffous des Rois ;
c'eft pourquoi ils voyagent rarement dans
les Païs étrangers , pour n'avoir pas la
mortification d'être traittés comme de
fimples Gentilshommes ; cependant on
remarque , qu'ils s'aquittent avec beaucoup d'adreffe des Ambaffades , & des
Traités, dont ils font chargés par la République : Car ils paffent tout leur tems,
& toute leur vie, dans des intrigues d'Etat,
& ils fe donnent naturellement des airs
de Rois & de Princes , au lieu qu'ailleurs, les Miniftres ne font que les Ré-
préfentans de leurs Maitres. Monfieur
*Ame-*

*Amelot* dit , que de fon tems, il y avoit deux mille cinq cents Nobles, qui avoient voix dans le Grand Conſeil ; mais je ſuis aſſuré qu'aujourdhui, il n'y en a tout au plus , que quinze cents , nonobſtant l'addition de pluſieurs Familles anoblies depuis ce tems là. C'eſt une choſe fort étrange , qu'avec cet avantage ils ne ſau- roient maintenir leur nombre ; parce que la Nobleſſe s'étend également à tous les Freres ; & qu'il y en a peu qui ſoient emportés par la Guerre. Je ne ſaurois dire , ſi l'on doit attribuer cela ou à la debauche des Venitiens , ou au Ce- libat ordinaire des Cadets , ou à la derniere Peſte , qui en détruiſit quantité. Ordinairement ils mettent les Filles dans des Couvents , afin de mieux conſerver leurs biens ; C'eſt ce qui rend fameuſes les Religieuſes de *Veniſe* , pour les liber- tés qu'elles ſe donnent. On dit qu'el- les ont des Opera entre leurs Murailles, & que ſouvent elles vont au de là des bornes de leurs maiſons ; ſi cela n'eſt point , c'eſt une calomnie qu'on leur fait. Il y en a pluſieurs qui ont leurs Galants, qui les voyent tous les jours à la Grille ; & généralement elles ont la li- berté à recevoir les viſites des Etrangers. Il n'y a pas long Tems qu'une Cornaro refuſoit de voir perſonne au deſſous de la qualité de Prince ; mais comme elle avance en âge , elle devient un peu plus

rai-

raifonable dans fa prétenfion ; Car à préfent, elle fe met moins en peine des Titres ; & il y a toute aparence que dans peu d'années , un fimple Gentilhomme, pourra être admis comme les autres. On parle par tout du Carnaval de *Venife*, pendant lequel les mafques font le plus grand divertiffement , auffi bien qu'en toutes les autres occafions remarquables. Alors les *Vénitiens* , qui font naturellement graves, aiment à donner *incognito*, dans les Folies , & dans les Entretiens , & à joüer le perfonage d'un autre. Il eft néceffaire pour eux, de trouver des divertiffements , qui conviennent au lieu, & à la fituation, & qui récompenfent, en quelque maniere, la perte de ceux, qu'on a en Terre ferme. Ces Déguifemens & ces Mafcarades, donnent occafion à quantité d'aventures galantes ; Car il y a quelque chofe de plus intrigué dans les Galanteries de *Venife* qu'ailleurs ; & je ne doute point, que l'Hiftoire fecrette d'un Carnaval, ne fournît un recueil bien divertiffant.

Les *Opera* font un autre plaifir du Carnaval. La poëfie en eft d'ordinaire auffi pitoyable & mauvaife, que la Mufique en eft bonne. Les fujets font fouvent pris de quelque action célébre des anciens *Grecs*, ou *Romains*, qui quelque fois paroiffent affez ridicules : car qui peut ouïr,

fans

fans peine, un de ces Anciens, & fiers *Romains*, pouffer des cris par la bouche d'un Eunuque; Cela paroit d'autant plus, qu'ils pouroient trouver des fujets, dans les Cours où les Eunuques étant les veritables Acteurs, feroient aujourd'hui fort bien répréfentés par leurs femblables; Telles font les Cours des Princes éféminés d'Afie. Pendant mon fejour à *Venife*, l'Opera le plus en vogue, étoit fabriqué fur le fu-jet fuivant. *Céfar* & *Scipion*, font Rivaux de la Fille de *Caton*; les premie-res paroles de Céfar font, d'ordonner à fes Soldats de fuïr, parceque les Ennemis font fur Eux. *Si leva Cefare, e dice* à *Soldati. A la fugga à los campo.* La Fille donne la préférence à *Céfar*; ce qui eft l'occafion de la mort de *Caton*. Avant que *Caton* fe tuë, on le voit retiré dans fa Bibliotheque, où entre fes livres je remarquai les Titres de *Plutarque* & du *Taffe*. Apres un court foliloque, il fe perce du Poignard qu'il tient dans fa main; mais étant arrêté par un de fes amis, il le poignarde en récompenfe; & de la force du coup, le poignard fe rompt malheureufement fur une de fes Côtes, de forte qu'il eft contraint de fe tuer, en déchirant fa premiere bleffure. Cette derniere circonftance me fait fouvenir d'une invention dans l'Opera de *Saint Ange*, qui fut joué au même tems. Le Roi de la

pièce entreprend un Rapt. Mais le Poëte, qui avoit refolu de fauver l'honneur
de fon Héros, difpofe la chofe de telle
forte que le Roy jouë toujours fon Rôle avec un grand couteau attaché a fa
ceinture. La Dame le lui arrache, dans
l'effort qu'elle fait pour lui réfifter, &
ainfi Elle fe défend. Les Poëtes *Italiens*,
outre la douceur fi connuë de leur Langue, ont un avantage tout particulier, fur
les Autheurs de tous les autres Païs, en
ce qu'ils ont un autre langage pour la
Poëfie, que pour la Profe. Dans les autres Langues, il y a un certain nombre
de Phrafes toutes particulieres aux Poëtes mais dans l'*Italien* il y a non feulement
des fentences, mais encore une Infinité
de mots, qui n'entrent jamais dans les
difcours ordinaires, & qui ont pour la
Poëfie un certain tour fi particulier & fi
poli, qu'ils perdent plufieurs de leurs lettres, & paroiffent tout autres dans les
Vers. Pour cette Raifon, les Opera *Italiens* tombent rarement dans le ftile bas;
quoique les penfées en foient ordinairement fort baffes. Il y a quelque chofe de
beau, & de fonore dans l'expreffion, &
fans cet avantage, leur Poëfie moderne
paroitroit extremément rempante & vul-
gaire, nonobftant toutes leurs Allego-
ries, auffi peu naturelles qu'ordinaires,
aux Ecrivains de cette Nation; Au lieu
que

que les Anglois & les François se servant
toujours des mêmes mots pour les Vers,
& pour la Prose, cela les oblige à relever leur langage, ou par des Métapho-
res, ou par des Figures, ou par la pompe
des expressions, afin de couvrir la peti-
tesse qui paroitroit dans chaque partie de
la phrase : C'est ce qui a fait naître nos
Vers sans Rime, pour conserver l'ex-
pression, fort difficile à ceux qui ne sont
pas Maitres de la Langue; particulierement
quand ils traitent de petits sujets; & ç'est
probablement pour cette raison que *Mil-
ton* s'est servi de tant de Transpositions,
de Latinismes, de Mots, & de Phrases
usées, pour mieux s'éloigner des expressions vulgaires & communes.

Toutes les Comedies que j'ai vuës à
Venise, ou ailleurs en *Italie*, sont tres
basses, pauvres, dures, & plus dissoluës
de beaucoup, que celles mêmes de notre Païs. Leurs Poëtes n'ont aucune Idée
de la Comédie agréable, & donnent dans
les plus viles equivoques qu'on puisse
imaginer, quand ils veulent réjouir l'Au-
ditoire. Il n'y a rien de si méprisable que
leur Gentilhomme quand il s'entretient
avec sa Maitresse, car alors tout le Dia-
logue n'est qu'un mélange insipide de pé-
danteries & de Roman.    Mais il n'est
pas étrange que les Poëtes d'une Nation
si jalouse, & si réservée; manquent dans

de telles converfations fur le Théatre,
puis qu'ils n'en ont pas le moindre modele. Toutes leurs pieces de Theatre
ont quatre Caractéres. Le *Medecin, Har-*
*lequin,* *Pantalon,* & *Covielle.* Le caractére du Medecin comprend toute l'étenduë d'un Pédant, qui avec une voix
haute, & un air Magiftral, prime dans
la converfation, & rebute tout avec hauteur. Tout ce qu'il dit eft fortifié par des
citations de *Galien,* d'*Hippocrate,* de *Pla-*
*ton,* de *Virgile,* ou de tout autre Autheur
qui lui vient à la bouche ; & toutes les
réponfes de fon Compagnon font regardées, comme autant d'impertinences
& d'interruptions. Le Rôle de *Harle-*
*quin* confifte en bévuës, & en abfurdi-
tés ; à prendre une chofe pour une autre ;
à oublier fes meffages ; à broncher fur
les Reines ; & à donner de la Tête contre tous les Poteaux qu'il rencontre : Ce
qui a néanmoins quelque chofe de fi co-
mique, & de fi plaifant, & dans la Voix,
& dans ler Geftes, qu'on ne foaroit s'em-
pécher d'en rirè, quoiqu'on fache bien,
& qu'on foit déja prévenu, de la folie
du Rôle. *Pantalon* eft généralement un
vieux Dupe ; & *Covielle* un Rufé. J'ai vû
jouer à *Bologne* une Traduction du Cid,
qui n'auroit jamais plû, fi ces Boufons
n'y avoient pas trouvé place. Tous les
quatre paroiffent à la maniere des Perfo-
nages

nages de l'ancien Théatre Romain, comme j'aurai occasion de remarquer ailleurs. C'est probablement du Théatre Grec & Romain, que les François, & les *Italiens*, ont tiré cette coutume, de représenter quelques uns de leurs caractéres en masque. On voit dans l'ancien *Térence* du *Vatican*, à la tête de chaque scène, les Figures de tous les Personnages, & les déguisements particuliers dans les quels ils joüoient. Et je me souviens, d'avoir vû dans la *Villa Mattheio* une statuë antique masquée; qui avoit été dessinée pour *Gnathon*, dans l'*Eunuque*; car Elle répond éxactement à la figure, qu'il y a dans le Manuscrit du *Vatican*.

Il est étonnant, qu'un Peuple aussi poli que les Anciens *Romains*, & les *Athéniens*, n'ayt pas regardé comme non naturels les Visages empruntés, qui serviroient à la verité pour un *Cyclope*, ou pour un *Satyre*, qui dans leurs traits n'ont pas la moindre ressemblance avec les Hommes; mais pour un *Flateur*, un *Avare*, ou semblables Caractéres, en quoi notre Espece abonde, il n'y a rien de plus ridicule, que d'en répréfenter l'Air, & le regard par un masque. Dans ces sortes de personnes le tour, & les mouvements du Visage, sont souvent aussi agreables qu'aucune autre partie de l'action,

tion. Quand nous croirions qu'un maſque pût répréſenter auſſi naturellement
qu'il ſe peut, l'humeur générale d'un certain Caractere, il ne pourroit néanmoins
jamais répondre à la variété des paſſions,
qui eſt ordinaire à chaque Perſonage dans
le Cours d'une piece. La grimace eſt à
propos en quelques Occaſions; mais étant
toujours la même Elle n'eſt pas agréable en toutes rencontres. La Populace
eſt généralement réjoüie à la premiere entrée d'un Maſque ſur le Théatre, mais
elle s'en laſſe quand il vient dans la ſeconde Scene. Puis que je ſuis ſur ee ſujet, je ne puis m'empêcher de raporter
une Coutume de *Veniſe*, & qu'on m'a
dit être toute particuliere à la Populace
de ce Païs là; qui eſt de chanter des ſtan-
ces du *Taſſe* ſur un ton joli & grave,
& quand quelcun commence un endroit
de ce Poëte, ç'eſt une merveille, ſi un
autre ne lui répond pas; de ſorte que quelquefois dans un même Voiſinage, vous
entendez dix ou douze perſonnes ſe répondre, en prenant verſet après verſet
du Poëme & allant auſſi loin que la mémoire les mène.

Entre les divers ſpectacles du *Jeudi
Saint*, j'en ai vû un qui eſt aſſez étrange,
& tout particulier aux Vénitiens. Il y a
une partie des Artiſans, qui par le moyen
des Perches, qu'ils mettent de travers

*ſur*

fur leurs Epaules , forment une efpece
de Pyramide : de forte que vous voyez
dans l'Air quatre ou cinq étages d'Hommes montés les uns fur les autres. Le
poids eft fi également difpenfé, que chaqu'un peut fort bien en porter fa part,
les Etages s'apetiffant à mefure qu'ils
s'élevent. Un petit Garçon forme la
pointe de la Pyramide, d'où, après un
peu de temps , il fe jette en bas avec
beaucoup d'adreffe , & tombe entre les
bras d'un homme qui le reçoit ; & de-
cette maniere tout le Batiment tombe
en piéces. J'ai fait ce détail, parcequ'il
explique ces Vers de Claudian, qui montrent que les Vénitiens ne font pas les
Inventeurs de cette efpéce de Tour, &
de Chateau.

*Vel qui more avium fefe jaculantur in au-
ras ,*

*Corporaque ædificant, celeri crefcentia nexu,*

*Quorum compofitam puer augmentatus in
artem*

*Emicat , & vinctus plantæ, vel cruribus
hærens ,*

*Pendula librato figit veftigia Saltu.*
Claud. de Pr. & Olyb. Conf.

Je croirois qu'au lieu d'*Artem* il devroit y avoir *Arcem* , fi quelque Manufcrit

ſcriı de Claudian favoriſoit cette Leçon.

Quoique nous trouvions *Veneti* dans les Anciens Poëtes, la Ville de Veniſe & trop moderne pour y trouver place.

L'Epigramme de *Saunazar* eſt trop connuë pour être inſérée ici. Le même Poëte à celebré cette Ville en deux autres endroits de ſes Ouvrages, apres avoir reçû la fameuſe Récompence de ſon Epigramme.

——— *Quis Venetæ miracula proferat urbis?*

*Una inſtar magni quæ ſimul Orbis habet*

*Salve Italûm Regina, altæ pulcherrima Romæ*

*Æmula quæ terris, quæ dominaris Aquis!*

*Tu tibi vel Reges Cives facis; O Decus, O Lux*

*Auſoniæ, per quam Libera turba Sumuſı*

*Per quam Barbaries nobis non imperat, & Sol*

*Exoriens noſtro clarius orbe nitet!*

L. 3. El. 1.

*Rome.*   *Nec Tu ſemper eris, quæ Septem amplecteris Arces,*

*Veniſe.*   *Nec Tu, quæ mediis Æmula Surgis Aquis.*

L. 2. El. 1.

FER-

# FERRARE,

## RAVENNE,

## RIMINI.

A Venise je pris un Bateau pour Ferrare , & dans mon chemin je vis plufieurs bouches du Pô , par lesquelles il fe décharge dans la Mer Adriatique.

— *Quo non alius per pinguia culta*
*In mare purpureum violentior influit Amnis.*
Virg. G. 4.

Ce qui eft vrai, fi on l'entend feulement, de toutes les Rivieres de l'*Italie*. La defcription du Pô par Lucain auroit été fort belle , s'il eut fçu où il faloit s'aréter.

*Quoque magis nullum tellus fe folvit in amnem*
*Eridanus fractafque evolvit in æquora Sil-* *vas* *,*
*Hefpe-*

*Hesperiamque exhaurit aquis hunc fabula*
  *primum*

*Populea fluvium ripas umbrâsse coronâ*

*Cumque Diem pronum transverso limite du-*
  *cens*

*Succendit Phaëton flagrantibus æthera lo-*
  *ris;*

*Gurgitibus raptis, penitus tellure perustâ,*

*Hunc habuisse pares Phæbeis ignibus undas.*
L. 2.

Voici les Reflections du Poëte.

*Non minor hic Nilo, si non perplana ja-*
  *centis*

*Ægypti Lybicas Nilus stagnaret arenas*

*Non minor hic Istro, nisi quod dum per-*
  *meat orbem*

*Ister, Casutos in quælibet æquora fontes*

*Accipit, & Scythicas exit non solus in un-*
  *das.*                                    Id.

    Cela signifie, dit scaliger, que l'*Eri-*
*dan* seroit plus grand que le *Nile*, ou le
*Danube* ; si le *Nile* ou le *Danube*, n'é-
toient pas plus grands que l'*Eridan*. Ce
qui rend encore plus impertinente la remarque du Poëte, ç'est que la raison
même qu'il donne pourquoi le *Danube*
est

est plus grand que le *Pô* , est ce qui fait , que le *Pô* est aussi grand qu'il est , avant qu'il tombe dans le Golfe; c'est à dire, parcequ'il glane dans son cours les Rivieres les plus considerables du *Piémont* , du *Milanois* , & du reste de la *Lombardie.*

D'*Ancone* à *Venise* la marée monte sensiblement & reglément , mais elle s'eleve à proportion qu'Elle avance vers le fond du *Golfe. Lucain* s'est égaré en décrivant ce Phénoméne , qui est bien extraordinaire pour ceux qui ne sont pas dans le Voisinage de l'*Ocean* ; & selon sa coutume , il arrête son Poëme pour se laisser aller à ses Reflections.

*Quàque jacet littus dubium , quod terra fre- tumque*

*Vendicat alternis vicibus , cùm funditur ingens*

*Oceanus , vel cùm refugis se fluctibus au- fert.*

*Ventus ab extremo pelagus sic axe volutet*

*Destituatque ferens : an sidere mota secundo*

*Tethyos unda vagæ Lunaribus æstuet horis :*

*Flammiger an Titan , ut alentes haurias undas :*

*Erigat Oceanum fluctusque ad sidera tollat.*

*Quærite quos agitat mundi labor : at mihi semper*

*Tu,*

*Tu¹, quæcunque moves tam crebros causa meatus*

*Ut superi voluere, lates.* ———    L. 3.

*A Ferrare* je n'ai rien vû d'extraordinaire. La Ville est fort grande mais mal peuplée. Elle a une Citadelle & quelque chose de semblable à une Fortification qui l'entourre, mais si large qu'elle demande plus de soldats pour la défendre que le *Pape* n'en a dans tout son Etat. Les ruës son aussi belles qu'aucunes que j'aye vûes soit pour leur longueur & leur largeur soit pour leur régularité. Les *Bénédictins* ont le plus beau *Couvent.* Ils nous ont montré dans leur Eglise le Tombeau d'*Aréasto.* Son Epitaphe dit qu'il étoit. *Nobilitate generis atque animi clarus, in rebus publicis administrandis, in regendis populis, in gravissimis & summis pontificis legationibus prudentiâ consilio, eloquentiâ præstantissimus.*

Je descendis un des Bras du *Pô,* jusqu'à *Alberto,* qui est à dix miles de *Ravenne.* Tout cet Espace est misérablement inculte jusqu'auprès de *Ravenne* où le Terroir à été rendu tres fertile, & montre ce que la meilleure partie de ce qui reste pourroit être, s'il y avoit assez de mains pour le faire valoir. Les deux côtéz du Chemin sont fort marécageux, & généralement pleins de joncs, ce qui me

me fait croire qu'il étoit autrefois baigné
de la Mer. Je n'en doutai en aucune
maniere. qnand je vis que *Ravenne* eſt
presque à la même diſtance de la *Mer
Adriatique*, quoiqu'elle fût autrefois le
plus fameux Port qu'euſſent les *Romains*.
On peut conjecturer ſon Ancienne ſituation, par ces mots de *Martial*.

*Meliuſque Ranæ garriant Ravennates.* L. 3.

Et par la deſcription què *Silius Italicus*
nous en a donnée.

*Quàque gravi remo limoſis ſegniter undis
Lenta paludoſæ perſcindunt Stagna Ravennæ.*
L. 8.

Conformément aux Anciens Geogra-
fes, qui le repreſentent comme ſitué parmi les Marais & les Bas fonds· Le lieu,
qu'on montre pour le Havre eſt une
Terre toute unie juſqu'à la Ville, &
qui probablement a été bouché par de
grands monceaux de bouës que la Mer y
a jettés : Car tout le Terroir de ce côté de *Ravene* y a été laiſſé inſenſiblement
de la Mer qui s'en eſt retirée depuis pluſieurs ſiecles. Il faut que la Terre ait
été autrefois beaucoup plus baſſe, car autrement la Ville auroit été miſe ſous
l'Eau. Les Reſtes du *Phare*, qui ſont à
ₜtrois

trois miles de la Mer , & à deux de la
Ville, ont leurs Fondemens couverts de
terre , de la hauteur de plusieurs piéds,
comme on m'a dit , quoiqu'il soit probable qu'on a pris autrefois l'avantage de
quelque Eminence pour le placer.

C'étoit une Tour quarée d'environ
trente six pieds de large , comme il paroit à la partie qui reste encore toute entiere , de sorte qu'il faut que la hauteur
en ait été fort considerable, pour y garder une telle proportion. Elle est de la
forme du *Campanello* de *Venise* ; & c'est
probablement la haute Tour dont *Pline* fait
mention. *Lib.* 36. *Cap.* 12. Du Côté
de la Ville , il y a aujourdui une petite
Eglise, appellée la *Rotonda,* où l'on conjecture que la Mer a été autrefois. A
l'entrée, il y a deux Pierres, l'une avec
une Inscription en Caractéres *Gothiques*,
& qui n'a rien de remarquable ; l'autre
est un morceau de Marbre quarré, qui
par l'Inscription paroit ancien, & par les
Ornemens qui sont autour semble avoir été
un petit Tombeau Payen , de deux Personnes qui firent naufrage, peut - être,
dans le lieu où est aujourdui ce Tombeau. La premiere ligne & demi qui dit
en prose leur Nom , & leur Famille,
n'est pas lisible ; Voici le reste

— *Rei*

—— *Raniæ domus hos produxit alumnos,*
*Libertatis opus contulit una Dies.*
*Naufraga mors pariter rapuit quos junxe-*
 *rat antè,*
 *Et duplices luctus mors periniqua dedit.*

Il y a dans le troisiéme vers une certaine expreffion, que nous n'entendons
point, faute de favoir les circonftances
de l'Hiftoire. C'eft le *Naufraga mors*,
qui les fait perir tous deux, comme il les
avoit unis auparavant. Ce qui avoit fait
cette Union eft exprimé dans le vers précedent, d'avoir été tous deux faits libres
le même jour; de orte que fi nous fup-
pofons qu'autrefois ils avoient fait naufrage avec leur Maître, & qu'il les avoit
fait libres en même temps, voila l'Enigme
expliqué. Et cette interpretation n'eft
pas peut-être, auffi forcée qu'elle peut
paroitre à la premiere vuë; puis que
c'étoit la coutume des Maîtres, avant
leur mort, de donner la liberté à leurs
Efclaves, s'ils l'avoient meritée; il eft
affez naturel de conjecturer qu'un Maître, qui fe trouveroit dans un même naufrage avec des Efcaves, donnéroit la liberté à ceux qui auroient le bonheur de
fe fauver.

*Tom.* IV.    D    Le

Le *Presbytere* de cette Eglife eft vou-
té d'une fimple Pierre, de quatre pieds de
groffeur, & de cent quatorze de Circon-
ference. Il y avoit autrefois au dehors
de ce petit Dôme, un grand Tombeau
de Porphyre, & douze ftatuës des Apôtres; mais dans la Guerre de Louis dou-
zieme en Italie, le Tombeau fut mis en
pieces, d'un coup de Canon. Ce fut
peut-être, le même coup qui fit la fente, qui eft au Dôme; quoique les Habitans l'attribuent à un Coup de Tonnere, qui tua le Fils d'un de leurs Princes
Goths, qui s'y étoit retiré pour fe ga-
rantir de ce genre de mort, qui lui avoit
été prédit. Je démandai à un Abbé, qui
étoit dans l'Eglife, le nom de ce Prince Goth; toute la réponfe que j'eus
de lui fut qu'il ne le favoit pas précife-
ment; mais qu'il penfoit que c'étoit un
*Jules Céfar*. Les *Théatins* de cette Ville
difent, qu'un jour plufieurs pretendans
à l'*Evéché* étant affemblés dans leur Eglife, le Saint Efprit y entra en forme de
Colombe, par une certaine fénêtre, qu'ils
montrent; & qu'il s'arréta fur un des
Pretendans. La Colombe eft répréfentée
dans la fénêtre, & en plufieurs autres endroits de l'Eglife; & Elle eft en grande
réputation par toute l'Italie. Pour moi, je
ne croirois pas impoffible, qu'un Pigeon
eût volé par accident par le toit, où
ils

ils gardent encore le trou ouvert ; &
qu'ayant voltigé fur un certain endroit,
cela ait donné à une affemblée fuperfti-
tieufe, l'occafion de favorifer un Com-
pétiteur, particulierement s'il avoit beaucoup d'amis entre les Electeurs, qui auroient profité de cette occafion. Mais ils
prétendent que ce miracle eft arrivé plus
d'une fois. Entre les Portraits des grands
Hommes de leur ordre, il y en a un
avec cette Infcription. P. D. *Thomas Gould-*
*vellus Ep. Af^is Trid^no concilio contra Hæ-*
*riticos & in Anglia contra Elifabet. Fidei*
*Confeffor Confpicuus.* La ftatuë d'Alexandre feptiéme eft dans le grand quarré de
la Ville. Elle eft de Bronze, & a été
jettée en fonte, dans la pofture ordinaire
des Papes, ç'eft à dire, un bras étendu,
& beniffant le Peuple. Dans un autre
quarré, fur une haute Colonne, eft la
Sainte Vierge, habillée en Reine, avec
un Sceptre dans la main, & une Couronne fur la tête, pour avoir délivré la
Ville d'une furieufe Pefte. La coutume
de couronner la Sainte Vierge eft fi à la
mode parmi les *Italiens*, qu'on voit fouvent dans leurs Eglifes, une petite couronne de clinquant fur la Tête de la
Figure, ce qui gâte quelque fois un beau
Tableau. Dans la Couvent des *Bénedi-*
*ctins* je vis trois grandes Chaffes de marbre fans aucune Infcription, où l'on dit

D 2                     que

que font les Cendres de *Valentinien*, d'*Honorius*, & de fa fœur *Placidie*.

De *Ravenne*, je me rendis à *Rimini*, ayant en chemin faifant, paffé le *Rubicon*. La Riviere n'eft pas auffi méprifable qu'elle eft généralement répréfentée; la fonte de nèges l'avoit confiderablement acruë, quand felon *Lucain*, *Céfar* la paffa,

*Fonte cadit modico parvifque impellitur undis*

*Puniceus Rubicon , cum fervida, canduit æftas:*

*Perque imas ferpit valles , & Gallica certus*

*Limes ab Aufoniis difterminat arva colonis:*

*Tunc vires præbebat Hyems, atque auxerat undas*

*Tertia jam gravido pluvialis Cyathia cornu,*

*Et madidis Euri refolutæ flatibus Alpes.*

L. 1.

Cette Riviere aujourdui s'appelle *Pifatello*. *Rimini* n'a rien à prefent de quoi fe vanter. Voici fes antiquités. Un Pont de marbre de cinq Arcades, bâti par *Augufte*, & par *Tibere*; car l'Infcription eft encore lifible, mais mal copiée par *Miffon*, qui femble l'avoir tirée de *Gruter*, & non du lieu même. Un Arc de Triomphe

phe élevé à *Augufte*, qui fait une magnifique Porte à la Ville; quoiqu'il y en ait
une partie de ruinée. Les Ruines d'un
*Amphithéatre*.

La *Tribune* d'où l'on dit que *Jules*  *Sugge-*
*César* harangua fon Armée, après avoir  *ftum*

paffé

paſſé le *Rubicon*. J'avouë, que je ne puis regarder cette derniere Antiquité comme authentique. Elle eſt fabriquée de Pierre de taille, ſemblable au Piédeſtal d'une Colonne, mais un peu plus haut que l'ordinaire, & à peine aſſez large pour un ſeul homme; au lieu que comme je l'ai ſouvent remarqué, tant ſur des Medailles, que ſur l'Arc de *Conſtantin*, les Anciennes Tribunes étoient de Bois, & ſemblables à un petit échafaut, ou à un Etabli de boutique. On y répréſente toujours des têtes de clous; ce qui ſuppoſe que ç'étoit pour tenir les ais. On y voit généralement l'Empereur, & deux ou trois Officiers Généraux, quelquefois aſſis & quelquefois de bout, quand ils haranguoient ou les ſoldats, ou le peuple,

*Congiarium.*

ou qu'ils leur faiſoient des *Largeſſes*; & il eſt probable, qu'elles étoient toujours prêtes, & qu'on les portoit parmi le bagage de l'Armée; au lieu que celle de Rimini a été batie ſans doute ſur la place; ce qui a demandé du tems pour la finir. Si ma remarque eſt juſte, elle peut ſervir de confirmation à la conjecture du docte *Fabretti* ſur la colonne de *Trojan*, qui ſuppoſe avec beaucoup de raiſon, que les Retranchemens du Camp, & les autres Ouvrages de la même nature, qui ſont travaillés ſur cette colonne, comme s'ils avoient été de brique ou de Pierre de Taille,

Taille, n'étoient effectivement que ou
de simple Terre, ou de lut, ou de semblables materiaux ; car on voit sur cette
colonne de ces Tribunes faites comme
celles des Médailles, avec cette seule
difference, qu'elles semblent être baties
ou de brique, ou de Pierre de Taille. A
douze miles de *Rimini* est la petite République de *Saint Marin*, laquelle je ne
pus m'empecher d'aller voir ; quoiqu'elle
ne soit pas dans la Route ordinaire des
Voyageurs, & que le chemin en soit fort
mauvais. Je vous en donnerai ici le détail, parceque je ne sache personne qui
l'ait encore fait. On aura au moins le
plaisir d'y voir quelque chose de plus particulier que dans de grands Gouvernemens, d'où on peut se former l'Idée ou
de *Venise* dans ses premiers commencemens, lorsqu'elle n'avoit que quelques
Amas de terre pour tout Domaine, ou
de *Rome* même quand elle ne couvroit
qu'une de ses sept Collines.

# LA
# REPUBLIQUE
## DU
# St. MARIN.

A Ville , & République de
*Saint Marin* , eſt ſur le ſommet d'une montagne fort hau-
té, & fort raboteuſe ; elle eſt
ordinairement cachée entre les
nuës , & étoit ſous la neige , quand je
la vis ; quoiqu'il fît un tems clair, &
chaud. Dans tout le Païs d'alentour a ce,
que j'ai pû aprendre , il n'y a pas une
Fontaine dans tout l'État ; mais ils y a
de fort grandes Ciſternes , & des réſer-
voirs , toujours pleins d'Eau de Pluye ,
& de neige. Le Vin , qui croit ſur les
côtes de cette montagne , eſt fort bon,
& à mon avis , beaucoup meilleur que
celui que je trouvai ſur la côte froide de
l'Appenin ; ce qui me fait ſouvenir de
leurs Caves, qui ont, pour la plus part,
un avantage naturel', qui les rend éxtrémement fraiches , dans la ſaiſon la plus
chaude ; Car elles ont généralement de
grands

grands trous, qui vont dans les creux de
la Colline , d'où il fort toujours une
certaine vapeur fi froide dans l'Eté, qu'à
peine peut on y fouffrir la main. Cette
montagne & quelques petits tertres au
bas, par cy par là, en font tout le domaine. Ils ont ce qu'on appelle trois chateaux , trois Couvents, & cinq Eglifes,
& peuvent conter environ cinq mille
Ames dans leur Communauté. Les habitans, & les Hiftoriens, qui font mention de cette petite République , font le
Conte fuivant de fon Origine. *Saint Marin Dalmate* de Naiffance, & Maçon de
fon métier en fut le Fondateur. Il y a
treife cens ans , qu'il fut employé à la
réparation de *Rimini* ; · & après avoir
achevé fon ouvrage, il fe retira dans cette montagne folitaire, la trouvant fort
propre pour la vie d'Hermite , qu'il obferva dans les plus grandes rigueurs, &
les plus grandes Aufterités de la Religion.
Il n'y avoit pas long tems, qu'il étoit là,
lors qu'il fit un prétendu miracle , lequel
joint à fa fainteté extraordinaire, lui ga-
gna tellement l'eftime de la Princeffe
du Païs, qu'elle lui fit préfent de la montagne , pour en difpofer à fon gré. Sa
réputation la peupla en peu de tems, &
fut la fource de cette République , qui
s'appelle de fon Nom; de forte que la
République de St. *Marin* peut fe vanter,

D 5                     au

au moins, d'une Origine plus noble que
celle de *Rome* ; l'une ayant été au commencement, un Azile de Voleurs, de
Meurtriers, & l'autre le refuge de perfonnes éminentes en pieté & en dévotion La meilleure de leurs Eglifes eft
dediée au Saint, & conferve fes cendres.
Sa Statuë eft fur le grand Autel, avec
la figure d'une montagne entre fes mains,
couronnée de trois Chateaux ; ce qui fait
auffi les Armes de la Republique. Ils attribuent à la profeâion de leur Patron,
la longue durée de leur Etat, & le regardent comme le plus grand Saint, après
la Sainte Vierge. Je vis dans le livre de
leurs ftatus, une loi contre ceux qui parlent de lui avec mépris, & qui les con-
damne au même fuplice, que ceux qui feroient convaincus de blafphême. Cette
petite République a déja duré près de mille quatre cents Ans, pendant que tous
les autres Etats de l'*Italie* ont plufieurs
fois changé de Maîtres, & de Gouvernement. Toute fon Hiftoire eft com-
prife en deux Achats, qu'ils firent d'un
Prince Voifin, & dans une guerre, où
ils affifterent le Pape, contre un Seigneur
de *Rimini*. En l'Année 1100. Ils ache-
terent un Chateau dans leur l'oifinage,
& un autre, en l'Année 1170. Les titres en font gardés dans leurs Archives,
& il eft bien remarquable', que le nom

*de*

de l'Agent pour la République, & celui
du Vendeur, du Notaire, & des Témoins,
font les mêmes, dans tous les deux in-
ftrumeus ; quoique dreffés à foixante &
dix Ans l'un de l'autre. Et cela ne peut
pas être par méprife de la date ; parceque les Noms des Papes, & des Empereurs, avec les années de leur Regne,
y font exprimés. Environ deux Cents
quatre vings dix ans après, ils affifterent le Pape *Pie* fecond, contre un des
*Malatefta*, qui étoit alors Seigneur de *Rimini*; & après avoir aidé à le réduire, ils
recurent du Pape en Récompence, quatre Petits Châteaux. Ils répréfentent ce
tems là, comme le plus floriffant de la
République; parcequ'alors leur Domaine s'étendoit, la moitié fur une montag-
gne voifine : mais à préfent ils font re-
duits à leurs anciennes limites. Il eft
probable qu'ils vendroient leur liberté
auffi cher qu'ils pourroient, à ceux qui
les voudroient attaquer ; car il n'y a
qu'une feule route pour monter à eux,
& ils ont une loi fort fevere contre ceux
d'entre eux, qui entreroient dans la Ville
par un autre chemin, de peur qu'il ne fe
faffe un nouveau fentier fur leur montag-
gne. Tous ceux qui font capables de porter les Armes font exercés, & toujours
prêts, au premier hola. Le Pouvoir fou-
verain de 'la République réfidoit origi-

nairement dans ce qu'ils appelloient l'*A-rengo*, c'est à dire, un grand Conseil, dans lequel chaque maison avoit son Répréſentant ; mais comme ils trouverent trop de confuſion dans ce grand Nombre de Politiques, ils mirent toute l'Authorité entre les mains d'un Conseil de Soixaṇte. L'*Arengo* pourtant ſe convoque encore dans les Afaires de grande importance ; & ſi quelcun s'abſente, après avoir été cité, il eſt condamné à l'amande d'environ un ſoû d'Angleterre ; ce que le ſtatut dit qu'il payera, *fine aliquâ diminutione aut gratiâ.* Dans le train ordinaire du Gouvernement, le Conſeil de Soixante (qui nonobſtant le nom, conſiſte ſeulement en quarante perſonnes ), a entre les mains l'adminiſtration des Afaires, & eſt compoſé, moitié de Familles Nobles, & moitié de Plébéïennes. Tout ſe fait par les Bellutins, & nul n'y eſt admis avant l'age de vingt cinq ans & le même Conſeil choiſit tous les Officiers de la République.

Juſqueslà ils s'accordent avec la grand Conſeil de *Veniſe* mais leur pouvoir eſt beaucoup plus étendu : car aucune ſentence ne peut être valide, qu'elle n'ait été confirmée par les deux tiers de ce Conſeil. On ne peut entrer dans ce Conſeil, que par Elèſtion. Deux perſonnes de la même Famille n'en peuvent être

CB

en même tems, ni par conféquent le fils
du vivant du Pere. Les principaux Officiers de la République font les deux
Capitaneos, qui ont un pouvoir femblable à celui des *Confuls Romains* ; mais ils
changent tous les fix mois. Je parlai avec
quelques uns qui avoient été Capitaneos
fix ou fept fois ; quoiqu'ils ne le foient
jamais deux fois de fuite. Le troifieme
Officier eft le Commiffaire , qui juge de
toutes les Matieres civiles & criminelles.
Mais parce que la quantité d'Alliances d'A-
mitiés , & de Mariages entre eux, auffi
bien que les difcordes & les animofités
perfonelles, qui arrivent parmi un fi petit peuple, pourroient empêcher le cours
de la Juftice, fi quelqu'un de la Ville en
avoit l'adminiftration , ils ont toujours
un Etranger pour cet employ. Ils le
choififfent pour trois Ans , & l'en-
tretiennent du fond public. Il faut être
pour cela Jurisconfulte., & d'une probité
reconnuë. Il eft joint en Commiffion avec
les Capitaneos , & agit en quelque forte
comme le *Recorder* de Londres fous *Mylord Maire.* La République de *Génes* fut
autrefois contrainte de fe fervir auffi d'un
Juge etranger , pendant plufieurs années,
qu'elle étoit déchirée par les divifions
des *Guelphes* & des *Gibelins.* La quatrieme perfonne de l'État eft le Médecin,
qui doit auffi être Etranger , & il a un

D 7                                    fa-

falaire publique. Il eft obligé de tenir un
Cheval, d'aller voir les malades, & d'a-
voir l'infpection fur les Drogues qui entrent dans la Ville. Il faut qu'il ait trente cinq ans au moins, qu'il foit de la
Faculté, & diftingué pour fa Religion,
& fa probité; & afin que ou fa temerité
ou fon ignorance ne dépeuple pas la Republique, & qu'ils ne fouffrent pas long
tems d'un mauuais choix, il eft élû feulement pour trois ans. Le Medecin d'aujourd'hui eft un habile homme, & qui a
bien lû les Ouvrages de nos Compatriotes,
*Harvey*, *Willis*, *Sydenham* &c. Il y a
été continué pour quelque tems, & ils
difent que la République profite entte fes
mains. Une autre Perfonne qui ne fait
pas petite figure dans la République,
c'eft le Maître d'Ecole. Je n'ai presque
trouvé perfonne, excepté le Prieur d'un
Couvent, qui ne parlât Latin proprement, & coulanment. J'ai eû la lecture
d'un livre en Latin in folio, intitulé, *Sta-*
*tuta Illuftriffimæ Reipublicæ Sancti Mari-*
*ni*, imprimé à *Rimini*, par ordre de la
République. Le Chapitre des Miniftres
publics dit, que quand un Ambaffadeur
fera envoyé de la Republique, à quelque
Etat étranger, il aura de la Treforerie la
valeur d'un fchilling par jour. Le peuple
eft eftimé fort honnête, & attaché à l'ex-
ecution de la Juftice, & femble vivre
plus

plus heureux, & plus content, parmi fes
Rochers, & fes neiges, que ne font
d'autres peuples d'*Italie* dans des Vallées
les plus agréables du monde. Rien ne
peut montrer d'une maniere plus con-
vaincante, ni l'amour naturel que le
Genre humain a pour la liberté, ni l'a-
verfion qu'il a pour un Gouvernement
Arbitraire, que cette montagne fauvage,
qui eft toute couverte de peuple, pendant
que la *Campagne* de *Rome*, qui eft dans
le même Païs, eft presque toute defti-
tuée d'Habitans.

*Pefaro*

# *Pesaro, Fano, Sénigallia, Ancone, Lorette,* &c.

# Jusqu'à *ROME*.

E *Rimini* à *Lorette*, les Villes de marque sont *Pesaro,*
*Fano*, *Sénigallia*, & *Ancone.*
*Fano* a reçû son nom d'un
Temple de la Fortune, qui
y étoit. On voit encore l'Arc de Triomphe, qu'on y érigea à *Auguste*. Il est fort
défiguré par le tems ; mais le plan, comme il étoit dans son entier, avec toutes
les inscriptions, est proprement taillé, sur
la muraille d'un Edifice voisin. Il y a
dans toutes ces Villes une Fontaine de
marbre, que jette continuellement de
l'eau par divers tuyaux ; ce qui est agreable dans un Païs chaud, par la grande
fraicheur que cela donne à l'air d'alentour. La Fontaine de *Pesaro* est bien dessinée. *Ancone* est de beaucoup, la plus
considerable de ces Villes. Elle est située
sur un Promontoire, & paroit plus belle à quelque distance, que quand on est
de-

dedans. Le Port a été fait par *Trajan* ; en reconnaiffance de quoi , on lui à érigé un Arc de Triomphe fur le bord de la Mer. Le marbre de cet Arc eft bien blanc & frais ; & comme il eft expofé aux vents , & aux vapeurs de la Mer, qui le battent continuellement, cela le garantit d'une certaine couleur de moifi, que le marbre contracte ailleurs. Quoique les Italiens, & les Ecrivains des Voyages, appellent Arcs de Triomphe, les Aro tels que ceux-ci ; il eft probable que les Anciens Romains mettoient de la diftinction entre ces Arcs honoraires érigés aux Empereurs, & ceux qui leur étoient érigés pour une victoire , & qui font proprement les Arcs de Triomphe. Celui d'*Ancone* fut un témoignage de gratitude envers un Bienfaicteur , qui leur avoit bâti un Port ; comme les deux autres, dont j'ai fait mention , étoient probablement, pour une raifon femblable. En quoi on peut voir la conduite des Anciens Romains , qui pour encourager leurs Empereurs à faire du bien à leur Patrie , rendoient les mêmes honneurs aux grandes Actions , qui tournoient à l'avantage du Public , tant dans la Paix, que dans la Guerre ; ce qui fe remarque fur les Médailles faites pour de femblables occafions. Je me fouviens d'en avoir vû une de *Galba* avec un Arc de Triomphe

phe au Revers , qui fut faite par l'ordre
du Sénat , pour avoir remis une Taxe.
R. XXXX. *Remiſſa.* S. C.

PAG.                          90.

     La Médaille qui fut frappée pour *Tra-*
*jan* , en mémoire de ſa Bénificence à
*Ancone* , eſt fort commune; le Revers à
au deſſus un Port, avec une chaîne, qui
le traverſe, & un bateau entre d'eux,
avec cette Inſcription *S. P. Q. R.* O P-
*T I M O. P R I N C I P I.* S. C.
     Je ſai que *Fabretti* voudroit bien attri-
buer cette Médaille à une autre occaſion;
mais *Bellorio* l'a ſuffiſemment refuté, dans
ſes Additions à *Angeloni.*

                         *A Lo-*

A *Lorette*, je demandai le logement des *Jesuites Anglois*, & sur le degré, qui mene chez eux, je vis divers Tableaux de ceux de leur Ordre, qui ont été exécutés en Angleterre ; comme les deux *Garnets*, *Old-Corn*, & autres, au nombre de trente. Quel qu'ait été leur crime, l'Inscription dit, qu'ils ont souffert pour leur Religion ; & il y en a quelques uns représentés dans des sortes de Tortures, qui ne sont point en usage parmi nous. Les martirs de 1679. sont à part, avec un Couteau dans le sein de chaque figure, pour signifier qu'ils furent mis en quartiers. Les richesses de la Sainte Maison, & de la Trésorerie, sont surprenantes, & surpasserent mon attente, autant que les autres spectacles y ont généralement peu répondu. A peine l'Argent y est il reçû, & l'or même paroit pauvrement, parmi un nombre incroiable de pierres précieuses. Cette Eglise aura dans peu de siecles les plus précieux joyaux de l'Europe, si la Dévotion des Princes continue dans la ferveur d'aujourd'hui. La derniere Offrande fut faite par la Reine Douairiere de Pologne, & elle lui a couté 18000 Ecus. Quelques uns se sont étonnés que le *Turc* n'ait jamais attaqué ce Trésor, qui est si près de la Mer, & si foiblement gardé. Mais outre qu'il n'a pas reüssi autrefois dans cette entreprise, il est certain

tain que les *Vénitiens* le veillent trop à
prefent, & qu'ils ne luï permettront jamais d'entrer dans la *Mer Adriatique.* Ce
feroit une chofe bien facile de furpren-
dre Lorette, pour un Prince Chrétien,
qui auroit des Vaiffeaux, qui pourroient
aller & venir dans le Golfe, fans aucun
foubçon ; principalement s'il avoit un
parti dans la Ville déguifé en Pelerins,
pour lui affurer une Porte ; car il s'eft
trouvé quelquefois de ces gens là au nombre de 100000. en un jour, felon le bruit
commun. Mais il eft probable que la Vénération pour la Sainte Maifon & l'horreur d'une Action qui feroit reffentie par
tous les Princes Catholiques de l'Europe,
tiendront cette Place en une auffi grande
feureté que feroit la meilleure Fortification. C'eft affurément une chofe bien.
étonante de voir une quantité prodigieufe
de Richeffes demeurer inutile, au milieu
de la pauvreté, & de la mifere, qui regne dans tout le Païs. Mais il ne faut
pas douter que le Pape ne fe fervît de
ces Tréfors en cas de befoin, ou de
quelque grand danger pour le faint Siege, comme feroit ou une malheureufe
Guerre avec le Turc, ou une puiffante
ligue entre les Proteftans. Car je ne faurois regarder toutes ces Richeffes amaf-
fées dans les Eglifes, & dans les Couvens, que comme des Tréfors de Ré-
ferve,

ferve, & des Magazins fecrets; que l'E-
glife ouvriroit, dans des occafions pref-
fantes, pour fa defence, & pour fa confervation. Si tout cela étoit converti en
argent monnoïé, & mis dans le Commerce, l'*Italie* feroit le Païs le plus riche, & le plus floriffant de l'*Europe*.
L'Eglife, ou plutôt la Châffe où eft la
Sainte Maifon, eft d'un deffein magnifique, qui a été exécuté par les plus Grands
Maîtres de l'*Italie*, qui fleuriffoient il y
a environ cent ans. La ftatuë des Sibil-
les eft perfaitement bien faite, chaqu'une
ayant un air & une artitude particuliere,
de même que celles des Prophetes, qui
font au deffous. Le Lambris du Tréfor
eft peint avec la même efpece de devife.
Il y a au fonds un grand Crucifix fort
eftimé, où notre Sauveur eft répréfenté
agonifant, & avec quelque chofe de fort
aimable dans fon Vifage, au milieu des
affres de la mort. On dit que les Portes de l'Eglife font de Bronze de Co-
rinthe, avec diverfes Hiftoires de l'Ecriture, en Bas Relief. La ftatuë du Pape,
& la Fontaine tout proche paroitroient
fort dans une autre place. L'Epicerie,
la Cave & les meubles, avec les Revenus du Couvent, & l'hiftoire de la Sainte Maifon, font fi connus, qu'il n'eft
pas befoin d'en parler. Quiconque a été
le premier Inventeur de cette Impofture,
fem-

semble en avoir pris le modelle sur la
vénération, que les Anciens *Romains*
avoient pour la Cabane de *Romulus*, qui
étoit sur le mont *Capitolin*, & qu'on
avoit grand soin de réparer de tems en
tems, lorsqu'il y manquoit quelque chose.
*Virgile* nous a donné une agreable image
de ce petit Palais couvert de Chaûme,
qu'il répréfente comme du tems de *Manlius*, ç'est à dire 327 Ans après la mort
de *Romulus*.

*In summo custos Tarpeiæ Manlius arcis*
*Stabat pro templo, & Capitolia celsa tene-*
  *bat:*
*Romuleoque recens horrebat Regia culmo.*
                                   Æn. L. 8.

En allant de *Lorette* à *Rome*, je pas-
sai par *Récanati*, *Macérata*, *Tolentino*, &
*Foligni*. Dans le dernier il y a un Couvent de Religieuses appellé la *Contessa*,
dans l'Eglise du quel, il y a une *Madon-
ne* incomparable de *Raphaël*. Il y a quelques Antiquités à *Spolette*, qui est la
Ville la plus proche sur la Route. La
plus remarquable est un Aqueduc d'u-
ne structure *Gothique*, lequel porte l'eau
du mont St. *François* à *Spolette*, & qui
est plus haut qu'aucun autre en Europe. Ils content depuis les premiers fon-
                                          de-

demens, jufqu'au fommet, 230 Verges,
ou 115 Toifes. En allant d'ici à *Termi*,
je vis la Riviere de *Clitumnus*, célébrée
par tant de Poëtes, pour une qualité toute particuliere de fes Eaux, les quelles font
blanc le Bétail qui en boit. Les Habitans du Païs ont encore cette opinion,
comme je l'ai trouvé en m'en informant.
Et ce qui les y confirme ce font les Bœufs
blanchâtres, qu'ils ont en quantité. Il eft
probable que c'eft une Race, qui a été
d'abord dans le Païs, & dont la conti-
nuation l'a fait imputer par les Habitans
à une caufe fauffe. Ils pouvoient auffi
bien s'imaginer que leurs pourceaux deviennent noirs, par quelque raifon femblable, puifqu'il n'y en a point d'autres
en *Italie*. La Riviere de *Clitumnus*, &
*Mévania*, qui étoit fur fon Rivage, font
fameufes pour les Troupeaux de Victi-
mes, dont ils fourniffoient toute l'*Italie*.

*Qua formofa fuo Clitumnus flumina loco*
   *Integit, & Niveos abluit unda boves.*
                    Prop. L. 2.

Il Cli-
tumno.
R.

*Hinc Albi Clitumne greges, & maxima*
   *Taurus*
*Victima, fæpe tuo perfufi flumine facro*
*Romanos ad Templa Deûm duxere trium-*
   *phos.*            Geor. 2. Virg.
                  ——Pa-

—— *Patulis Clitumnus in Arvis*
*Candentes gelido profundit flumine tauros.*
Sil. Ital. L. 4.

—————— *Atque ubilatis* —— *Tauriferis ubi*
    *se Mavania Campis Explicat.*——
Luc. L. 1.

**Deva-**
**gna.**
*Projeclam campis nebulas exhalat inertes,*
*Et sedet ingentem pascens mevania taurum,*
*Dona Jovi.* ———————— Id. L. 6.
—— *Nec si vacuet Mevania valles,*
*Aut praestent niveos Clitumna Novalia tauros*
*Sufficiam* ———————— Stat. Syl. L. 1
*Pinguior Hispullâ traberetur taurus & iprâ.*
*Male piger, non finitimâ nutritus in herbâ*
*Laeta sed Ostendens Clitumni pascua sanguis*
*Iret, & a grandi cervix ferienda Ministro.*
Juv. Sat. 12.

    J'aurai besoin de faire mention de Clau-
dian ci après.
    *Terni*, en Ordre, est la plus proche
Ville, autrefois appellée *Interramna*, pour
la même Raison, qu'une partie de la
basse Asie étoit nommée *Mesopotania*.
Nous entrames à la Porte des trois Monumens, appellée ainsi, parcequ'il y a-
voit tout proche un monument érigé à
*Tacite*

*Tacite* l'Hiftorien, avec deux autres aux Empereurs *Tacite* & *Florianus*, tous trois natifs de ce lieu là. Il y a quelques années qu'ils furent renverſés par un coup de Tonnere; les morceaux ſont entre les mains de quelques Gentilshommes de la Ville. Auprès du Dôme on me montra un marbre quarré poſé dans la muraille, avec l'Inſcription ſuivante

*Saluti perpetuæ Auguſtæ*
*Libertatique publicæ Populi Romani.*

*Genio municipi Anno poſt*
*Interamnam Conditam.*
D. CC. IV.

*Ad Cnejum Domitium*
*Ahenobarbum* ———————————

————— *Coſſ. providentiæ Ti, Cæſaris Auguſti nati ad Æternitatem Romani nominis ſublato hoſte perniciofiſſimo P. R. Fauſtus Titius Liberalis VI. vir iterum P. S F. C.* ç'eſt à dire, *pecunia ſua fieri curavit.*

Cette Pierre y fut miſe à l'occaſion de la chute de *Séjan.* Après le Nom d'*Ahenobarbus* , il y a un petit fillon dans le Marbre , mais ſi uni & ſi poli, que je n'y aurois pas pris garde, ſi je n'euſſe vû

*Tom.* IV. E *Coſſ.*

*Coss.* au bout; par où il eft évident, qu'il y avoit autrefois le Nom d'un autre Conful, & qu'il a été adroitement effacé. Je tiens cela d'un Gentilhomme de la Ville affez favant, que je rencontrai par hazard, mais ne me l'ayant donné que comme une Conjecture qui venoit de lui, je n'ofai lui demander s'il l'avoit trouvée dans quelque Autheur. Il me dit que *Lucius Aruncius Camillus Scribonianus*, qui étoit Conful fous le Regne de *Tibere* ayant été mis à mort, pour une Confpiration qu'il avoit formée contre l'Empereur *Claude*, il fut ordoné que fon Nom & fon Confulat feroient effacés dans tous les Regiftres & dans toutes les Infcriptions publiques. C'eft pourquoi il n'eft pas hors de probabilité que c'étoit tout ce nom là, qui rempliffoit la fente dont je viens de parler, mais comme je n'ai pas la commodité d'examiner ni les livres, ni les Tables Confulaires fur ce fujet, je donne cette Hiftoire comme je l'ai trouvée. On voit proche de ce monument les Ruines d'un ancien Théatre, auec quelques Cavernes toutes entieres. Je vis parmi les Ruines, un ancien Autel avec cette particularité, qu'il étoit creux comme un Plat, mais ce n'étoit pas ce côté là qui portoit le Sacrifice, comme on peut le conjecturer par la Forme du Feston qui l'environne,

&

& qui eſt renverſé, quand le creux eſt
deſſus. Dans la même Cour, parmi les
débris du Théatre, il y a deux Colonnes, l'une de Granate & l'autre d'un
Marbre fort beau. Je m'écartai du chemin pour voir la fameuſe Caſcade qui eſt
environ à trois miles de *Terni.* Elle eſt
formée par la chute de la Riviere *Velino,*
dont Virgile fait mention dans le 7me. de
l'*Enéide*———*Roſea rura Veleni.* Le Canal de cette Riviere eſt fort haut, & eſt
ombragé de tous côtéz, par une Forêt
de diverſes ſortes d'Arbres, qui ſont
verds toute l'année. Les montagnes voiſines en ſont couvertes auſſi; & à cauſe
de leur hauteur, elles ſont plus expoſées
aux Roſées, & aux Bruines, que les autres lieux voiſins; ce qui a donné occaſion à ces mots de Virgile, *Roſea Rura.*
La Riviere eſt fort rapide devant ſa chute, & ſe jette par un précipice de cent 50 *Toi-*
Verges de haut, dans le creux d'un Ro- *ſes.*
cher, qui probablement, a été mangé
par une chute d'Eau ſi continüelle. Il eſt
impoſſible de voir le fond ſur le quel
tombe cette Eau, pour le grand Brouil-
lard qu'elle forme en ſe briſant, & qui
à une certaine diſtance, paroit comme
des Nuées de fumée, qui montent d'u-
ne vaſte Fournaiſe, & qui ſe réſolvent
en des pluyes perpetuelles de tous côtéz.
Je trouve quelque choſe de plus merveil-

E 2 leux

leux dans cette Cascade, que dans toutes
les Eaux de Versailles. Dés la premiere
vuë de cette Cascade, je fus extrémement surpris de n'en avoir rien lû dans
les Anciens Poëtes, & sur tout dans
*Claudian*, qui fait écarter du chemin son
Empereur *Honorius*, pour voir la Riviere
de *Nar*, qui coule justement vis à vis;
& qui cependant, ne dit pas un mot
d'une chose qui auroit été un si grand
embellissement pour son Poëme. Mais
à présent, je ne doute point, nonobstant
l'opinion de quelques savans, que ce ne fût
le Goufre, par le quel *Alecto*, dans Virgile, se jette dans l'Enfer; puisque l'Endroit même, sa grande réputation, la
chute de l'Eau, les Forêts qui l'environnent, avec la fumée, & le bruit, qui
s'y élévent continuellement, sont indi-
qués dans la Description de ce Poëte,
qui n'a pas voulu nommer cette Riviere,
à cause qu'il l'a fait dans les Vers qui
précedent; à quoi on peut ajouter, que
la Cascade n'est pas loin de cette partie
d'*Italie*, qui a été appellée *Italiæ Medi-
tullium*.

*Est locus Italiæ medio, sub montibus altis,*
*Nobilis, & famâ multis memoratus in oris,*
*Amsancti valles, densis hunc frondibus atrum*
*Urget utrinque latus nemoris, medioque fra-*
*gosus*                                    *Dat*

*Dat sonitum saxis & torto vortice torrens:*
*Hic specus horrendum , & sævi spiracula*
  *Ditis .*
*Monstrantur , ruptoque ingens Acheronte vo-*
  *rago*
*Pestiferas aperit fauces    queis condita E-*
  *rinnys*
*In visum Numen terras cælumque levabat.*
                              Æn. 7.

Assurément ce lieu là étoit le plus propre du monde pour la Retraite d'une Furie , après avoir rempli une Nation de
troubles , & d'alarmes ; & je croi que
l'imagination du Lecteur est frappée, quand
il voit la Deesse iritée , s'enfoncer de la
forte, dans une Tempête, au milieu d'u-
ne telle Scene de confusion & d'horreur.

La Riviere *Velino* en sortant de tant
de Rochers tombe dans la *Nera*. Le
Canal de cette derniere est tout blanc de
Rochers, & sa surface pendant un grand
espace, est couverte d'écume & de bouteilles durant tout son Cours. Car l'Eau
en est toujours comme bouillante & se
brise perpetuellement contre les pierres
qui s'opposent à son passage ; de forte
que tant pour ces raisons que pour le
mélange du souffre avec ses Eaux, elle
est fort bien décrite par Virgile dans ces

E 3                              Vers

Vers où il nomme ces deux Rivieres de
leur ancien Nom Romain.

*Tartaream intendit vocem , quâ protinus*
*omne* ,

*Contremuit nemus, & Silvæ intonuere pro-*
*funda ,*

*Lago di*   *Audiit & longè Triviæ lacus, audiit amnis*
*nemo.*
*Nera. R.*   *Sulphureâ Nar albus aquâ , fontesque Velini,*
*Velino*
*R.*                               Æn. 7.

    Il fait le son de la trompette de la
Furie , depuis *Nera* jusqu'aux sources
mêmes du *Velino*, ce qui s'accorde extremement avec la situation de ces Rivieres.
Quand Virgile a marqué quelque qualité
particuliere d'une Riviere , rarement les
autres Poëtes manquent de le Copier.

———— *Sulphureus Nar.*       Auson.

———— *Narque albescentibus undis*

*In Tibrim properans*————     Sil. It. L. 8.

———— *Et Nar vitiatus odoro*

*Sulfure*————    Claud. de Pr. & Olyb. Conf.

    C'est de cette Riviere que la premiere
Ville sur la Route, reçoit le Nom de
*Narni*. Je n'y vis rien de remarquable
que le Pont d'*Auguste*, qui est à un demi mille de la Ville. C'est la ruine la
                                plus

plus magnifique qu'il y ait en *Italie.* Il
n'y a point de ciment , & néanmoins
elle paroit aussi ferme qu'une pierre entiere. Il y a une Arcade qui n'est pas
rompuë. C'est la plus large que j'aie vû
de ma vie ; mais à cause de sa grande
hauteur , elle ne le paroit pas. Celle du
milieu étoit encore plus large. Elle joi-
gnent ensemble deux montagnes ; & elles
appertenoient sans doute au Pont dont
*Martial* fait mention , quoique Monsieur
*Raye* les prenne pour les Restes d'un ancien Aqueduc.

*Narnia sulfureo quam gurgite Candidus* Narni
                    [*Amnis* Nera R.

. Circuit, ancipiti vix adeunda pede. L. 7.

*Sed jam parce mihi nec abutere Narnia*
                    [ *Quinto ,*
   *Perpetuo liceat sic tibi ponte frui!* Id.

De *Narni* j'alai à *Otricoli* qui est un
Village fort pauvre & fort petit ç'est où
le Château d'*Ocriculum* étoit autrefois.
Je me detournai un demi mile de la route pour voir les Ruïnes de l'ancien *Ocriculum,* qui sont proche le Rivage du *Tibre.* Il y a encore par ci par là des Colonnes & des Piédestaux, de gros Morceaux de Marbre à moitié ensevelis dans
E 4                    la

la terre, des ruines de Villes, des Voutes fouterraines, des Bains & de femblables marques de fon ancienne magnificence.

En alant à *Rome* je vis une haute montagne au milieu de la Campagne. Je ne doutai point qu'elle n'eût un Nom claffique, & en m'informant je trouvai qui c.étoit le mont *Soracte* dont les Italiens ont fait *Saint Orefte* à caufe de l's, qui commence l'Ancien Nom.

La fatigue de traverfer l'*Appenin*, & celle de tout notre Voyage, de *Lorette* à *Rome* fut agréablement foulagée par la variété des fpectacles que nous ûmes fur notre route, fans parler ni des rudes perfpectives de tant de Rochers qui s'élevent l'un fur l'autre, ni des profondes Rigoles creufées dans les Côtes ou par des torrens de pluye ou par l'eau des Néges fondues, ni des longs Canaux de fable qui ferpentent dans fes fonds, qui font quelquefois inondés de toutes ces Rivieres : Nous vimes en fix jours de Voyage, les diverfes faifons de l'Année dans leur beauté & dans leur perfection. Tantôt nous etions tranfis de froid fur le fommet d'une Montagne, tantôt nous étions tout en fueur dans une Vallée plantée de Violettes & d'Amandiers en fleur, où l'on voyoit des effeins d'Abeilles, quoique ce ne fût que dans le mois

de

de Fevrier. Quelquefois notre route nous menoit ou dans des bocages d'Oliviers ou dans des Jardins d'Orangers ou dans divers Appartemens creux parmi les Rochers & les Montagnes, qu'on prendroit pour autant d'Orangeries naturelles, étant toujours couvertes d'une grande varieté d'Arbres & d'Arbrisseaux qui ne perdent jamais leur verdure. Je ne dirai rien de*la via Flaminia* qui a été décrite par tous les Voyageurs qui y ont passé. Mais je vas rapporter la description que fait *Claudian* du Voyage qu'*Honorius* fit de *Ravenne* à *Rome* qui est pour la plus part dans la Route que je viens de décrire.

—— *Antiquæ muros egressa Ravennæ*                *Raven-*

*Signa movet, jamque ora Padi portusque*        *ne.*
   *relinquit*                                                *P?. R.*

*Flumineos, certis ubi legibus advena Ne-*
   *reus*

*Æstuat, & pronas puppes nunc amne Se-*
   *cundo*
                                                                        *Flux*
*Nunc redeunte vehit, nudataque littora*      *& Rem*
   *fluctu*                                                 *flux.*

*Deserit, Oceani lunaribus æmula damnis;*

*Lætior hinc Fano recipit Fortuna vetusto,*      *Fano.*
                                                                        *Mita-*
*Despiciturque vagus præruptâ valle Me-*        *ro R.*
   *taurus,*

E 5           Quà

*Grand Chemin fait par Vespasien semblable à celui de la Grotte obscure près de Naples.*  Quà mons arte patens vivo se perforat Arcu,

Admisitque viam rectâ per viscera rupis,

Exuperans delubra Jovis , Saxoque mi-
　　nantes

Apennini genis cultas pastoribus aras:

*Clitomne R.*  Quin & Clitumni Sacras victoribus undas,

Candida quæ Latiis præbent armenta trium-
　　phis　　　●

*Cette Fontaine n'est pas commune.*  Visere cura fuit. Nec Te miracula fontis

Prætereunt: tacito passu quem si quis adiret

Lentus erat: si voce gradum majore ci-
　　tasset

Commistis fervebat aquis , cùmque omnibus
　　una

· Sit natura vadis , Similes ut corporis um-
　　bras

Ostendant: hæc sola novam jactantia sortem

Humanos properant imitari flumina mores

*Narni.*  Celsa de hinc patulum prospectans Narnia
　　campum

Regali calcatur equo , rarique coloris

*Nera.R.*  Non procul amnis adest , urbi qui nominis
　　auctor

Ilice sub densâ Silvis arctatus opacis

Inter utramque jugum tortis anfractibus
　　albet.

　　　　　　　　　　　　　　　　　　Inde.

*Jude Jalutato libitis Tribride Nymphis,*   *Tibre R*
*Excipiunt arcus, operofaque femita, vaftis*
*Molibus & quicquid tantæ præmittitur urbi.*
                    De 6. Conf. Hon.

Silius Italicus qui s'eſt plus attaché à la
Géographie de l'Italie qu'aucun Poëte
Latin, nous a donné un Catalogue de la
plus part des Rivieres que j'ai vues en
*Ombrie* ou à l'entour. Il a évité un défaut, ſi s'en eſt un, que *Macrobe* a re-
proché à *Virgile*, de ſauter d'un lieu à
un autre ſans regarder leur Situation re-
guliere & naturelle, en quoi les Catalo-
gues d'*Homere* ſont beaucoup plus me-
thodiques & plus exaɗs.

———*Cavis venientes montibus Umbri,*
*Hos Æſis Sapiſque lavant, rapidaſque ſo-*   *Jeſi. R.*
   *nanti*                                    *Sapis.*
                                              *R.*
*Vortice contorquens undas per Saxa Me-*     *Metaro.*
   *taurus.*                                  *Clitonno*
                                              *R.*
*Et lavat ingentem perfundens flumine facro* *Nera R.*

*Clitumnas taurum, Narque albeſcentibus*     *Tupino.*
   *undis*                                    *R.*
                                              *Chiagia.*
                                              *R.*
*In Tibrim properans, Tineæque inglorius*    *Piſatel-*
   *humor*                                    *lo. R.*
                                              *Cefano*
*Et Clanis, & Rubico, & Senonum de no-*      *R.*
   *mine Senon*

           E 6           Sed

Tibre.
R.
Vid.
Æn. 8.
Beva
gna Hi-
spello
Narni.

*Sed pater ingenti medios illabitur amne*
*Albula, & immotá perstringit mœnia ripá*
*His urbes arva, & latis Mevania pratis,*
*Hispellum, & duro monti per Saxa recum-*
     *bens*
*Narnia,* &c ————    Sil. It. L. 8.

Puisque je suis parmi les Poëtes je finirai ce Chapitre par deux ou trois paffages que j'ai oublié d'inferer dans leur
propre place.

*Sit Cisterna mihi quam Vinea malo Ra-*
                  [*vennæ,*
   *Cum possim multa vendere pluris A-*
   *quam.*               Mar. L. 5.

*Callidus imposuit nuper mihi Caupo Ra-*
                  [*vennæ:*
   *Cum peterem mixtum, vendidit ille*
   *merum.*                Id.

*Stat sucare colus nec Sidone vilior Ancon*
*Murice nec Tyrio.* ———    Sil. It. L. 8.

L'Eau de Fontaine est fort rare à Ravenne, & probablement elle l'étoit beaucoup plus quand la Mer se trouvoit dans
son voisinage.

                               D E

# DE

# ROME

## A

## NAPLES.

A mon arrivée a *Rome*, d'abord j'alai voir l'Eglise de St. *Pierre* & la *Rotonde*, laissant le reste jusqu'a à mon retour de Naples, que j'aurois le tems & le loisir de considerer toutes chofes. L'entrée de cette Eglise ne répond gueres à l'attente que l'on en a; mais à mesure qu'on avance elle s'aggrandit insensiblement, & surprend la vûe fort agréablement. Les Proportions y sont si bien observées, qu'il n'y a rien qui paroisse avec distinction à l'gard du reste. Elle ne paroit ni extrémement haute ni extrémement large, parceque tout y est dans une juste égalité; au lieu que dans nos *Cathédrales Gothiques*, d'un côté l'étréciffement de l'Arcade fait ou qu'elle s'éleve en hauteur ou qu'elle s'étend en longueur; & d'un autre côté, la baf-

E 7      feffe

ſeſſe de l'Arcade l'ouvre ſouvent en largeur. Ainſi ou ce defaut là, ou quelque
autre, fait qu'une ſimple partie paroit plus
parfaite que les autres.

Quoique tout ſoit admirable dans cete
Egliſe, ce qu'il y a de plus étonant c'eſt
le Dôme. En le montant juſqu'au ſommet, je fus ſurpris de trouver que le Dôme que nous voyons par dedans l'Egliſe,
n'étoit pas le même que célui qu'on voit
par dehors, le dernier étant une éſpece de
chaſſe qui renferme l'autre, & les degrés par les quels on monte dans la
Boule, étant entre les deux Dômes, s'il
n'y avoit que le Dôme qu'on voit par
dehors, il ne ſe montreroit pas ſi avantageuſement à Ceux qui ſont dans l'Egliſe, & s'il n'y avoit que celui de dedans,
il ſeroit vû auec peine de ceux qui ſont
par dehors; & ſi tous les deux n'étoient
qu'un Dôme ſolide, de la groſſeur dont
il ſeroit, les Piliers auroient été trop
foibles pour le ſoûtenir. Après l'avoir bien
conſideré j'allai voir la *Rotonde* que l'on
dit généralement en être le modelle. Cette
Egliſe eſt à preſent ſi changée & ſi diferente de l'ancien *Pantheon* tel que Pline
l'a décrit, qu'il y a eu des Gens qui ont
été portés à croire que ce n'eſt pas le
même Temple; mais le Chevalier *Fon-
tana* a ſatisfait abondament le Public ſur
ce point là, ayant montré comme l'ancienne

cienne Figure, & les Ornemens du *Panthéon* ont été changés en ce qu'on les
voit à prefent. Cet Autheur qui paffe
aujourd'hui pour le plus habile entre les
Architectes Romains, a depuis peu fait un
Traitté fur *l'Amphitheatre de Vefpafien*
mais il n'eft pas encore imprimé. Après
avoir vû ces deux Chefs d'Ouvres d'Architecture tant ancienne que moderne,
j'ai plufieurs fois examiné en moi même
la quelle des deux Figures, ou celle des
Temples Payens ou celle des Temples
Chrétiens, eft la plus belle & la plus capable de magnificence ; & à la verité je
ne puis m'empêcher de croire que la Figure de la *Croix* eft plus propre que celle de la *Rotonde* , pour des Edifices fi
fpatieux. Il faut que j'avoüe, que l'Oeil
eft mieux rempli à la premiere entrée
dans la *Rotonde* , & qu'il reçoit d'abord
toute la beauté & toute la magnificence
du Temple. Mais ceux qui font bâtis
en Croix nous donnent une plus grande
varieté de nobles Perfpectives. Il n'eft
pas aifé de conçevoir un fpectacle plus
magnifique en Architecture, que ce qu'on
trouve dans St. *Pierre*, quand on eft fous
le Dôme. Si l'on regarde en haut, on
eft étonné de la profondeur fpatieufe du
Dôme, & de voir une Voute de chaque
côté , ce qui fait une des plus belles
veuës, que l'oeil foit capable d'avoir. Je

lai

fai que les Admirateurs déclarés des Anciens, trouveront quantité de beautés
chimeriques, aux quelles les Architectes mêmes n'ont jamais peufé, comme
dit un moderne des plus fameux dans
cette fcience. Le Trou de la *Rotonde* à
été fi admirablement inventé, qu'il fait
paroître comme des Anges ceux qui font
dans le Temple, en répandant la lumiere de tous côtez à l'entour d'Eux.

Dans tous les grands chemins de *Rome*, on voit de chaque côté diverfes petites ruines, qui étoient autrefois autant
de fépulchres; car les Anciens Romains
généralement, enterroient leurs morts
auprès des grands Chemins.

*Quorum Flaminiâ tegitur cinis atque Latinâ.*
L. L. 1.

Il n'y avoit que ceux d'une qualité
bien extraordinaire, à qui il fût permis
d'avoir leurs Cendres dans l'enceinte de
la Ville. Les Epitaphes Chrétiennes
qu'on ne trouve que dans les Eglifes,
ou dans les Cimetieres, commencent
fouvent par un *Sifte Viator*, *Viator precare falutem*, &c. probablement à l'imitation des anciennes Infcriptions Romaines, qui généralement s'adreffoient aux
Voyageurs, parcequ'il étoit impoffible,
qu'ils entraffent dans la Ville, ou qu'ils
en

en fortiſſent , ſans paſſer par une de ces
routes melancholiques , qui pendant un
grand Eſpace , n'étoit qu'une ruë de
Tombeaux. En allant de *Rome* à *Naples,*
je ne trouvai rien de remarquable , que
la beauté du Païs , & l'extrême pauvreté
des Habitans ; à la verité c'eſt une choſe
bien étonnante de voir la déſolation pré-
ſente de l'*Italie* , quand on conſidere la
multitude incroïable d'hommes qu'il y
avoit ſous les Empereurs Romains ; Et
nonobſtant le changement du Siege de
l'Empire , les irruptions des Nations barbares , les Guerres civiles du Païs , &
la dureté de divers Gouvernemens , on
a de la peine à s'imaginer comment un
Terroir ſi fertile , a pû devenir ſi miſe-
rable & ſi dépeuplé , en comparaiſon de
ce qu'il étoit autrefois. Nous pouvons
aſſurer ſans éxageration qu'il y avoit autrefois plus d'habitans dans la Campagne
de *Rome* qu'il n'y en a aujourd'hui dans
toutè l'*Italie.* Et ſi l'on pouvoit compter toutes ces fourmillieres de Gens qui
ſe ſont établies dans chaque endroit de
ce Païs délicieux, je ne doute point qu'elles ne fiſſent un Peuple plus nombreux
qu'aucune des ſix Nations de l'*Europe.*
Cette déſolation ne paroît en aucun endroit plus que dans les Terres du Pape.
Quoiqu'il y ait diverſes raiſons qui feroient croire qu'elles ſont les meilleures,

les

les mieux reglées & les plus floriffantes
de l'*Europe*. Leur Prince eft ordinairement un homme de grand favoir & de
grande vertu , parvenu à la maturité de
l'âge & de l'experience , qui a rarement
ou vanité ou plaifir à fatisfaire aux de-
pens de fon Peuple ; & n'eft embarraffé
ni de Femme ni d'Enfans ni de Maîtref-
fes ; fans parler de la Sainteté de fon Caractere , qui l'oblige d'une manière plus
particuliere à procurer le bien & la félicité du Genre Humain. La direction de
l'Eglife & de l'Etat refide toute entre fes
mains , de forte que fon Gouvernement
eft naturellement éxempt de ces Principes
de Faction & de Divifion qui fe trouvent
dans la Conftitution même de la plus
part des autres Gouvernemens.

Ses fujets font toujours prêts à donner
dans fes deffeins , & font plus à fa difpofition qu'en aucun autre Gouvernement
le plus defpotique , parce qu'ils on tune
plus grande veneration pour fa Perfonne,
& recherchent non feulement fes bonnes
graces, mais auffi fa Bénédiction. Son Païs
eft extrémément fertile , abonde en bons
havres, tant fur la *Mer Adriatique*, que fur
la *Méditerranée* , ce qui eft pour lui un
avantage tout particulier ; De même que
pour les Napolitains. Le Pape a encore
un avantage par deffus tous les autres
Souverains , qui eft de tirer grande quantité

tité d'Argent de l'*Espagne*, de l'*Alle-*
*magne* & des autres Païs étrangers : ce
qui comme on peut s'imaginer, n'est pas un
petit foulagement pour fes propres Sujets.
Nous pouvons ici ajoûter qu'il n'y a
aucun endroit en *Europe* fi fréquenté par
les Etrangers , qui s'y rendent par
curiofité ou par interêt , comme la
plus part des Cardinaux , & des Prélats,
qui portent tous, des fommes confiderables dans les Etats du Pape ; mais nonobftant toutes ces circonftances, qui promettent beaucoup, & la longue Paix qui
regne depuis tant d'Années en Italie , il
n'y a point de Sujets en *Europe* plus mi-
ferables que ceux du Pape. Il y a peu
d'habitans dans fon Etat , & une grande
partie de fon Terroir eft inculte. Ses Sujets font extraordinairement pauvres &
oififs, & n'ont ni Manufactures, ni Trafic pour s'occuper. Ces mauvais efets
peuvent venir du Gouvernement Arbitraire; mais il me femble qu'ils doivent
être attribués principalement au génie
de la Religion Catolique, qui paroît ici
dans toute fon étenduë. Il n'eft pas étrange de trouver un Païs à moitié dépeuplé,
où il y a tant de Gens des deux Sexes,
qui font vœu de Chafteté , & en même
tems une Inquifition , qui défend toute autre Religion. On peut auffi regarder comme une caufe naturelle de la
grande

grande pauvreté & de l'Indigence qu'on
trouve dans ce Païs là, ces Fourmillieres
de Vagabonds qu'il attire fous le titre
de Pelerins, & qui renferme dans des
Cloîtres une infinie de jeunes & de
robuftes Mendians, qui au lieu de con-
tribuer au bien Public par leur travail,
& par leur induftrie, font comme autant
de Poids morts & inutiles, à la charge
de leurs Compatriotes, & confument
les Charités deftinées au foulagement
des Malades, des Veillards, & des Inva-
lides. La quantité d'Hôpitaux qu'il y a
par tout, fert plus tôt à flatter l'oifivité
dans le Peuple qu'à l'occuper; fans parler
ni des grandes Richeffes, qui demeurent
inutiles dans les Eglifes, & dans les
maifons Religieufes, ni de ce grand nombre de Fêtes, qui interromp le Trafic,
& le Négoce. Et à dire la verité, ils
font ici tellement occupés de leurs ames,
qu'ils en negligent tout à fait le bien de
leurs Corps. Et lors qu'outre ces maux
qui viennent du Gouvèrnement & de
la Religion, il y a un Pape avare, qui veut
faire fa famille, il n'eft pas furprenant,
fi le Peuple perit fous une telle compli-
cation de desordres. Cependant c'eft au Né-
potisme que Rome doit la fplendeur &
la magnificence, où elle eft; car il auroit été impoffible, de fournir tant de
grands

grands Palais, d'une telle profufion de
Tableaux, de Statuës & de femblables
ornemens, fi la Richeffe du Peuple n'é-
toit pas tombée en divers tems, entre les
mains de Familles différentes, & de Perfonnes particulieres; comme nous pouvons obferver que, quoique la maffe
du Peuple Romain fût plus riche, &
plus heureufe dans le Tems de la République, la Ville de *Rome* reçut toutes fes
beautés, & tous fes embelliffemens, fous
les Empereurs.

Il eft probable que la Campagne de *Ro-*
*me*, & des autres Endroits de l'État Eclé-
fiaftique, feroient beaucoup mieux cul-
tivés qu'ils ne font, s'il n'y avoit pas une
taxe fi exorbitante fur le Blé; ce qui
fait qu'on fe contente de labourer les
pieces de terre d'où l'on efpere tirer le
plus d'avantage: au lieu que fi la Taille
étoit réelle, & que les terres les plus
fteriles fuffent franches pendant un certain nombre d'années, chacun tâcheroit
de faire valoir celles qu'il auroit; ce qui
en peu de tems, aporteroît peut-être
plus d'argent dans les côfres du Pape.

Le plus grand plaifir qui j'eus en alant
de *Rome* à *Naples*, ce fut de voir tant de
champs, de Villes, & de Rivieres, qui
ont été décrites par tant d'Autheurs Claf-
fiques, & qui ont été les fcènes de tant

de

de grandes Actions : car tout chemin eſt extrémément ſtérile en curioſités. Il vaut la peine de jetter l'œil ſur le Voyage d'*Horace à Brundiſi*, quand on paſſe par ici , car en comparant tous ſes relais, & la route qu'il prenoit, avec ceux qu'on prend aujourd'hui, on peut avoir quelque idée des changemens arrivés depuis ſon tems , dans la ſurface du Païs. Si nous pouvons conjecturer de la maniere ordinaire de voyager des Perſonnes de qualité entre les anciens Romains, par la deſcription du voyage de ce Poëte , nous pourrons conclure qu'ils faiſoient rarement, plus de quatorze miles en un jour par la *Voïe Appienne*, qui étoit plus pratiquée qu'aucune autre, à cauſe qu'elle menoit à *Naples* , à *Baye* , & aux autres lieux les plus délicieux du Païs. A la verité , il eſt fort desagreable de paſſer à la hâte par ce pavé de la Voye Appienne.

*Minus eſt gravis appia tardis.*        Hor.

Lucain a décrit la même route d'*Anxur* à *Rome*, qu'*Horace* prit de *Rome à Anxur.* Ce n'eſt pas à preſent le chemin ordinaire ; Et il n'eſt pas marqué par les mêmes lieux , dans les deux Poëtes.

*Jam-*

*Jamque & præcipites Superaverat Anxuris*
  *arces,*
*Et quà Pontinas via dividit uda paludes,*
*Quà Sublime nemus, Scythicæ quà regna*
  *Dianæ;*
*Quàque iter est Latiis ad Summam fascibus*
  *Albam.*
*Excelsâ de rupe procul jam conspicit urbem.*

Terracina. Canal dont on voit encore les marques. Nemi. Albana.

Rome.

L. 3.

En alant à *Naples* je traversai les deux
Rivieres les plus considerables de la *Campania Felice*, & qu'on appelloit autrefois
*Leris*, & *Vulturnus*, & qu'on nomme à
present *Garigliano* & *Vulturno*, la premiere de ces Rivieres a été célébrée avec
raison par les Poëtes Latins, pour la douceur de son cours, comme l'autre pour
sa rapidité, & son bruit.

——— *Rura quæ Liris quietâ*
*Mordet Aquâ, taciturnus Amnis.*

H. L. 1. Od. 30.

*Liris* ——— *qui fonte quieto*
*Dissimulat cursum & nullo mutabilis imbre*
*Perstringit tacitas gemmanti gurgite ripas.*

Sil. I. L. 4

——— *Miscon*·

—— *Miscentem flumina Lirim*
*Sulfureum, tacitisque vadis ad littora lapsum.*
*Accolit Arpinas* ——         Id. L. 8.
*Vulturnusque rapax* —— Claud. de Pro. &
                Olyb. Conf.
*Vulturnusque celer* —— Luc. L. 2. 28.
—— *Fluctuque Sonorum*
*Vulturnum* ——        Sit. It. L. 8.

Les Ruines d'*Anxur* & l'ancienne *Ca-poüë* nous montrent l'agréable situation où elles étoient autrefois. La premiere de ces Villes étoit sur la Montagne, où nous voyons aujourd'hui *Terracina*; & à cause des Brises qui viennent de la Mer, & de la hauteur de sa situation, c'étoit une des retraites des anciens Romains pendant l'Eté.

*O Nemus, O fontes! Solidumque madentis*
     *arenæ*
*Littus, & æquoreis Splendidus Anxur aquis!*
                Mar. L. 10.

*Terra-cina*   *Anxuris æquorei placidos Frontine recessus*
      *Et propius Baïas littoreamque domum,*
*Et quod inhumanæ Cancro fervente Cicadæ*
*Non novere, nemus, fiamineofque lacus*
*Dum colui, &c.* ——         Id.
                        Im-

*Impofitum Saxis latè candentibus Anxur.*
Hor. S. 5. L. 1.

*Monte procellofo Muranum miferat Anxur.*
Sil. It. L. 11.

Je ne fai pas fi c'eft la peine de faire
mention, que les Figures qui font taillées dans le rocher près de Terracina,
augmentent encore dans une proportion
décimale, à mefure qu'elles approchent
du fond. Si Monfieur Miffon, qui a
paffè par ici plus d'une fois, avoit obfervé la fituation de ces Figures, il fe feroit épargné la differtation qu'il en a
faite.

*Silius Italicus* nous a donné les noms
de diverfes Villes, & de plufieurs Rivieres de la *Campagnia Felice.*

*Jam verò quos dives opum, quos dives avo-*
*rum,*

*Et toto dabat ad bellum Campania tractu;*

*Doctorum adventum vicinis Sedibus Ofcè*

*Servabant; Sineffa tepens, fluctuque fono-*
*rum*

*Vulturnum, quafque evertere filentia Amy-*
*clæ*

*Fundique & regnata Lamo Cajeta, do-*
*mufque*

*Antiphatæ compreſſa freto , ſtagniſque pa-*
　　*luſtre*

*Linternum , & quondam fatorum conſciæ*
　　*Cuma,*

*Illic Nuceriæ, & Gaurus navalibus apta,*

*Prole Dicharchæâ multo cum milite Grajâ*

*Illic Parthenope, & Pæno non pervia Nola,*

*Alliphe , & Clanio contemtæ ſemper Acerræ.*

*Sarraſtes etiam populos totaſque videres*

*Sarni mitis opes : illic quos Sulphure pingues*

*Phlegræi legere ſinus , Miſenus & ardens*

*Ore gigantæo ſedes Ithaceſia, Bajæ,*

*Non Prochite, non ardentem ſortita Tiphæa*

*Inarime, non antiqui ſaxoſa Telonis*

*Inſula, nec parvis aberat Calatia muris,*

*Surrentum , & pauper ſulci Cerealis Avella*

*In primis Capua , heu rebus Servare Se-*
　　*cundis*

*Inconſulta modum, & pravo peritura tumore.*
　　　　　　　　　　　　　　　　　　L. 8,

　　　　　　　　　　　　　　　　　　N A.

# NAPLES.

Es premiers jours à *Naples*, furent employés à voir les Spectacles, & les Processions, qui sont toujours fort magnifiques dans la semaine sainte. Il seroit long de donner un détail des differentes représentations de la mort, & de la resurrection de notre Sauveur, de ses figures, de celles de la Sainte Vierge & des Apôtres, qui sont portées çà & là en cette occasion; des Penitences cruelles que plusieurs s'infligent à eux mêmes, & de la multitude des cerémonies, qui accompagnent ces solennités. Je vis au même tems, une Procession fort pompeuse à cause de l'avénement du *Duc d'Anjou* à la Coûronne d'*Espagne*, où le Vice-Roi assista à la main gauche du Cardinal *Cantelini*. Pour relever la solennité, ils exposerent le sang de Saint *Janvier*, qui se liquéfia à l'aproche de la tête du Saint; quoique comme ils disent, il fût bien figé auparavant. J'eus deux fois l'occasion de voir l'operation de ce prétendu miracle, & j'avouë que si ce n'est pas un miracle réél, c'est un tour le plus grossier que j'aie jamais vû; Néanmoins il fait autant de bruit qu'au-

cun

cun autre dans l'Eglife Catholique , &
Monfieur *Pafchal* le met parmi les autres
marques, qu'il donne de la veritable Religion.

   Les *Napolitains* modernes femblent a-
voir copié cette prétenduë Merveille d'u-
ne que l'on montroit, dans une Ville du
Royaume de *Naples*, du tems d'*Horace*.

  —— *De hinc Gnathia lymphis*

*Iratis extructa dedit rifufque jocofque ;*

*Dum flammâ fine thura liquefcere limine*
    *Sacro*

*Perfuadere cupit, credat Judæus Apella,*

*Non ego* ————————    Sat. 5. L. 1.

  Par là on peut voir au moins, que
les Prêtres Payens avoient autrefois le fecret, dont les Catholiques d'aujourd'hui
font devenus les Maîtres.

  Il faut que je confeffe que quoique
j'euffe déja demeuré plus d'une année
dans un Païs Catholique , je fus furpris
de voir à *Naples* tant de cérémonies, &
de fuperftitions inconnuës en France.
Mais il eft certain que depuis l'établiffe-
ment de la Religion Proteftante, il s'eft
fait une efpece de Réformation fecrette
dans l'Eglife Catholique, quoiqu'elle n'y
foit pas publiquement reconnuë : ç'eft

               pour-

pourquoi nous trouvons que les diverses
Nations de l'*Europe* se sont tirées de
leur ignorance, à proportion qu'elles ont
eu commerce avec ceux des Eglises Ré-
formées. C'eſt pour cette raiſon que les
*François* ſont plus éclairés que les *Eſpa-*
*gnols* ou que les *Italiens*, à cauſe des
fréquentes controverſes qu'ils ont eûes
avec les Huguenots ; Et nous trouvons
pluſieurs Gentilshommes Catholiques de
notre Païs, qui ne feroient aucune difficulté de rire des ſuperſtitions, qu'ils voïent
dans les Païs Étrangers. Je ne m'arrê-
rai pas à décrire la grandeur de la Ville
de *Naples*, la beauté de ſon Pavé, la
régularité de ſes Batimens, la magnificence de ſes Egliſes & de ſes Couvents,
la multitude de ſes Habitans, les délices
de ſa ſituation, tant de Perſonnes l'ayant
fait, avec autant d'étenduë, que d'exactitude. Si la Guerre s'allume une fois,
*Naples* a tout ſujet de craindre, ou une
grande contribution, ou un Bombardement. Elle n'a que ſept Galeres, un
Môle & un Chateau pour empêcher l'a-
proche d'un Ennemi· Et outre que la
Mer qui eſt tout auprès, n'eſt pas ſujette
aux Orages, elle n'a aucun Flux & Reflux ſenſible, & elle eſt ſi profonde,
qu'un Vaiſſeau de grand Port, peut venir
juſqu'au *Môle*. Les toits des Maiſons
ſont plats pour ſe promener deſſus ; de

F 3                      ſorte

forte que chaque Bombe qui y tombe, ne
peut manquer de faire son éfet.

Les Tombeaux, les Statuës, les Antiquités, n'y sont pas aussi communes,
qu'on le pourroit attendre d'une Ville si
grande, & si ancienne de l'*Italie* : Car
les Vice-Rois prennent soin d'envoyer en
*Espagne*, tout ce qui est de prix dans ces
sortes de choses. Il y a deux statuës modernes, l'une d'*Apollon*, & l'autre de *Mi-
nerve*, de chaque côté du Tombeau de
*Sannazar*. Sur la face de ce Tombeau,
qui est toute de Marbre & fort bien
travaillée, est réprésenté *Neptune* parmi
des Satyres; pour montrer que ce Poëte a
été le premier, qui a essayé de faire des
Eglogues sur les Poissons. Je me souviens que *Hugo Grotius* se décrit dans un
de ses Poëmes, comme le premier qui a
mené les Muses sur le Rivage de la Mer;
mais il faut l'entendre seulement des Poëtes de son Païs. Je vis ici le Temple dont
*Sannazar* fait mention, en invoquant la
Sainte Vierge, au commencement de son
Poëme *De partu Virginis*, qui fut élevé
à ses propres dépens.

———*Niveis tibi si solennia templis*
*Serta damus : si mansuras tibi ponimus aras*
*Exciso in scopulo, fluctus unde aurea canos*
*Despiciens celso de culmine Mergilline*
Atten-

*Attollit, Nautifque procul venientibus offert.*
*Tu vatem ignarumque viæ infuetumque la-*
   *bori*
*Diva mone* ————————        L. ĩ.

Il y a quantité de perfpectives fort dé-
licieuſes à l'entour de *Naples*, fur tout
dans quelques Maiſons Religieuſes; Car
on trouve rarement en *Italie*, un endroit
plus agréable que les autres, qu'il n'y ait
un Couvent deſſus. Les Dômes de cette
Ville, quoiqu'en grande quantité, ne paroiſſent pas avantageuſement quand on
les regarde de quelque diſtance, étant généralement trop hauts, & trop étroits.
On voit la Cage d'une Maiſon, que le
Marquis de *Médina Cidonia*, étant Vice-
Roi, avoit entrepriſe, & d'où l'on voit
la Baye toute entiere, & qui auroit été un
Bâtiment fort magnifique, s'il l'avoit achevé. Elle eſt ſituée fur le penchant d'une
montagne, de ſorte qu'elle auroit eû un
Jardin à chaque étage, par le moyen
d'un pont, qu'on auroit pû mettre à chaque Jardin. La Baye de *Naples* eſt la plus
delicieuſe que j'aïe jamais vû. Elle eſt
preſque ronde, d'environ trente miles
de Diamétre. Les trois tiers font couverts de forêts, & de montagnes. Le
haut Promontoire de *Surrentum* ſepare
cette Baye de celle de *Salerne*. Entre
l'extré-

l'extrémité de ce Promontoire, & l'Isle
de *Caprée*, la Mer entre par un Détroit
large d'environ trois Miles. Cette Isle
est comme un vaste Môle, pour rompre la violence des Vagues, qui coulent
dans la Baye. Elle est en long & presque dans une ligne paralelle à *Naples*.
La hauteur excessive de ses Roches lui
sert d'abri contre une grande partie des
Vents & des ondes, qui r'entrent entre
l'autre extremité de cette Isle, & le Promontoire de *Misene*. La Baye de *Naples*
est appellée le *Crater* par les Anciens Géo-
graphes, probablement à cause de sa ressemblance à une Boule ronde, moitié
pleine de quelque Ligueur.

Peut être que Virgile, qui composa ici
une grande partie de son Eneïde, prenoit de cette Baye le plan de ce beau
Havre dans son premier livre : Car le
Port *Libyen* n'est que la Baye de *Naples*
en petit.

*Est in secessu longo locus. Insula portum*

*Efficit objectu laterum, quibus omnis ab
alta*

*Frangitur, inque sinus scindit sese unda re-
ductos :*

*Hinc atque hinc vastæ rupes geminique mi-
nantur*

*In cœlum scopuli, quorum sub vertice latè*
*Æquora tuta silent, tum Silvis Scena co-*
*ruscis*
*Desuper, horrentique atrum nemus immi-*
*net umbrâ.*               Æn. 1.

*Naples* est au fond de cette Baye, dans
la situation la plus agreable du monde;
quoiqu'à cause de ses montagnes à l'Occident, elle n'ait pas l'avantage que *Vi-*
*truve* voudroit qu'eût son Palais, d'avoir
en face le Soleil couchant. Il y a lieu
de s'étonner comment les *Espagnols*, qui
n'ont que fort peu de Forces dans le
Royaume, sont capables de retenir un peuple, qui a été si fameux par ses mutine-
ries, & par ses séditions, dans les siecles
passés. Mais ils ont si bien disposé toutes choses que, quoique les Sujets soient
miserablement fatigués & opprimés, néanmoins la plus grande partie de leurs
Oppresseurs sont de leur propre corps. Je
ne ferai pas mention ni du Clergé, ni de
la pauvreté universelle qu'on trouve dans
ce noble & fertile Royaume; parcequ'il
en est suffisament parlé, dans presque
tous les Itineraires. Un grand nombre
des Habitans est sujet aux Barons, qui
sont les plus grands Tyrans du monde.
Il est vrai, qu'il est permis aux Vassaux,
& même qu'ils sont invités à se plain-

F 5                dre,

dre , & d'en appeller au Vice-Roi, qui
pour fomenter la divifion , & pour gagner le cœur de la Populace, ne fait aucun fcrupule dans l'occafion , d'empri-
fonner, & de châtier fort févérement leurs
Maîtres. Les Sujets immédiats de la Couronne font beaucoup plus riches & plus
heureux , que ceux des Barons. C'eft
pourquoi il eft arrivé fouvent , que quand
le Roi a voulu vendre quelque Ville à
un de ces Barons., les Habitans ont levé
l'argent entre eux mêmes, & l'ont offert
au Roi, pour éviter un Efclavage fi in-
fupportable. Un autre moyen pratiqué
par les *Efpagnols* , pour accabler les *Napolitains* , fans néanmoins s'attirer leur
haine , a été d'ériger plufieurs Cours de
Juftice, & de donner une fort petite pen-
fion à ceux qui en font Chefs ; ce qui
contraint ceux-ci de fe laiffer corrompre,
de trainer les procez , d'y donner lieu,
& en un mot , d'écorcher le Peuple,
pour avoir de quoi foutenir leur dignité.
C'eft une chofe incroïable, que la quantité de gens de Juftice , & de pratique,
qu'il y a dans la Ville de *Naples*.

Tout le monde fait la réponfe du Marquis *Carpio*, à Innocent onzieme, lorfque ce Pontife le fit prier de lui fournir
trente mille têtes de cochons. Je ne fauroit fournir tant de cochons, dit le Marquis, mais fi fa Sainteté a befoin de tren-

te:

te mille Avocats , je les ai tout prêts à son service. Ces sortes de gens fournissent aux Gentilshommes de quoi occuper leur humeur turbulente d'une maniere qui les empêche de s'unir ou par des amitiés , ou par des Alliances, qui pourroient mettre en danger le Gouvernement. Il y a fort peu de Personnes de consideration , qui n'ayent quelque procés ; car lors qu'un Cavalier Napolitain n'a rien à faire , il se renferme serieusement dans son cabinet, & se met à feuilleter ses papiers , pour voir s'il ne peut point commencer quelque procez , & tourmenter ses voisins ; tant a changé le génie de ce Peuple depuis le tems de Stace.

*Nulla foro rabies , aut strictæ jurgia legis*
*Moris jura viris solum & sine fascibus*
*Æquum.* Sil. L. 3.

Il y a encore un autre moyen, par lequel les Napolitains s'oppriment les uns les autres , d'une maniere toute particuliere. Les droits sont fort hauts sur l'huile , sur le vin , sur le tabac , & sur tout ce qui peut être ou mangé , ou bû, ou fumé. Il y en auroit eû sur les fruits, s'il n'avoit pas été aboli par la rebellion de *Massianello*, ce qui en a peut-être empêché
F 6 pêché

pêché plufieurs autres. Ce qui rend ces
impôts plus infupportables c'eft qu'ils
font mis fur toute forte de viande de bou-
cherie, pendant que la volaille & le gi-
bier en font exeuts. Outre que toute la
viande étant taxée également , il arrive
que le droit tombe presque tout fur la
plus groffiére , qui felon toutes les apparences , eft la portion du menu Peuple ; de forte que le bœuf peut payer
un tiers , pendant que le veau ne païe
que le dixiéme ; la livre de l'un païant
autant, que celle de l'autre.

Les fermes publiques font à prefent,
pour la plus part, entre les mains de quelques particuliers, car comme le Roi a eû befoin d'argent, il en a emprunté des riches.
Napolitains , à condition qu'ils en rece-
vroient l'interêt de telles , ou de telles
Fermes , jufqu'à ce que le Roi leur pût
payer le principal. Ce qu'il a fait fi fouvent , qu'à prefent il n'y a aucune Ferme qui ne foit engagée. De forte qu'il
n'y a aucun Endroit en Europe , qui
paye de plus grandes Taxes , & en même tems il n'y a aucun Prince , qui en
tire moins d'avantages.

Dans les autres Païs le Peuple a la fatisfaction de voir, que l'argent qu'il donne, eft dépenfé , ou pour les néceffités ,
ou pour la défenfe ou pour l'ornement
de l'Etat, ou au moins pour les vanités,

&

& pour les plaifirs du Prince ; mais ici,
la plupart de l'argent va à enrichir les
particuliers. S'il n'y avoit pas à Naples
une grande abondance de toutes chofes,
le Peuple ne pourroit fupporter les droits.
Les Efpagnols tirent pourtant cet avantage de la fituation préfente des affaires,
que les murmures du Peuple tournent
fur leurs propres Compatriotes ; & ce
qu'il y a de plus remarquable c'eft que
prefque toutes les Perfonnes de la plus
grande Richeffe & du plus grand pouvoir à Naples, font engagées par leur
propre interêt, à payer promptement ces
impofitions, & à fupporter l'Etat, qui
les a ordonnées. Pour cette raifon, quoique le menu Peuple foit pour l'Empereur, il y a tres peu de Perfonnes de
confideration, qui vouluffent voir changer le Gouvernement d'aujourd'hui: quoiqu'il foit hors de doute, que le Roi d'*Efpagne* reformera la plus part de ces abus,
ou en abaiffant, ou en retranchant le pouvoir des Barons, en caffant plufieurs em-
plois non neceffaires, ou en rachetant,
& retirant à lui les Fermes. J'ai appris
qu'il y a une loi de *Charles Quint* en
quelque maniere femblable à notre ftatut
des amortiffemens, & qui a dormi depuis
fon tems : mais qui probablement fe ré-
veillera fous un Prince actif. Les Habitans de Naples ont été toujours fort connus

nus pour leur vie pareffeufe, & voluptu-
eufe , qui à mon avis vient en partie,
de la grande abondance du Païs, qui ne
leur rend pas le travail fi neceffaire, &
en partie du Climat qui relache les fibres
de leur corps & difpofe le Peuple à une
humeur fi faineante & fi indolente. De
quelque côté que cela vienne, nous trouvons qu'ils étoient autrefois auffi fameux
par cela qu'aujourd'hui ; ç'eft pour cette raifon peut être que les Anciens nous
difent , qu'une des Syrenes fut enterrée
dans cette Ville , qui de là prit le nom
de *Parthenope.*

———— *Improba Siren*
*Defidia* ————            Hor. Sa. 3. L. 2.
———— *Et in Otia Natam*
*Parthenopen* ————        Ov. Met. L. 15.
———— *Otiofa Neapolis.*   H. Ep. 5.
*Parthenope non dives opum, non fpreta vi-
　goris,*
*Nam molles Urbi ritus atque hofpita Mufis*
*Otia, & exemtum curis gravioribus ævum:*
*Sirenum dedit una fuum & memorabile no-
　men*
*Parthenopen maris Acheloïas, equore cu-
　jus*

                          *Regna-*

*Regnavere diu cantus, cum dulce per un-*
  *das*

*Exitium miseris caneret non prospera Nau-*
  *tis.* Sil. It. L. 12.

*Has ego te sedes (nam nec mihi barbara*
  *Thrace*

*Nec lybye natale solum) transferre laboro:*

*Quas & mollis hyems & frigida temperat*
  *Æstas,*

*Quas imbelle fretum torpentibus alluit un-*
  *dis:*

*Pax secura locis, & desidis otia vitæ,*

*Et nunquam turbata quies, somnique per-*
  *acti:*

*Nulla foro rabies, &c.* . Stat. Sil. L. 3.

# LES
# ANTIQUITES,
## ET
## Curiofités Naturelles,
### qui font dans le
# Voifinage de *Naples*.

Nviron à huit miles de cette
Capitale il y a une ample abondance de curiofités. Ce qu'on
appelle le *Tombeau* de *Virgile* eft
la premiere qu'on rencontre,
en y allant. Il eft certain que ce Poëte fut
enterré à *Naples* ; mais il me femble certain auffi que fon Tombeau étoit de l'autre côté de la Ville, qui regarde le *Véfuve*. Par ce Tombeau l'on entre dans
la *Grotte du Paufilype*, que le menu Peuple de *Naples* croit avoir été faite par ma-
gie, & que le Magicien fut *Virgile* ; ce
qui l'a mis en plus grande réputation parmi les *Napolitains*, pour avoir fait cette
Grotte, que pour fon *Enéide*. Pour fe
faire une jufte idée de cet endroit, il faut
s'ima-

s'imaginer un vafte Rocher miné d'un
bout à l'autre, & un grand chemin qui
y paffe, auffi long & auffi large, que
le *Mail* du *Parc* de St. *James* à *Londres.*
Il faut que ce paffage fouterrain ait bien
changé depuis *Senèque*, qui nous en a
donné un mauvais caractere. Il eft plus
haut par les deux bouts que par le milieu, vers où il va toujours en diminuant, pour mieux répandre la lumiere
qui y entre avec la fraîcheur, par deux
grands tuyaux percés, jufqu'au deffus
de la montagne. On ne voit point de
grands monceaux de pierres à l'entour
de cette montagne, quoiqu'il foit certain,
qu'on en a tiré une grande quantité, en
creufant la Roche pour ce paffage. Il
faut qu'elles ayent été employées aux *Mô-*
*les*, & aux autres bâtimens de *Naples.*
C'eft ce qui m'a confirmé dans la conjecture que je fis à la premiere veüe de
ce paffage fouterrain, qu'au commencement on n'avoit pas eû deffein de faire là
un grand chemin, mais feulement une
*Carrière*; & que les Habitans, pour en
tirer un double avantage, y firent ce que
nous voyons aujourd'hui. Peut-être que
le même deffein donna l'origine à la
*Grotte de la Sibylle*, confiderant la quantité prodigieufe de Palais, qui étoit dans
fon voifinage. Je me fouviens, qu'étant
en *France* à *Chateau-dun*, je fis rencon-

tre:

tre d'un Homme fort curieux, qui étoit
Gouverneur d'un Gentilhomme Anglois.
Il avoit demeuré un ou deux jours dans la
Ville, plus qu'il n'avoit deſſein, pour prendre la meſure de divers eſpaces vuides,
qui avoient été pratiqués dans une montagne voiſine. Il y en avoit quelques uns
ſoutenus de *Colonnes* formées du Rocher,
d'autres faits en façon de *Galeries*, &
d'autres ſemblables à des *Amphitheatres.*
Cet honnête homme s'étoit fait diverſes hi-
pothéſes ingenieuſes, touchant l'uſage de
ces *Apartemens Soûterrains* ; & de là il
concluoit la grande magnificence, & le
grand luxe des anciens *Chateaudunois*;
Mais en communiquant ſes penſées ſur
ce ſujet, à un des plus Savans du lieu,
il ne fut pas peu ſurpris d'entendre dire,
que tous ces Ouvrages étonants n'étoient
que des Carriéres de pierre de taille, de
diverſes figures, ſelon les veines que les
Ouvriers y avoient trouvées. Environ à
cinq miles de la *Grote du Pauſilype* ſont
les reſtes de *Puteoli* & de *Baïes*, dans un
air doux & dans une ſituation délicieu-
ſe. Le Païs d'àlentour, à cauſe des vaſtes Cavernes & des Feux ſouterrains,
a été ſi terriblement bouleverſé par des
tremblemens de Terre, qu'il a tout a fait
changé de ce qu'il étoit autrefois. La
Mer a fait enfoncer une grande quantité
de *Villes* & de *Palais* qu'on peut voir au
fond

fond de l'eau quand le jour eſt bien
clair.

———————— *Urbes*

*Invenies ſub aquis , & adhuc oſtendere*
  *Nautæ*
*Inclinata ſolent cum manibus oppida Merſis.*
                    Ov. Met. L. 15.

Le Lac *Lucrin* n'eſt plus qu'un bour-
bier , ſes ſources s'étant ou perdues par
quelque tremblement de Terre , ou bou-
chées par quelque montagne éboulée. Le
*Lac d'Averne* autrefois ſi fameux pour ſes
eaux venimeuſes , eſt à cette heure tout
plein de poiſſons & d'oiſeaux aquatiques.
Le mont *Gaurus* , un des plus fertiles
endroits de l'*Italie* , eſt devenu un des
plus ſteriles.

Diverſes Campagnes autrefois couvertes de Bocages agréables , & de beaux
Jardins , ne ſont à l'heure qu'il eſt , que
des plaines , ou fumantes de ſoufre , ou
embarraſſées de *Collines* que la violence
des *Feux ſouterrains* a fait ſortir de la Terre. Les Ouvrages de l'*Art* ne ſont pas
moins en deſordre que ceux de la *Na-*
*ture*. Ce qui étoit autrefois l'endroit
le plus charmant de l'*Italie* , tout couvert de *Temples* & de *Palais* , orné par
les plus grands Seigneurs de la *Républi-*
                                *que*

que *Romaine*, embelli par plufieurs *Em-*
*pereurs Romains*, & célébré par les meilleurs *Poëtes*, ne conferve aujourd'hui que
les *Ruines* de fon ancienne fplendeur, &
que les marques confufes d'une grande
magnificence.

Le *Môle* de *Putéoli* a été pris pour le
*Pont* de *Caligula* par divers Autheurs,
trompés par la conftruction de ce *Môle*,
parce qu'il eft fur des arcades ; mais
fans raporter les diverfes preüves qu'on
peut alleguer contre cette opinion, j'en
renverferai ici le fondement en donnant
l'infcription mentionnée par *Jule Capito-*
*lin*, dans la vie d'*Antonin le Pieux*, qui fut
le *Réparateur* de ce *Môle*. Imp. Cæfari.
*Divi. Hadriani. filio. Divi. Trajani. Par-*
*thici. Napoli. Divi. Nerva. Pronepoti. T.*
*Aet Hadriano. Antonino. Aug. Pio*, &c.
*quod fuper cætera beneficia ad hujus etiam*
*tutelam portûs. Pilarum vigenti molem cum*
*fumptu fornicum reliquo ex Ærario fuo lar-*
*gitus eft.*

Il auroit été bien difficile de faire un
*Môle* comme celui de *Putéoli*, dans un
lieu où l'on n'auroit pas eû une commodité auffi naturelle que la Terre de *Puz-*
*zuola*, qui d'abord durcit dans l'eau, &
qui après y avoir été un peu de tems,
paroit pluftôt de la pierre que du mortier. Ce fut cette commodité qui donna
occafion aux anciens *Romains* de faire
tant

.tant d'ufurpations fur la Mer, & de mettre les fondemens de leurs Villes & de leurs Palais fur le Rivage, comme Horace l'a élégamment décrit en plus d'un endroit.

——————— *Struis domos*
*Marifque Baïs obftrepentis urges*
 *Summovere littora,*
*Parum locuples continente ripâ.*

      L. 2. O. 18. Hor.

*Contracta pifces æquora fentiunt*
*Jactis in altuno molibus, huc frequens*
 *Cæmenta demittit redemptor*
 *Cum famulis, dominus que terræ*
*Faftidiofus* ——————  L. 3. O. 1. Id
 *Cæmentis licet occupes,*
 *Tyrrhenum omne tuis* - L. 3. O. 24. Id.
*Nullus in orbe finus Baïs prælucet amæ-*
 *nis,*
*Si dixit dives, lacus & mare fentit amorem*
*Feftinantis Heri* —————  Epift. L. 1. Id.

 Il y a environ quatre ans qu'on tira de la terre, près de *Puzzuola*, un morceau de marbre qui a diverfes Figures & diverfes lettres gravées tout à l'entour, ce qui a donné occafion à quelques difputes
         entre

entre les *Antiquaires*. Mais ils tombent tous d'accord que c'eſt le *Piédeſtal* d'une ſtatuë érigée à *Tibere* par les quatorze Villes de l'*Aſie*, qui furent renverſées par un tremblement de Terre, le même qui ſelon l'opinion de divers Savans, arriva le jour du Crucifiment de *Notre Sauveur*. Ils ont trouvé dans les lettres qui ſont encore liſibles, les Noms de pluſieurs Villes, & ils découvrent dans chaque Figure, quelque choſe de particulier à la Ville dont elle répréſente le *Génie*.

*Grono-vius. Fabret-ti. Buli-fon, &c.*

Il y a deux *Médailles* de *Tibere* frap-pées à la même occaſion, dont une à cet-te inſcription. *Civitatibus Aſiæ Reſtiſutis.*

PAG.                                      142

L'*Empereur* eſt répréſenté aſſis, dans toutes les deux, avec une *Patere* dans une

une main , & une *Lance* dans l'autre. Il
eft vrai - femblable que ç'étoit la pofture
de la *Statuë*, qui probablement , n'eft pas
loin du lieu où a été trouvé le *Piédeftal:*
Car on dit qu'il y avoit d'autres morceaux de Marbre tout proche, dont plufieurs ont des *Infcriptions*, mais que perfonne ne feroit la dépenfe de les mettre
au jour. Le *Piédeftal* même étoit ne-
gligé dans un Champ , quand je le vis.
Je ne ferai aucun détail des ruines, des
*Amphithéatres* , des anciens *Réfervoirs*
d'eau , de la *Grote des Sibylles* , des *cent
Chambres*, du fepulchre d'*Agrippine Mere
de Neron*, ni de plufieurs autres Antiquités de moindre confidération qui font
dans le voifinage de cette *Baye* ; le tout
ayant été fi fouvent décrit par d'autres.
Après avoir bien regardé les Antiquités
d'autour de Naples & de *Rome*, je ne
puis m'empêcher de reconnoître que notre admiration ne vient pas tant de leur
grandeur que de leur rareté. Il y a affurément quantité des ruines bien extraordinaires; mais je croi que les Voyageurs
en feroient moins furpris, s'ils pouvoient
trouver de femblables Ouvrages dans leur
propre Païs. Les *Amphithéatres*, les *Arcs
de Triomphe* , les *Bains*, les *Grotes*, les
*Catacombes* , les *Grands Chemins Pavés*
d'une telle Étenduë, les *Ponts* d'une hauteur fi furprenante, les *Batimens fouter-*
*rains*

*rains* pour recevoir les eaux de Pluye &
de Neige, ne font plus en ufage pour la
plûpart , & fe trouvent feulement parmi
les *Antiquités d'Italie.* C'eſt pourquoi nous
fommes d'abord furpris, quand nous voyons quelque depenſe faite pour des chofes de cette nature; quoiqu'en même tems
il y ait pluſieurs *Cathedrales Gothiques* en
*Angleterre*, qui ont couté plus de peine,
& d'argent , que divers de ces Ouvrages
ſi célébres. Parmi les *Ruines* des anciens
*Temples Romains* , on me montrra ce
qui s'appelle la *Chambre de Venus*, qui
eſt un peu derriere ſon *Temple.* Ce *Temple* eſt tout-a fait obſcur , & a diverſes
figures au *Lambris* , faites de *Stuc*, les
quelles femblent repréfenter la *Luxure* &
la *Force*, par des *Jupiters* nus, des *Gladiateurs*, des *Tritons*, des *Centaures*, &c.
deforte qu'on peut s'imaginer qu'il a été
autrefois le lieu de divers myſteres in-
fames. De l'autre côté de *Naples* font
les *Catacombes* , où afſurément il devoit
fentir extremement mauvais , ſi l'on y
laiſſoit pourrir les Corps morts, qui y
étoient dans les *Niches* ouvertes, comme
Monfieur l'*Evêque de Salisbury* ſe l'imagine. Mais en les examinant, je trouve que chacune de ces *Niches* étoit remplie auſſi tôt qu'on y avoit mis le Corps.
Car à la bouche de la *Niche*, on trouve,
toujours le Roc taillé en fentes, pour
in-

inferer la planche , ou le Marbre, qui devoit la fermer. Je croi que je n'en vis pas une, qui n'eût encore du *Mortier attaché*. Dans quelques unes, je trouvai des morceaux de tuiles , qui ne s'ajuſtoient pas exactement avec la fente, & dans d'autres , un petit mur de briques, qui quelquefois rempliſſoit un quart de la *Niche*, le reſte ayant été rompu.

Le ſépulchre de St. *Procule* ſemble avoir eû une eſpece de *Moſaïque* au couvert, y ayant encore à un bout, pluſieurs petits morceaux de marbre rangés de cette maniere là. Il eſt probable qu'ils étoient ornés plus ou moins , ſelon la qualité du *Mort*. Aſſurément il y a lieu de s'étonner qu'on trouve là un ſi grand nombre de *Niches* vuides , & je ne puis m'imaginer que perſonne eût pris la peine de les vuider, que pour y chercher quelque *Tréſor imaginaire.* La plupart des *Voyageurs* ſe plaignent de l'inéxactitude de Monſieur l'*Evêque de Salisbury*, dans ce qu'il dit de diverſes Antiquités de la *Baye de Pouzzole* ; & je ne puis m'imaginer de quel Autheur il a pris, que toute cette Baye étoit autrefois la retraite des *Romains* , pendant les chaleurs de l'été ; Car c'eſt aſſurément l'endroit le plus étouffant de l'*Italie* , à cauſe des *Bains chauds* , & des *Campagnes de Souffre* , qui jettent perpetuellement de la fumée dans

*Tom.* IV.     G     tout

tout le voifinage. *Bayes*, qui occupoit la plus grande partie de la *Baye*, étoit certainement une retraite pour les anciens *Romains* pendant l'hiver, comme étant la faifon la plus propre pour profiter des *Bajani Soles* & du *Mollis Lucrinus*. Comme au contraire *Tibur*, *Tufculum*, *Prænefte*, *Alba*, *Caieta*, *Mons Circejus*, *Anxur*, & femblables montagnes, & promontoires, étoient leurs retraites pendant les Chaleurs de l'Eté.

*Tivoli.*
*Frefca-*
*ti. Pa-*
*leftrina.*
*Albano.*
*Gajeta*
*monte.*
*Circello.*
*Terra-*
*cina.*

*Dum nos blanda tenent jucundi Stagna Lu-*
           [*crini,*

    *Et quæ pumiceis fontibus antra calent,*

*Tivoli.* *Tu colis Argivi regnum Fauftine coloni,*
*Vid.*
*Hor.* *Quo te bis decimus ducit ab urbe lapis.*
*L. 2.*
*Od. 6.* *Horrida fed fervent Nemeæi pectora mon-*
           [*ftri:*

    *Nec fatis eft Baïas igne calere fuo.*

*Ergo facri fontes, & littora facra valete,*
    *Nympharum pariter, Nereidumque*
           [*domus:*

*Tivoli.* *Herculeos colles gelidâ vos vincite brumâ,*
*Nunc Tiburtinis cedite frigoribus.*

                  Mar. L. 1. Ep. 116.

Les curiofités naturelles des environs de *Naples* font auffi nombreufes, que les arti-

artificielles. Je vas rapporter les premieres comme j'ai fait les autres, sans parler de leur situation. La *Grote de Chien*
est fameuse pour les vapeurs malignes &
empestées, qui nagent jusqu'à un pié au
dessus de la terre. Les côtés de la *Grote*
sont marqués de verdure aussi haut, que
s'étend la malignité de la vapeur. Voici
les experiences ordinaires que l'on y fait.
On prend un *Chien*, & on lui tient le
nés dans la *Vapeur*; il meurt en peu de
tems, & si on le reporte à l'air, il revient bien tôt, à moins qu'il ne soit tout-
a-fait mort. Un *Flambeau* s'éteint en un
moment, quand on le trempe dans la *Vapeur*. Un *Pistolet* n'y peut tirer. Je fen-
dis un roseau, & je mis dans le tuyau une
trainée de poudre, en sorte qu'un bout étoit
au dessus de la Vapeur, & le reste dedans;
mais si j'avois trouvé la fumée assez forte pour empêcher le *Pistolet* de tirer, & pour
éteindre un *Flambeau* allumé, elle ne le
fut pas assez, pour empêcher toute la
trainée de prendre feu d'un bout à l'autre.
Je réiterai cette experience deux ou trois
fois, pour voir si je pouvois tout a fait
dissiper la Vapeur; Ce que je fis de telle
sorte, qu'on pouvoit sans peine ni difficulté y tirer un Pistolet. J'observai combien de tems le *Chien* étoit à mourir, ou
à se reprendre, & je n'y trouvai aucune
difference sensible. Une *Vipere* souffrit la

vapeur neuf minutes , pour la première
fois que nous l'y mîmes. , & dix pour la
seconde. Quand nous la reprimes la
première fois , elle attira une si grande
quantité d'air dans ses poûmons , & en-
fla de telle sorte, qu'elle étoit deux fois
plus grosse qu'auparavant. Et peut-être
que c'est ce qui la fit vivre plus long-
tems la seconde fois. Le Docteur *Con-*
*nor* a fait un discours dans une des *Aca-*
*démies de Rome* sur le sujet de cette *Gro-*
*te* , & il l'a fait imprimer depuis en *An-*
*gleterre.* Il attribue la mort des *Animaux,*
& l'extinction des *Lumieres.*, à une grande *Raréfaction* de l'*air* , causée par la *Cha-*
*leur* , & par l'*eruption violente de la fu-*
*mée.* Mais comment est-il possible que
la fumée , quelque grande qu'elle soit,
puisse resister au pressement de tout l'*At-*
*mosphere?* Et pour la *Chaleur* , elle n'est
pas considerable. Quoiqu'il en soit, pour
me satisfaire, je mis une *fiole* bien min-
ce & bien bouchée avec de la cire, dans
la *fumée* de la *Vapeur.* Elle auroit assurément crevé dans un air assez rarifié pour
tuer un chien , ou pour éteindre un
flambeau ; mais il n'arriva rien. Enfin
pour ôter encore toute difficulté, j'em-
pruntai un *Barometre* & je l'attachai
tellement dans la *Grote*, que la *boule* étoit
tout a fait couverte de la *Vapeur* , mais
elle y demeura une demi-heure , sans
que

que je viffe décendre le *vif Argent*. On
fuppofe généralement que cette vapeur
eft de *foufre* , mais je ne voi aucune raifon pour eette fppofition , quand on y
met la *main*, on la retire fans qu'il refte
aucune *odeur*. Ayant mis dans la *Vapeur*
un *paquet entier d'allumettes* toutes allu-
mées, elles s'eteignirent toutes en un in-
ftant , comme fi l'on les avoit plongées
dans l'eau. Quoiqu'il en foit de la compofition de cette *Vapeur*, fupofant feulement qu'elle foit *vifqueufe & gluante*,
je croi que cela fufira pour expliquer tous
les *Phénoménes de la Grote*. D'un côté
l'*Onctuofité* la rend pefante, & incapable
de monter plus haut ; & la *chaleur* de la
*Terre* eft juftement affez forte pour l'a-
giter, & pour la foutenir à cette hauteur,
autrement il faudroit plus de force & de
chaleur pour raréfier & diffiper la *Vapeur*. Elle fera trop épaiffe pour tenir les
*Poumons* en mouvement pendant quelque
tems, Et les *Animaux* y mourront plus-
tôt , ou plus tard , felon que leur fang
circulera plus lentement ou plus vite ;
le *feu* n'y vivra pas plus que dans l'*eau*,
parce que la *Vapeur* s'envelopant de la
même manière autour de la *flamme* ,
elle empêche l'*air* ou tout autre *aliment* d'y arriver. Les *parties* en font
plus liées que celles des *liqueurs*, & pour
cette raifon, elles font affez tenaces pour

G 3 ne

ne pas arrêter le feu, qui a une fois pris à une traînée de *poudre* ; c'eſt pourquoi elles peuvent être tout à fait rompuës & diſſipées par la répetition de cette experience. Il y a une *vapeur onctueuſe* & *gluante* qui ſort du *ſurmouſt* des *raiſins* quand ils ſont preſſés dans la *Cuve*, & qui éteint la lumiere que l'on y met, & peut-être auſſi qu'elle ôteroit l'*haleine* aux plus *foibles animaux*, ſi l'on en faiſoit l'épreuve.

Il ſeroit infini de conter les *Bains* différens, qu'on trouve dans un *Païs* ſi plein de *ſoufre*. Il n'y a gueres de *maladies* qui n'en ait un particulier, & il y a divers *Ecrivains de Voyages*, qui prétendent, qu'il y a dans ces *Bains* une *vapeur froide*, qui s'élève *du fond*, & qui rafraichit ceux qui s'y baiſſent. Il eſt vrai que la *chaleur* y eſt beaucoup plus ſupportable, quand on ſe baiſſe que quand on ſe tient de bout, parce que la *fumée du ſoufre* ſe ramaſſant dans le creux de l'*Arcade*, elle y eſt beaucoup plus épaiſſe & plus chaude qu'en bas. Les *Lacs d'Agnano* d'*Averne*, & de *Lucrin*, n'ont rien de particulier. Le *mont neuf* fut bouleverſé par une *éruption de Feu*, qui arriva dans le lieu où la montagne eſt à cette heure, & non pas à trois miles de là, comme le raporte *Monſieur l'Evêque de Salisbury*. La *ſouſriere* eſt fort ſurprenante pour ceux,

qui

qui n'ont pas vû le *mont Vésuve*; Mais il
n'y a rien , ni autour de *Naples*, ni en
aucun autre Endroit de l'*Italie*, qui merite autant notre admiration que cette montagne. Il faut que j'avouë que l'idée que
j'en avois ne repondit point à la réalité,
c'est à dire, à ce que je vis sur les lieux,
& que je vais raporter.

La *montagne* est environ à *six miles Anglois* de *Naples*, quoiqu'à cause de sa hauteur, elle paroisse beaucoup plus proche
à ceux qui la regardent du côté de la *Ville*. En y allant, nous passames par une
des *Rivieres de matiere brûlante*, qui en
étoit sortie depuis peu dans une *Eruption*.
A une certaine distance, elle paroit comme une *Terre fraichement labourée*; mais
en l'aprochant on ne voit qu'un long
monceau de *mottes détachées*, & les unes
sur les autres. Il y a une infinité de *Ca-
vités* , & d'*Intervalles* parmi les divers
morceaux; de sorte que la *surface* en est
toute rompuë & irreguliere. Quelquesfois
un grand *fragment* est comme un *Roc* au
dessus du reste. Quelques fois le monceau entier est dans une espece de *Canal*;
& en d'autres endroits, il n'a rien desem-
blable aux *Bancs* pour la borner; mais il
s'eleve quatre ou cinq piés sans s'étendre, ni de côté ni d'autre. C'est ce que
je prens pour une démonstration claire,
que ces *Rivieres* n'étoient pas comme el-

G 4 les

les font généralement reprefentées, c'eſt
à dire, comme autant de *Courents de matiere purulente* & *coulante*, car comment
une *liqueur* qui s'eſt endurcie peu à peu,
pourroit elle ſe raſſoir, & former une
ſurface ſi inégale & ſi déliée? Si le *Lac*
n'étoit qu'une confuſion de differens
Corps & tout fondus, ils auroient formé une croute, comme nous voyons
que le *Scorium* ou l'*Ecume des métaux*, ſe
ramaſſe toûjours dans une *maſſe ſolide*,
quoiqu'il ſoit compoſé de mille *parties
hétérogènes*. C'eſt pourquoi je ſuis porté
à croire que ces vaſtes & lourdes *maſ-
ſes* qui ſont l'une ſur l'autre, comme
jettées enſemble par hazard, ſont reſtées
roides, non liquefiées, & flotantes dans
la *matiere fonduë* comme de *gros Glaçons*
dans une *Riviere*; & qu'à meſure que le
*feu* & le *bouillonement* diminuoit, elles ſe
ſont ajuſtées enſemble, autant que leurs
*figures irregulieres* le permettoient, & que
par ce moyen elles ſe mettoient dans un
*monceau* interrompu & bizarre, comme
nous le voyons aujourd'hui; ce qui étoit
la *matiere fonduë* étant au fond & hors de
la veuë. Quelque tems aprés avoir quitté
le *débordement* de cette eſpece de Riviere,
nous arrivames au piè de la *montagne*, &
nous eumes bien de la fatigue pour en
gagner le *ſommet*. Elle eſt couverte de
tous côtez, d'une eſpece de *Terre brûlée*,
fort

fort feche & toute en poudre, comme
fi elle avoit été paffée per un Tamis. Elle
eft fort chaude fous les piés, & mêlée de
fraifi & de diverfes *pierres brûlées*, qui
ont été jettées de tems en tems. En
marchant, on enfonce près d'un pié dans
la terre, & généralement à chaque pas
que l'on fait en montant, on recule de
la moitié. Quand nous eûmes grimpé fur
cette montagne, nous trouvames que le
*fommet* étoit une *Plaine fpatieufe*, nuë,
fumante de *foufre* en divers endroits, &
probablement *minée par le feu*, & nous
conclumes qu'elle étoit creufe, par le
bruit qu'elle fait fous les piés. Au milieu
de cette *Plaine* eft une haute *montagne*
de là forme d'un *Pain de fucre*, tellement efcarpée, qu'on ne pourroit y
monter ni en defcendre, fi elle n'étoit
pas d'une *Terre pulverifée*, comme j'af
déja dit. Il faut que l'air de ce lieu là
foit tout plein de *falpêtre*; ce qui paroit
aux *taches*, dont les *côtes* de la *montagne*
font parfemées, & où l'on ne trouve gueres de *pierres*, qui n'en foient toutes blanches par deffus. Nous gagnames avec
beaucoup de peine, le haut de cette *montagne*, au milieu de la quelle nous vimes la *bouche* du *Véfuve*, elle va en *pente*
de tous côtez, jufqu'à *cent verges* de *profondeur*, autant que je pûs conjecturer,
& jufqu'à *trois ou quatre cens de diame-*

tre; car elle paroit toute *ronde*. Ce vaste
*Creux* est ordinairement rempli de *fumée*;
mais par le moyen d'un vent favorable
nous en eûmes une veüe claire & distin-
cte, Les côtés paroissent tout tachés de
*blanc* , de *rouge* , & de *jaune* , en on y
voit plusieurs *rochers* qui semblent de *pur*
*souffre*. Le *fond* est tout fermé, & quoique nous regardassions de fort prés, nous
n'y vimes rien de semblable à un *Trou*,
la *fumée* sortant par quantité de *fentes*
*imperceptibles*. Le milieu même étoit de
*terre ferme*, ce que nous conclumes par
des *pierres*, que nous y jettames ; Et je
ne doute point qu'alors on n'eût pû le
traverser, & monter de l'autre côté avec
tres peu de danger ; à moins qu'il ne se
fût élevé quelque vent. Dans les der-
nieres *Eruptions*, ce grand *Creux* étoit semblable à une vaste *Chaudiere*, remplie d'une
*matiere boüillante*, qui versant par plusieurs
*endroits* , coula le long de la montagne
& fit les *cinq Rivieres* ci-dessus mention-
nées. A mesure que la chaleur diminuoit,
cette *matiere brulante* s'affaissoit dans les
*entrailles de la montagne* ; Et comme elle
alloit au fond fort lentement, elle eût le
tems de se *lier*, & de *former* le *Bas*, qui
fait le *couvert*, ou le *dessus* de cette *vou-*
*te affreuse* , qui est au dessous. Il est probable , que la premiere *Eruption*, ou le
premier *tremblement de Terre*, mettra en
pieces

pieces tout ce faux *fond*, & changera
ainſi tout a fait la *face* & la *diſpoſition*
de cet *Endroit*. Toute cette *montagne*,
*en pain de ſucre*, s'eſt faite à divers tems,
& peu à peu, par la quantité prodigieuſe
de *terre*, & de *fraiſi*, qui a été jettée en
haut par la *bouche* qui eſt au milieu, de
ſorte qu'elle augmente en *groſſeur* à chaque *Eruption*, les *Cendres* tombant toujours par les *côtés*, comme le *ſable* dans
une *horloge*. Un Gentilhomme de *Na-*
*ples* me dit, que dans ſon tems, elle avoit
gagné *vingt quatre piés en groſſeur*; je ne
doute point, qu'à la longue elle ne couvre toute la *Plaine*, & ne faſſe qu'une
*montagne* avec celle ſur la quelle elle eſt
aujourd'hui.

Dans les endroits de la *Mer*, qui ne
ſont pas loin du *pié* de cette *Montagne*,
il ſe trouve quelque fois une *huile odo-*
*riférante*, qui eſt bien chere, & fait un
*précieux parfum*. Quand elle s'éleve, on
voit la *ſurface de la Mer* toute couverte
de *bouteilles*. On les ramaſſe comme une
*écume* que l'on met dans des *bateaux*, &
que l'on ſépare enſuite dans des *Vaiſſeaux*
*de terre*. On me dit que les *ſources* n'en
coulent jamais que dans un *tems calme* &
*chaud*. Mais peut-être que l'agitation
de l'*Eau* empêche de les découvrir en d'autres tems.

G 6 En

En parlant des Curiosités naturelles de
Naples, je ne puis me dispenser de faire
mention de la maniere dont la *Ville* se
fournit de la *neige*, dont on se sert ici
au lieu de *glace*, parce que l'on croit
qu'elle *raffraichit* & *congéle* plutôt les
*Liqueurs*. Il s'en consume tous les ans
une grande quantité : On boit là fort
peu de *Liqueurs*, pas même de l'*Eau*,
sans la mettre au *frais*. Tout le monde
en use ainsi, depuis le plus grand jusqu'au plus petit; tellement qu'une disette
de *neige* causeroit à *Naples* une sedition
comme ailleurs une cherté de *Blé* ou de
*Vivres*. Pour prévenir cela, le *Roi* en a
vendu le *Privilege* à certaines Personnes,
qui sont obligées d'en fournir la *Ville*,
toute l'année, à tant la livre. Environ à
dix - huit miles il y a une grande *Montagne*, où l'on a fait quantité de *Creux*
exprès ; Et dans une certaine saison de
l'année, on employe un grand nombre
de pauvres gens, à rouler de grosses bou-
les de *neige* que l'on bat bien ensemble, &
que l'on met à couvert du *Soleil*. Dans
ces *Reservoirs de Neige* on coupe quantité
de *masses*, selon que l'on en a besoin, &
on les envoye sur des *Anes* jusqu'a la
*Mer*, d'où on les porte dans des *Bateaux*
jusqu'à la *Ville*, où on les distribue dans
plusieurs *Boutiques* à un *prix fixe*. Lors
que les *Bandits* faisoient leurs desordres
dans

dans ce *Royaume*, ils mirent souvent les
*Partisans* de la Neige sous contribution,
les menaçant de detruire leurs *magasins*,
s'ils tardoient de payer, ce qu'ils auroient pû faire facilement, à ce que l'on.
dit, en y jettant quelquels *barils d'huile*.

Il seroit trop long de mettre ici toutes
les *descriptions* que les *Poëtes Latins* ont
faites des *divers lieux* dont j'ai fait mention dans ce *Chapitre*: C'est pourquoi je
le finirai par la *Carte générale* que *Silius
Italicus* nous a donnée de cette grande
*Baye de Naples*. La plupart des *Endroits*
dont il parle, font dans la même veüe;
& si j'en ai obmis quelques-uns, c'est
parce que je les reprendrai, en allant par
*Mer de Naples à Rome*.

———— *Docet ille tepentes*

*Unde ferant nomen Bajæ, comitemque.de* Bajæ
*disse*

*Dulichiæ puppis stagno sua nomina mon-
strat.*

*Ast hic Lucrino mansisse vocabula quon-* Lac Lu-
dam crin.

*Coregri memorat, medioque in gurgite
ponti*

*Herculeum commendat iter, quâ dispulit
æquor*

*Amphitrioni ades armenti vector Iberi:*

G 7  *Ille*

*Ille Olim populis dictum styga nomine Verso*

*Lac d'a-verna.* *Stagna inter celebrem nunc mitia monstrat Avernum,*

*Tum tristi nemore atque umbris nigrantibus horrens,*

*Et formidatus volucri, lethale vomebat*

*Suffuso virus cælo, Stygiáque per urbes*

*Relligione sacer, savum retinebat honorem.*

*Mer morte.* *Hinc vicina palus, fama est Acherontis ad undas*

*Pandere iter, cæcas stagnante voragine fauces*

*Laxat & horrendos aperit telluris hiatus,*

*Interdumque novo perturbat lumine manes.*

*Juxta caligante situ longumque per ævum*

*Grote de la Si-bylle.* *Infernis pressas nebulis pallente sub umbrâ*

*Cymmerias jacuisse domos, noctemque pro-fundam*

*Tartarea narrant urbis : tum sulphure & igni*

*Les Champs de la soufriere* *Semper anhelantes, coctoque bitumine cam-pos*

*Ostentant tellus atro exundante vapore*

*Suspirans, ustisque diu calefacta medullis*

*Æstuat & Stygios exhalat in aëre flatus,*

*Parturit, & tremulis metuendum exibilat antris,*
In-

*Interdumque cavas luctatus rumpere sedes,*

*Aut exire foras, sonitu lugubre minaci*

*Mulciber immugit, lacer ataque viscera terra*

*Mandit, & exesos labefactat murmure mon-*
  *tes.*

*Tradunt Herculeo prostratos mole Gigantes*

*Tellurem injectam quatere, & spiramine*
  *anhelo*

*Torreri late campos, quotiesque minato*

*Rumpere compagem impositam, expallesce-*
  *re cœlum.*

*Apparet procul Inarime, quæ turbine nigro* L'Isle<br>d'Ischia

*Fumantem premit Japetum, flammasque*
  *rebelli*

*Ore ejectantem, & si quando evadere detur*

*Bella Jovi rursus superisque iterare volen-*
  *tem.*

*Monstrantur Veseva juga, atque in vertice* Le mont<br>Vésuve
  *Summo*

*Depasti flammis scopuli, fractusque ruina*

*Mons circùm, atque Ætna fatis certantia* Le cap<br>de Misé-
  *Saxa.*

*Nec non Misenum servantem Idæa sepul-* ne près<br>du Tom-
  *chro* beau

*Nomina, & Herculeos videt ipso littore* d'A-<br>grip-
  *Baulos.*       L. 12. pine.


### L'ISLE

# L'ISLE de CAPRÉE.

**A**Yant demeuré à *Naples* plus long temps que je n'avois résolu, je ne pûs cependant me dispenser de faire un petit Voyage à l'*Isle de Caprée*, à cause qu'elle a été la retraite d'*Auguste*, & la résidence de *Tibere* pendant plusieurs années. Cette *Isle* a quatre miles de long d'*Orient* en *Occident* & environ un de large. La partie Occidentale pendant environ deux miles de longueur, n'est qu'un *Rocher continu*, prodigieusement haut & tout à fait inaccessible sur le *Rivage de la Mer*. La plus grande Ville de l'*Isle*, qui s'appelle *Ano-Caprée*, y est pourtant bâtie, & en plusieurs endroits, il y a un terroir bien fertile. Le bout *Oriental* s'eleve en précipices presque aussi hauts mais pas si longs que ceux de la partie *Occidentale*. Entre ces *Montagnes à l'Orient & à l'Occident*, il y a une petite *Vallée* qui traverse l'*Isle*, & qui fait le morceau de *Terre* le plus agréable que j'aye jamais vû. Il est planté de *Vignes*, de *Figuiers*, d'*Orangers*, d'*Amandiers*, d'*Oliviers*, de *Myrtes*, avec des champs de *Blé* qui paroissent extrémément frais & beaux, ce qui fait un petit *Paisage* le plus agreable qu'on

qu'on puisse imaginer , quand on le regarde des *Montagnes* voisines. Ici est la
Ville de *Caprée* avec le *Palais de l'Eve-*
*que* & deux ou trois *Convents.* Au milieu
de cette étenduë de Païs , s'éléve une
Montagne qui vraisemblablement étoit
couverte de *Bâtimens* du tems de *Tibere.*
On en voit encore plusieurs Ruines, sur
la pente de la *Montagne* , & autour du
*sommet* on trouve deux ou trois *Galeries*
obscures, basses, & couvertes de maçon-
nerie & à present toutes couvertes d'herbe. J'entrai dans une qui a cent pas de
longueur. Comme quelques *Paisans* creu-
soient dans les côtés de cette Montagne,
j'observai que ce que j'avois pris d'abord
pour solide , n'étoit que des monceaux
de briques , de pieres & d'autres décombres couverts d'une espece de peau
de verdure. Mais la *Ruine* la plus considérable est celle qui est à l'extrémité
même du *Promontoire* à l'*Orient*, où il y
a encore quelques *Appartemens* fort hauts
avec des *Arcades* au dessus. Je n'ai vû
aucun reste d'anciens *Bâtimens Romains*
dont le *Toit* ne fût ou en *Voute* ou en
*Arcade.* Les *Chambres* dont je parle,
sont bien avant dans la *Terre* , & n'ont
rien de semblable ni à des *Fenêtres* ni à
des *Cheminées*; ce qui me fait croire que
c'étoit autrefois ou des lieux pour se baig-
ner , ou des *Réservoirs d'Eau.*

Il

Il y a un vieux *Hermite* qui demeure à
preſent parmi les *ruines* de ce *Palais*. Il
avoit perdu depuis quelques années ſon *Ca-
marade* qui étoit tombé dans un *précipice*.
Il me dit qu'ils avoient trouvé des *Médailles* & des *Tuyaux* de plomb, en creuſant parmi les *Débris* , & qu'il n'y avoit
que peu d'années qu'ils avoient découvert un *Chemin pavé ſouterrain* , qui va
du *ſommet de la Montagne* juſqu'au *Rivage de la Mer*; ce qui me fût confirmé
par un Gentilhomme de l'Iſle.

On a de cet endroit là, une tres belle &
merveilleuſe perſpeĉtive. De l'autre côté,
il y a une vaſte *Mer* qui ſe répand plus
loin que la vûe ne peut s'étendre. Tout
vis a vis , eſt le *Promontoire* de *Surrentum*. A l'oppoſite tout le circuit eſt *la
Baye de Naples*. Selon *Tacite*, cette *Perſpeĉtive* étoit beaucoup plus agréable avant
l'embraſement du *Veſuve*. Il eſt vraiſem-
blable que cette *Montagne* , qui après la
premiere eruption, parut comme un grand
monceau de *Cendres*, étoit ombragée de
*Bois* & de *Vignes* du tems de *Tibere*. Je
penſe que l'*Épigramme* de *Martial* peut
ſervir ici de gloſe à *Tacite*.

*Hic 'eſt pampineis viridis Veſuvius umbris ,*
　*Preſſerat hic madidos nobilis uva la-*
　　　　　　　[cus.

. . *Hæc*

*Hæc juga quàm Nisæ colles plus Bacchus*
      [ *amavit:*
 *Hoc nuper Satyri monte dedere choros.*
*Hæc Veneris sedes , Lacedæmone gratior*
       [ *illi ;*
 *Hic locus Herculeo nomine clarus erat.*
*Cuncta jacent flammis & tristi merfa fa-*
       [ *villâ:*
 *Nec superi vellent hoc licuiffe sibi.*

      L. 2. Ep. 105.

 Cette *Veüe* étoit affurément plus agréable quand toute la *Baye* étoit environnée
de *Bâtimens.* Cela la faifoit paroître
comme une longue *Ville* à ceux qui la
regardoient d'une certaine diftance. Des
deux côtés de cette fertile *Vallée* dont j'ai
déja fait mention, & fur le rivage, il y a
une efpece de *Môle* qui femble avoir été
le *Fondement d'un Palais* à moins que
nous ne fuppofions que c'étoit les *Fares
de Caprée*, ce que *Stace* quand il invite fa
femme de fe rendre à *Naples*, remarque dans
fon *Poëme* que je prens pour le plus naturel
parmi les *Silvæ*.

 *Nec desunt variæ circum oblectamina vitæ,*
*Sive Vaporiferas, blandiffima littora, Ba-*
 *jas,*

          *Ex-*

*Enthea fatidicæ seu visere tecta Sibyllæ,*

*Dulce sit , Iliacoque jugum memorabile
　remo:*

*Seu tibi Bacchei vineta madentia Gauri ,*

*Teleboumque domos , trepidis ubi dulcia
　　nautis*

*Lumina noctivagæ tollit Pharus æmula
　lunæ*

*Caraque non molli juga Surrentina Lyæo.*

L. 3.

Il y a quelques années qu'en remuant
la *Terre* dans *Ano-Caprée*, on trouva une
*Statue* & un riche *Pavé*. On voit encore
dans les *Bâtimens* de ces *Montagnes* les
marques de divers *degrés* par lesquels les
*Anciens* avoient accoutumé d'y monter.
Toute l'*Isle* est si inégale qu'il y avoit
fort peu de divertissimens hors des maisons. Mais ce qui la fit rechercher à *Tibere* fut la bonté de l'air , qui est chaud
en *hyver* & frais en *été* , outre les *Côtes
inaccessibles* , qui sont généralement si
escarpées , qu'une poignée de Gens les
peut défendre contre une puissante Armée.

Il ne faut pas douter que *Tibere* n'eût
diverses résidences dans l'*Isle de Caprée*,
selon que les saisons de l'année & ses
differens plaisirs le demandoient. *Suétone*
dit

dit de cet *Empereur*, *duodecim Villas to-*
*tidem nominibus ornavit.* Il y a apparence que toute l'*Isle* étoit pleine de mon-
tées faciles, couverte de *Palais*, & ornée de *Bocages* & de *Jardins*, autant
que la situation du lieu le permettoit.

Les Ouvrages soûterrains étoient les
plus extraordinaires. Les *Rochers* étoient
tous minés en forme de *grands Che-*
*mins*, de *Grotes*, de *Galeries*, de *Bains*
& de plusieurs *Retraites*, qui convenoient
aux plaisirs brutaux de l'*Empereur*. Il y
auroit lieu de s'étonner beaucoup de voir
le peu de restes de cette quantité d'Ouvrages que l'on trouvoit autrefois dans
cette *Isle*, si l'on ne nous avoit pas dit
qu'après la mort de *Tibere*, les *Romains*
y envoyerent une Armée de *Pionniers*,
tout exprès pour en démolir les *Edifices*,
& en ruïner les embellissements.

- En faisant par *Mer* le tour de *Caprée*,
nous eûmes la vuë de diverses *Perspecti-*
*ves* de *Rochers* escarpés, & de *Précipices*,
qui s'élevent en plusieurs endroits, à la
hauteur d'un demi mile perpendiculaire.
Au pié, il y a des *Cavernes* & des *Gro-*
*tes* qui ont été formées par les *Vagues*
qui se rompent perpetuellement contre
ces *Rochers*. J'entrai dans une que les *Ha-*
*bitans* appellent *Grotto Oscuro*, & après
que mes yeux se furent un peu remis,
j'en pus voir distinctement toutes les par-

ties

ties à la faveur de la lumiere qui y eſt
renvoyée & réfléchie par le mouvement
des *Vagues* & de la *ſurface de l'Eau*. La
*bouche* en eſt baſſe & étroite ; mais à meſ-
ſure que l'on avance, la *Grote* s'ouvre
des deux côtez & fait une figure ovale
de cent Verges d'une extremité à l'autre,
à ce qu'on nous a dit, car il y auroit eû
du danger à la meſurer.

Il diſtille de toute la *Voute* une *Eau
fraiche* qui tomboit ſur nous auſſi drû &
auſſi vîte que les premieres goutes d'une
*Ondée*. Les *Habitans* & les *Napolitains*,
qui ont entendu parler des *Grotes de Tibere*, croyent que celle- ci en eſt une,
mais il y a pluſieurs raiſons qui montrent
qu'elle eſt naturelle. Car outre le peu
d'uſage qu'on peut concevoir d'une *Ca-
verne* ſi obſcure & de ſes *Eaux ſalées*, il
n'y a aucune marque de *Ciſteau*, les côtez ſont d'une *pierre molaſſe*, qu'on peut facilement mettre en poudre. De plus on voit
pluſieurs ſemblables *creux* mangés dans
les *Rochers*, ſelon qu'ils ſont plus ou
moins capables de reſiſter à l'*impreſſion* de
l'eau qui donne contre.

Les *Sirenum Scopuli*, dont *Virgile* &
*Ovide* font mention dans le Voyage d'*E-
née*, ne ſont pas loin de cette *Grote*. Ce
ſont deux ou trois *Rochers* pointus qui ne
ſont qu'à un jet de pierre du *côté meridional de l'Iſle*, & qui ſont toûjours ba-
tus

tus des Ondes , & des *Tempêtes*, beaucoup plus violentes du côté *Meridional*
que du *Septentrional* de Caprée.

*Jamque adeo Scopulos Sirenum advecta fu-*
*bibat*

*Difficiles quondam, multorumque ossibus al-*
*bos,*

*Tum rauca assiduo longè sale saxa sonabant.*
             ♥ Æn.

J'ai déja dit qu'on trouve souvent des
*Médailles* dans cette *Isle.* Quantité de
celles qui s'appellent *Spintriæ* qu'*Aretin* a
fidellement copiées, ont été trouvées ici
en creusant la *Terre.* Je ne sache aucun
*Antiquaire* qui ait écrit sur ce sujet, & je
n'en ai rien trouvé où je m'attendois d'en
voir le plus , je veux dire dans l'*Edition*
*de Patin* enrichie de *Médailles.* Ceux que
j'ai consultés là dessus , sont d'opinion
qu'elles furent faites pour ridiculiser la
brutalité de *Tibere* , quoique je croie
qu'elles furent frappées par son ordre.
Sans doute qu'elles sont anciennes , &
pas plus grandes qu'une *Médaille* de la
première grandeur. Elles ont d'une côté
quelque invention dissoluë de cette *Socie-*
*té infernale* , que *Suétone* appelle , *Mon-*
*strosi concubitus Repertores* , & de l'autre
le *nombre* de la *Médaille.* J'en ai vû jus-
                        qu'à

qu'à vingt. Je ne puis m'imaginer qu'elles ayent été faites pour railler l'*Empereur* ; parce que la moquerie fur des *Eftampes* eft d'une *date moderne*.

Je n'en fai que deux du haut Empire, excepté les *Spintria*, qui en foient foupçonnées. L'une eft de *Marc Aurele*, où

pour flatter l'*Empereur* & l'*Imperatrice*, on a marqué fur le *revers*, la figure de *Vénus* careffant *Mars*, & tâchant de le détourner de la *Guerre*.

——— *Quo-*

——— *Quoniam belli fera mænera Mavors
Armipotens regit , in gremium qui fæpe
Tuum fe*

*Rejicit , æterno devinctus volnere amoris.*
LUCR. L. I.

La *Vénus* a le vifage de *Fauſtine.* Son
*Amant* eſt une figure nuë , avec un *Caſque* ſur la tête , & la main ſur l'Epée.
Par malheur , cela préfente à l'Efprit la
*Paſſion* de *Fauſtine* pour un *Gladiateur*;
ce qui fait prendre à pluſieurs cette Médaille pour une Satyre cachée. Mais outre que cétte penfée eſt incompatible avec
la gravité du *Sénat Romain* , comment
peut on s'imaginer qu'il eût oſé faire un
tel affront à la *Femme de Marc Aurele,* &
à la *Mere de Commode,* ou qu'il eût voulu offenfer une *Imperatrice* qu'en fuite il
déïfia , & un *Empereur* qui fut les *Délices* de l'*Armée* & du *Peuple.* L'autre *Médaille* eſt d'or , de l'*Empereur Galien*,
gardée dans le Cabinet du *Roi de France*, avec cette Infcription , *Galliena Auguſtæ* , *Pax ubique* ; elle fut frappée
dans le tems que le *Pere de l'Empereur*
étoit en *eſclavage* , & que l'*Empire* étoit
déchiré par divers Prétendans. Nean-
moins fi l'on confidere l'étrange ſtu-
pidité de cet *Empereur*, avec la forte fe-
curité qui paroit dans diverſes expreſſions
que nous avons de lui, on peut fort bien

*Tom.* IV.          H          croire

170 VOYAGE

croire que cette *Médaille* étoit de son invention. Nous pouvons être assurés, que
si la *raillerie* fût une fois entrée dans les
*Médailles* des *anciens Romains*, nous en
aurions trop de cette sorte; sur tout si l'on
se souvient, qu'il y avoit souvent plusieurs
*Competiteurs* à *l'Empire* proclamés en même tems, qui tâchoient de se décrier l'un
l'autre; & que la plupart avoient leurs Ennemis pour Successeurs. Les *Médailles* dont je
fais mention, ne furent jamais *monnoye
courante*, mais plû-tôt dela nature des
*Médaillons*, qui semblent avoir été faits
pour perpétuer les découvertes de cette
*Société infame. Suétone* nous dit, que leurs
inventions monstrueuses furent dépeintes
en diverses manieres, & gardées dans les
*Apartemens secrets de l'Empereur. Cubicu-
la plurifariam disposita tabellis ac sigillis
lascivissimarum picturarum & figurarum
adornavit, librisque Elephantidis instruxit:
ne cui in Operâ edendâ exemplar impetra-
tæ schemæ deesset.*

Mais à mon avis, ce qui met tout a
fait hors de doute, que ces *Médailles* furent faites plû-tôt par l'ordre de l'*Empereur*, que par *Satire*, c'est, qu'elles se
trouvent aujourd'hui dans l'Endroit même, où étoit la scène de ses *énormes las-
civités.*

————*Quem rupes Caprearum tetra latebit.
Incesto possessa sinu?* Cl. de 4to Conf. Hon.

DE

# DE
# NAPLES
## A'
# ROME
## PAR MER.

E pris une *Felouque* à *Naples* pour me rendre à *Rome*, à fin d'éviter de voir les mêmes choses une seconde fois, & pour avoir l'occasion d'en voir plusieurs, dont nos Voyageurs ne font aucune mention. Comme dans mon Voyage de *Rome* à *Naples* j'eus *Horace* pour *Guide*, j'eus aussi le plaisir de voir mon Voyage de *Naples* à *Rome* décrit par *Virgile*. Il est assurément beaucoup plus facile d'y découvrir la voye prise par *Enée*, que dans *Horace*; parce que *Virgile* l'a marquée par *Caps*, *Isles* & autres *Circonstances* naturelles, qui ne sont pas si sujettes à changer que les *Villes* & les *Ouvra-*

H 2

*ges*

*ges de l'Art.* La *Montagne* de *Pausilype* pré-
sente une belle perspective à ceux qui
passent par là. A fort peu de distance de
là, est la petite *Isle de Nisida* couverte de
diverses Plantations, qui s'élevent l'une
sur l'autre dans un si bel ordre, que toute l'*Isle* paroit comme un *Jardin en Ter-
rasse.* Elle a deux petits *Ports*, & n'est
pas à présent incommodée de ces *Vapeurs
nuisibles* dont Lucain parle.

———*Tali spiramine Nesis
Emittit Stygium nebulosis Aëra saxis.* L. 6.

De *Nisida* nous gagnames le *Cap Mi-
seno.* A l'extremité de ce *Cap* il y a une
longue Ouverture qui fut agrandie & mise
dans la forme où elle est, par *Agrippa*
qui en fit le *grand Port* de la *Flote Romaine*, qui servoit dans la *Méditerrande;*
comme celui de *Ravenne* étoit pour les
Vaisseaux destinés pour la *Mer Adriatique*, & pour l'*Archipel.* Le bout le plus
haut de ce *Promontoire*, s'éleve en forme
de *Tombeau*, quand on le regarde de la
*Terre* ; ce qui a peut-être donné occasion à *Virgile* d'enterrer *Misénus* là dessus. J'ai vû un grave *Autheur Italien*, qui
a fait un gros livre sur la *Campagnia felice*, & qui sur la description de cette *Montagne*, conclut qu'elle s'appelloit *Aëris*
*mons*,

*mons*, avant que *Misenus* lui eût donné
son nom.

*At pius Æneas ingenti mole Sepulchrum*
*Imponit , suaque arma viro remumque tu-*
*bamque*
*Monte sub Aerio qui nunc Misenus ab illo*
*Dicitur , æternumque tenet per sæcula no-*
*men.*
                                   Æn. L. 6.

  On peut voir encore quelques ruines
de l'ancien *Misenum* ; mais l'Antiquité
la plus confidérable de ce lieu, consiste
en quelques *Galeries creusées* dans le *Ro-*
*cher*, & qui sont beaucoup plus spacieu-
ses que la *Piscena mirabilis* ; quelques
uns veulent que ce fût un *Réservoir*
*d'eau* ; mais d'autres avec plus de probabilité , supposent qu'elles faisoient les
*Bains de Neron.* Je couchai la premiere
nuit dans l'*Isle de Procita*, qui est passablement bien cultivée, & contient environ quatre mille habitans, qui sont tous
*Vassaux du Marquis del Vasto.*

  Le lendemain j'allai voir l'*Isle d'Ischia*,
qui est plus loin dans la Mer. Les anciens *Poëtes* l'appellent *Inarimé* , & mettent Typhée dessous , à cause de ses *Vol-*
*cans de feu.* Il y a près de trois cents ans,
qu'il ne s'y est fait aucune *Éruption.* La
derniere fut tres horrible, & détruisit une
H 3

*Ville*

*Procita*
*Isle.*

*Ischia,*
*Isle.*

*Ville* entiere. A préfent, on n'y voit guéres de marques d'un *feu foûterrain* ; car la *Terre* eſt froide & couverte d'herbe & d'Arbriſſeaux, là où les *Rochers* le permettent.    Il eſt vrai qu'il y a diverſes petites fentes çà & là, par où il ſort une *fumée;* mais il eſt probable que cela vient des *ſources chaudes*, qui fourniſſent les divers *Bains*, dont cette *Iſle* eſt fort pourvuë. J'obſervai auprès d'un de ces *foûpiraux*, un morceau de *Terre* couvert de *Myrtes*, qui fleuriſſent dans la fumée & dans l'humidité continuelle de ces Vapeurs. Il y a au *midi* d'*Iſchia*, un *Lac* qui a environ trois quarts d'un mile de diamétre, ſéparé de la *Mer* par une petite etenduë de *Pais*. C'étoit autrefois un *Port* pour les *Romains*. Au *Septentrion* de cette *Iſle*, eſt la Ville & le Château ſur un *Rocher* extrémément haut, ſéparé du Corps de l'*Iſle*, & de tous côtez, inacceſſible à des *Ennemis.* Cette *Iſle* eſt plus large mais plus pleine de Rochers, & plus ſterile que celle de *Precita. Virgile* les fait toutes deux branler à la chute d'une partie du *môle de Baye*, qui en étoit éloigné de quelques miles;

*Qua*

*Qualis in Euboico Bajarum littore quon-*
*dam*

*Saxea pila cadit, magnis quam molibus*
*ante.*

*Conftructam jaciunt pelago : Sic illa rui-*
*nam*

*Prona trabit, penitufque vadis illifa re-*
*cumbit,*

*Mifcent fe maria & nigræ attolluntur*
*arenæ:*

*Tum fonitu Prochita alta tremit, durum-*
*que cubile*

*Inarime, Jovis Imperiis impofta Typhæo.*
                              Æn. 9.

Je ne fai pourquoi *Virgile* dans cette
belle comparaifon, a donné l'*epithete*
d'*alta* à *Procita*; car non feulement elle
n'eft pas haute d'elle même, mais elle
eft beaucoup plus baffe qu'*Ifchia* & que
toutes les pointes de *Terre* qui font dans
fon Voifinage. Je croirois qu'*Alta* eft
joint adverbialement avec *tremit*, fi *Vir-*
*gile* eût pû fe fervir d'une *Syntaxe* fi
*équivoque*. Je ne puis m'empêcher de
mettre ici l'imitation eftropiée que *Silius*
*Italicus* a faite du paffage précédent.

H 4                 *Hand*

*Haud aliter ſtructo Tyrrhena ad littora*
   *Saxo,*
*Pugnatura fretis ſubter cæciſque procellis*
*Pila immane ſonans , impingitur ardua*
   *ponto ;*
*Immugit Nereus , diviſaque cærula pulſu*
*Illiſum accipiunt irata ſub æquora montem.*
                      L. 4.

    Le lendemain j'allai à *Cumes*, par un
ſentier fort agréable , proche de la *Mer
morte* & des *Champs Eliſées*. En faiſant
chemin , nous vimes quantité de *ruines
de Tombeaux* & d'autres *anciens Edifices.*
*Cumes* eſt à preſent tout à fait deſtituée
d'habitans , tant elle eſt changée depuis
le tems de Lucain , ſi le *Poëme à Piſon*
eſt de lui.

  —— *Acidaliâ quæ condidit Alite muros*
*Euboicam referens facunda Neapolis ur-*
  *bem.*

    On montre ici les reſtes du *Temple
d'Apollon*, que tous les *Ecrivains* des *Antiquités* de cet *Endroit* là , ſuppoſent avoir
été le même que *Virgile* décrit dans
ſon *Sixiéme de l'Enéide* , comme bâti
par *Dédale*, ſupoſant auſſi que l'*Hiſtoire*
                          même.

même dont *Virgile* fait mention dans cet endroit fut eſſectivement *gravée* ſur le *Frontiſpice* de ce *Temple.*

*Redditus his primum terris tibi Phœbe , ſa-
cravit*

*Remigium alarum , poſuitque immania
Templa.*

*In foribus lethum Andrògeo , tam pendere
pœnas*

*Cæcropidæ juſſi , miſerum !* Septena quot
annis

*Corpora Natorum : Stat ductis ſortibus
urna :*

*Gontra elata mari reſpondet Gnoſſia tellus ,*
&c.                               Æn. 6.

Entre autres *Ouvrages ſoûterrains*, il y a le commencement d'un *paſſage* qui environ à cent *Verges de l'entrée* , eſt bouché par la *Terre* qui y eſt éboulé:. On prétend que c'étoit l'autre *bouche* de la *Grote de la Sibylle*. Il eſt dans la mê-me ligne que l'*Entrée* proche de l'*Aver-nus* ; la *Façade* eſt ſemblable à celle de l'*Opus Reticulatum*, & a encore les mar-ques des *Chambres* qui ont été taillé s dans les côtés. Sur la quantité de *Fa-bles* & de *Conjectures* qui ont été faites ſur cette *Grote* , je croi qu'il eſt for'

H 5                               pr

probable qu'elle étoit autrefois habitée
par des *Gens* qui peut-être la croyoient
un meilleur *Abri* contre le *Soleil* qu'aucune autre sorte de *Bâtiment* ; ou du
moins , qu'elle n'a pas tant coûté de
peine & de dépense que la *Mosaïque* & d'autres *Ouvrages* qu'on peut y
trouver, qui peuvent fort bien y avoir été
ajoûtés dans ces derniers *Siecles* , selon
qu'on les croyoit propres aux differens
usages auxquels on destinoit cet Endroit.
L'*Histoire* des *Cimmeriens* comme *Strabon*
la rapporte, est assurement fort ambarras-
sée ; mais il est bien vraisemblable qu'elle a eu quelque verité pour fondement.
La description qu'*Homere* fait des *Cimmeriens* qu'il place dans ces Endroits,
répond fort bien aux habitans d'une *Ca-
verne* si longue & si obscure.

*Tu quoque littoribus nostris , Æneia nu-
      trix ,*

*Æternam moriens famam Caïeta dedisti :*

*Et nunc servat honos sedem tuus , ossaque
      nomen*

*Hesperiâ in magna , si qua est ea gloria ,
      signat.*                    Æn. 7.

Je

Je vis à *Cayete* le *Roc de Marbre*, que
l'on dit s'être fendu par un *tremblement
de Terre*, à la *mort de notre Sauveur*. Sur
la porte de la *Chapelle*, qui mene dans
la fente, sont écrits ces mots de l'Evangi-
le, *Ecce terræ-motus factus est magnus*.
Je croi que toute Perſonne, qui voit
cette vaſte fente dans un Rocher ſi haut,
& qui obſerve avec quelle exactitude les
parties convexes d'un côté, s'accordent
avec les concaves de l'autre, ne peut ſe
diſpenſer de regarder cela comme l'effet
d'un *tremblement de Terre*; quoique je
ne doute point, que cela ne ſoit arrivé
ou devant le temps de l'*Ecrivain latin*,
ou depuis dans les Siecles plus obſcurs;
Car autrement je croi qu'il auroit pris
connoiſſance du fait.

Le *Port*, la *Ville*, & les *Antiquités* de ce *lieu* ont été ſouvent décrits.

Nous touchames après à *Monte Cir-
sejo*, qu'*Homere* appelle *Inſula Æëa*, ſoit
que ce fût autrefois une *Iſle*, ou que les
*Matelots Grecs* la priſſent pour cela. Il
eſt certain qu'ils ont pû facilement y être
trompés par ſon apparence; Car c'eſt une
*Montagne* fort haute jointe à la *Terre
ferme* par une *langue étroite*, qui a pluſieurs miles de longueur, & qui eſt preſque de *niveau* avec la *ſurface de l'Eau*.
L'extrémité de ce *Promontoire* eſt pleine
de *Rochers*, & extrémément expoſée aux

H 6                          Ou-

*Ondes* ; ce qui eſt peut-être la premiere
origine des *hurlemens* des *Loups* , & des
*rugiſſemens des Lions* , qui ſe faiſoient entendre de là , de quoi j'eus une idée vive , car je fus contraint d'y demeurer
une nuit entiere. La deſcription que fait
*Virgile* du paſſage d'*Enée* par cette *côte*,
ne peut jamais être aſſez admirée. Il faut
bien obſerver comment , pour augmenter l'horreur que cauſe cette deſcription,
il prépare l'Eſprit du *Lecteur* par la *So-*
*lemnité de l'Enterrement de Cayetas* , &
par le morne Silence de la *Nuit.*

*At pius exſequiis Æneas rite ſolutis*

*Aggere compoſito tumuli , poſtquam alta*
    *quiérunt*

*Æquora, tendit iter velis, portumque re-*
    *linquit :*

*Adſpirant auræ in noctem , nec candida*
    *curſus*

*Luna negat : Splendet tremulo ſub lumine*
    *pontus.*

*Proxima Circeæ raduntur littora terræ :*

*Dives inacceſſos ubi Solis filia lucos*

*Aſſiduo reſonat cantu, tectiſque ſuperbis*

*Urit odoratam nocturna in lumina cedrum,*

*Arguto tenues percurrens pectine telas :*

                                *Hinc*

*Hinc exaudiri gemitus , iræque Leonum*

*Vincla recufantium , & fera fub noûe ru-*
  *dentum :*

*Sætigerique fues , atque in præfepibus urfi,*

*Sævire ac formæ magnorum ululare lupo-*
  *rùm :*

*Quos hominum ex fàcie Dea fæva potenti-*
  *bus herbis*

*Induerat Circe. in vultus ac terga fera-*
  *rum,*

*Quæ ne monftra pii paterentur talia Troes*

*Delati in portus , neu litora dira fubi-*
  *rent ,*

*Neptunus ventis implevit vela fecundis :*

*Atque fugam dedit , & præter vada fervi-*
  *da vexit.* ÆE. 7.

*Virgile* appelle ce *Promontoire, Æëa In-*
*fula Circes* dans le troifiéme de l'*Enéide* ;
mais c'eft le *Héros* & non pas le *Poète*
qui parle. Cela peut toutefois être regardé comme une Conjecture , que lui
même l'a pris pour une *Ifle*, dans le tems
d'*Enée* : Pour ce qui eft de ces *Bois épais*
dont *Virgile* & *Homere* font mention
dans cette belle defcription, que *Plutar-*
*que* & *Longin* ont vantée, ils ont été
pour la plûpart défrichés depuis que le
*Promontoire* a été cultivé & habité ;
H 7      quoi-

quoiqu'il y en ait encore plufieurs morceaux , qui montrent la difpofition naturelle du *Terroir* à porter du Bois.

La premiere Ville où nous touchames
après cela fut *Nettuno*, où nous ne trouvames rien de remarquable que l'extrême pauvreté, & l'extreme pareffe des habitans. A deux miles de là , font les
*Ruines d'Antium* , qui ocupent un grand
Circuit de Terre. Il y a encore les Fondemens de divers Batimens , & ce qui
eft toujours le dernier qui perit dans une
*Ruine*, plufieurs *Grotes* , & *Paffages fou-
terrains* , d'une grande longueur. On
peut voir encore les *Fondemens du Port
de Neron*. Il étoit tout à fait artificiel ,
& compofé de *grands Môles* , qui l'en-
vironnoient de tous les côtés, excepté
par où les *Vaiffeaux* entroient. Il étoit
d'environ trois quarts d'un mile dans fon
plus petit *Diametre*. Quoique la co
ftruction de ce *Port* ait affurément cou
des fommes prodigieufes , nous n'
trouvons aucune *Médaille*. Cependant
y en a du même *Empereur* avec fon pro
pre nom pour le *Port d'Oftie* ; quoiqu'effectivement ce foit l'Ouvrage de *Claude* fon *Predéceffeur*. Le dernier *Pape*
fit des dépenfes bien confiderables, pour
faire ici une efpece de petit *Havre*, &
pour y apporter de l'eau fraîche ; ce qui
fut un des artifices du *Grand Duc*, pour
dé-

détourner ſa *Sainteté* du projet de faire de *Civita Vecchia* un *Port libre.* Entre *Antium* & *Nettuno* eſt la Maiſon de Campagne d'un *Cardinal*, c'eſt une des plus agreables que j'aie jamais vû, pour les *Perſpectives.* *Antium* fut autrefois fameux pour un *Temple de la Fortune.* Tout le monde tombe d'accord qu'il y eut *deux Fortunes* adorées ici, ce que *Suétone* appelle *Fortunæ Antiates*, & que *Martial* nomme *Sorores Antii.* Quelques uns ſont d'opinion, que par ces deux *Déeſſes*, étoient réprésentées les *deux Néméſes*, l'une deſquelles recompenſoit les Gens de bien, & l'autre puniſſoit les Méchans. *Fabretti* & d'autres ſont portés à croire que par les deux *Fortunes*, on entendoit ſeulement en général la *Déeſſe* qui envoyoit des afflictions au *Genre humain*, & ils produiſent en leur faveur un *ancien monument* trouvé dans ce même lieu, avec cette *inſcription*, *Fortunæ felici*; ce qui peut aſſurément favoriſer une opinion auſſi bien que l'autre, & montrer du moins, qu'ils ne ſe ſont pas trompés dans le ſens général de leur *oppoſition.* Je ne ſache pas que Perſonne ait encore pris garde, que cette double Fonction de la *Déeſſe*, donne une grande charté, & bien de la beauté à l'*Ode* qu'*Horace* lui a adreſſée. Le *Poème* entier eſt une Priere à la *Fortune* afin qu'elle fît proſperer les

*Armes*

*Armes de César*, & qu'elle detruifit fes
*Ennemis* : De forte que chaque *Déeffe* a
fa tâche dans la priere du *Poëte*. Et nous
pouvons remarquer que l'invocation eft
partagée entre les deux *Divinités*, la premiere ligne a du raport indifferement ou
à l'une ou à l'autre, ce qui eft en lettres
italiques regarde la *Déeffe* de la *Profperité*,
où la *Némefis des Bons*, & le refte regarde la *Déeffe* de l'*Adverfité*, ou la *Némefis des Mechans*.

*O Diva gratumque regis Antium,*
*Præfens vel imo tollere de gradu*
*Mortale corpus,* vel fuperbos
    Vertere funeribus triumphos !
*Te pauper ambit folicitâ prece*
*Ruris colonus: Te dominam æquoris*
    *Quicunque Bithynâ laceffit*
      *Carpathium pelagus Carinâ*
Te Dacus afper, Te profugi Scythæ,
Urbefque, Gentefque, & Latium ferox,
    Regumque matres barbarorum, &
      Purpurei metuunt Tyranni.
Injuriofo ne pede proruas
Stantem Columnam : Neu populus fre-
    quens

                   Ad

Ad Arma ceſſantis ad Arma
    Concitet, imperiumque frangat.
Te ſemper anteit ſæva Neceſſitas
Clavos trabales & cuneos manu
    Geſtans aënâ : nec ſeverus
    Uncus abeſt, liquidumque plumbum.
*Te ſpes & albo rara Fides colit*
*Velata panno : nec comitem abnegat,*
    *Utcunque mutata potentis*
      *Veſte domos inimica linguis,* &c.
        Hor. L. 1. carm. 35.

Si nous prenons l'interprétation des
deux *Fortunes* pour la double *Nemeſis*, le
compliment à *Céſar* en eſt plus grand,
& la cinquiéme ſtance eſt plus claire que
les *Commentateurs* ne la font d'ordinaire ;
Car, *Clavi Trabales, Cunei, Uncus, li-*
*quidumque plombum*, étoient actuellement en uſage dans la punition des *Cri-*
*minels.*

Après être reſtés là quelque temps,
notre premier *Relais* nous mena à la *Bou-*
*che du Tibre*, dans la quelle nous entrames mais non ſans quelque danger ;
Car la *Mer* eſt généralement fort agitée
dans ces endroits où la *Riviere* ſe jette.
La *ſaiſon de l'année*, *l'eau trouble* du
*Courant*, & la *quantité d'Arbres vers*,
qui panchent deſſus, me firent reſſouve-
                    nir.

nir de l'agréable Rêpréfentation que *Vir-*
*gile* nous en a donnée quand *Enée* y entra.

*Atque bic Æneas ingentem ex æquore lu-*
　　*cum*

*Profpicit : bunc inter fluvio Tiberinus amæ-*
　　*no ,*

*Vorticibus rapidis & multà flavus arenâ*

*In mare prorumpit : variæ circumque fu-*
　　*praque*

*Affuetæ ripis volucres & fluminis alveo*

*Æthera mulcebant cantu , lucoque vola-*
　　*bant.*

*Flectere iter Sociis terræque advertere pro-*
　　*ras*

*Imperat , & lætus fluvio fuccedit opaco.*

　　　　　　　　　　　　　Æn. L. 7.

　　Un demi-jour de plus , nous mena à
*Rome,* par un chemin que les *Voyageurs*
vifitent ordinairement.

　　　　　　　　*ROME.*

# R O M E.

O N obſerve généralement que *Rome moderne* eſt plus haute que l'*ancienne*, d'environ quatorze ou quinze piés, ſelon la ſuputation de quelques uns, comparant un endroit avec l'autre. La raiſon de cela eſt, que la *Ville* d'aujourd'hui eſt ſur les ruïnes de l'autre. Et j'ai ſouvent remarqué, qu'où il y avoit un nombre de *bâtimens* de quelque conſideration, on y trouve toûjours un *Tertre* ou une *Colline*, faits ſans doute des reſtes ou des *décombres* de l'*Edifice ruiné.* Outre cette raiſon particuliere, on en peut encore aporter une autre qui a bien contribué en pluſieurs endroits, à cette *ſituation élevée*, de la *terre* qui a été emportée des *montagnes* par la violence des *Pluyes*; Cela eſt ſenſible à tous ceux qui obſervent combien pluſieurs *Bâtimens* qui ſont proches du pié de ces *montagnes*, ſont plus enfoncés dans la *Terre*, que ceux qui ſont ſur le *ſommet* ou dans les *plaines.* De ſorte que la *ſurface* de *Rome* eſt aujourd'hui beaucoup plus egale qu'elle n'étoit autrefois; la même cauſe,

qui

qui a élevé les *Terres* les plus baffes, ayant enfoncé les plus hautes.

Il y a *Rome* deux fortes d'*Antiqités*, l'une *Chrêtienne*, l'autre *Payenne*. Les premieres, quoique d'une date plus fraîche, font tellement embaraffées de *Fables* & de *Legendes*, qu'on a fort peu de fatisfaction à les examiner. Les autres donnent beaucoup de plaifir à ceux qui les ont vuës auparavant dans les *anciens Autheurs*: Car à *Rome*, à peine peut on voir un objet qui ne faffe reffouvenir de quelque paffage, ou d'un *Poëte*, ou d'un *Hiftorien Latin*. Entre les reftes de l'ancienne *Rome*, la grandeur de la *République* éclate principalement dans les *Ouvrages*, qui étoient ou néceffaires, ou convenables, comme par exemple, les *grands Chemins*, les *Aqueducs*, les *Murailles*, & les *Ponts de la Ville*. Au contraire, la *magnificence de Rome* fous les *Empereurs*, fe voit principalement dans des *Ouvrages*, qui étoient faits, plûtôt pour l'*Oftentation* ou pour le *Luxe*, que pour quelque utilité ou néceffité ; Tels font les *Bains*, les *Amphithéatres*, les *Cirques*, les *Obelifques*, les *Colones*, les *Maufolées*, les *Arcs de Triomphe*: Car ce qu'ils joignoient aux *Aqueducs*, étoit plûtôt pour fournir leurs *Bains*, & leurs *Naumachies* & pour embellir la *Ville* par des *Fontaines*, que pour quelque néceffité éfective

qu'on

qu'on en euſt. Ces divers *Reſtes* ont été
ſi amplement décrits par quantité de *Voya-*
*geurs* & d'autres *Ecrivains*, particulierement par ceux qui ſe trouvent dans le
ſavant Recueil de *Gronovius*, qu'il eſt fort
difficile de faire de nouvelles découvertes ſur un ſujet ſi rebatu. Cependant il
y a tant de choſes remarquables dans un
Champ ſi ſpacieux, qu'il eſt preſque impoſſible de les conſidérer, ſans avoir de
nouvelles *idées*, & ſans faire differentes
réfléxions, ou ſelon le tour d'Eſprit que
l'on a, ou ſelon les Etudes que l'on a
faites.

Il n'y a rien parmi les *Antiquités* de
*Rome*, qui m'ait plû autant que les *an-*
*ciennes Statuës*, dont on trouve un nombre
incroyable. L'*Ouvrage* eſt ordinairement
ce qu'il y a de plus exquis en ſon genre.
On eſt ſurpris de voir, pour ainſi dire,
de la vie dans le *Marbre*, autant que l'on
en voit dans les meilleures, & même dans
les plus chétives Statues. On a la ſatisfaction
de voir les *Viſages*, les *Poſtures*, les *Airs*,
& les *Habits* de Ceux qui ont vécu tant
de ſiecles avant nous. Il y a une admirable reſſemblance entre les Figures des
diverſes *Divinités Payennes*, & les deſcri-
ptions que les *Poëtes Latins* nous en ont
données ; mais les *Figures* pouvant être
regardées comme plus anciennes, je ne
doute pas que les anciens *Poëtes* n'ayent
été

été les Copiſtes de la *Sculpture Grèque*,
quoiqu'en d'autres occaſions nous trouvions ſouvent, que la *Sculpture* a pris ſes
ſujets dans les Poëtes. Le *Laocoon* en eſt
une preuve trop connuë, entre pluſieurs
autres que l'on rencontre à Rome.
Dans la *Ville Aldobrandine* ſont les Figures de deux Hommes, l'un vieux &
l'autre jeune, engagés dans le *Ceſte*, &
qui ſont probablement le *Dares* & l'*En-
tellus* de *Virgile*. Je dirai en paſſant qu'on
y peut obſerver la façon de l'ancien Ceſte, qui conſiſtoit en pluſieurs larges cou-
royes liées autour de la main, ſans rien
de ſemblable à un morceau de plomb au
bout, comme quelques *Ecrivains d'Antiquités* ſe le ſont imaginé ſans fondement. Je ne fais aucun doute, que beaucoup d'endroits dans les anciens *Poëtes*,
n'ayent du raport à pluſieurs morceaux
de *Sculpture* qui étoient célébres du tems
de l'Autheur, quoiqu'à cette heure on
n'y penſe plus, & que pour cette raiſon,
ces endroits perdent beaucoup de leur
beauté aux yeux d'un Lecteur moderne,
qui ne les regarde pas dans leur jour,
comme faiſoient les Contemporains de
l'Autheur. Je ferai mention ſeulement
d'un ou de deux de *Juvenal*, aux quels
ſes Commentateurs n'ont pas pris garde.
Le premier eſt en ces termes.

*Mul-*

*Multa pudicitiæ veteris veſtigia forſan,*
*Aut aliqua extiterint, & ſub Jove, ſed Jo-*
*ve nondum*
*Barbato* —————————— Sat. 6.

J'en appelle à tout Lecteur, ſi le tour
de ces vers-cy ne paroiſſoit pas beaucoup
plus naturel & plus libre, à un Peuple
qui voyoit tous les jours quelque Statuë
de ce Dieu, avec une barbe épaiſſe, comme il y en a pluſieurs à Rome, qu'il ne
nous paroit à nous qui n'avons pas la
moindre idée de lui, particulierement ſi
nous conſiderons, qu'il y avoit dans la
même Ville un Temple dédié au jeune
*Jupiter*, appellé *Templum Væjovis*, où,
ſelon toutes les apparences, étoit la Statuë particuliere d'un *Jupiter Imberbis*.

Dans un autre endroit, il introduit ſon
Flatteur comparant le cou d'un homme
qui eſt foible, avec celui d'*Hercule* ſoû-
tenant *Antée* au deſſus de la Terre.

*Vid.*
*Ovid.*
*De Fa-*
*ſtis L.* 3.
*El.* 7.

*Et longum invalidi collum cervicibus æquat*
*Herculis Antæum procul a tellure tenentis.*
Sat. 3.

Combien cette comparaiſon doit elle
paroitre forcée, & peu naturelle, à un
Lecteur moderne; mais combien nature!-
le

le ne paroitra-t'-elle pas , fi nous fuppo-
fons. qu'elle fait allufion à quelque Statuë
cèlebre de ces deux Champions, qui étoient
peut - être dans quelque Place publique,
ou fur quelque grand Chemin proche
de Rome? Et ce qui rend plus que probable qu'il y avoit de ces Statuës, c'eſt
que les mêmes figures que *Juvenal* décrit
ici , fe voyent encore fur des gravures
& fur des Médailles anciennes. Je ne
puis m'empêcher de remarquer que le
tour du cou & des bras, eſt fouvent mis
par les *Poëtes Latins* , entre les beautés
d'un Homme ; Et dans *Horace* nous trouvons tous ces deux mis enfemble ;

*Dum tu Lydia Telephi*
*Cervicem roſeam , & Cerea Telephi*
*Laudas Brachia* ——— L. 1. O. 13.

Ce que l'on feroit fort embarraffé de
comprendre , fi l'on ne voyoit pas dans
les anciennes Statuës Romaines, que ces
deux parties étoient toujours nuës & ex-
pofées aux yeux de tout le monde, comme nos vifages & nos mains le font aujourd'hui. Je ne puis laiffer *Juvenal* fans
remarquer , que fon

*Ven-*

*Ventilat æftivum digitis fudantibus aurum*
*Nec fufferre queat majoris pondera Gemmæ.*

Sat. 1.

N'étoit pas autrefois une auffi grande
hyperbole qu'elle le paroit aujourd'hui ;
Car j'ai vû d'anciennes bagues Romaines
fi groffes, avec des pierres fi larges, qu'il
n'eft pas furprenant qu'un Fat les trou-
vât un peu incommodes en été, dans un
climat fi chaud.

Il eft certain que la Satyre aime beaucoup
les allufions & les exemples, qui font extrémement naturels & familiers. Quand donc
nous voyons quelque chofe dans un ancien
Satyrique, qui femble forcé & pédant,
il faut faire attention à ce qui fe faifoit
du temps que le Poëte écrivoit & s'il n'a-
voit pas des raifons particulieres de parler
comme il fait, aux lecteurs de fon fiecle,
lefquelles nous ignorons aujourd'hui. Une
des plus belles Statuës de Rome c'eft un
*Méléagre* avec un Epieu à la main & une
hure de Sanglier à côté. Il eft de marbre de *Paros*, & auffi jaune que l'ivoire.
On rencontre plufieurs autres figures de
*Méléagre* dans les anciens bas Reliefs &
fur les côtés des Sarcofages ou des monumens funébres. Peut-être que c'étoit
les armes ou la devife des anciens Chaf-
feurs Romains. Je ne fais point de dou-

*Tom.* IV. I te

te que cela ne donne à un Vers de la cinquiéme Satyre de Juvenal, un jour beaucoup plus beau, que de fuppofer que le
Poëte n'avoit là aucune autre chofe en vûe
que l'ancienne fable de *Méléagre*, fans
avoir égard à ce qu'elle étoit fi commune
& fi familiere parmi les Romais.

———— *Flavi dignus ferro Meleagri*
*Spumat aper* ———— ———  Juv. S. 5.

Au commencement de la neuviéme
Satyre, *Juvenal* demande à fon ami pourquoi il reffembloit à *Marfyas* quand il fut
vaincu.

*Scire velim quare toties mihi Nævole triſtis*
*Decurris fronte obducta, ceu Marſya vi-*
*ctus?*

Quelques uns des Commentateurs difent que *Marfyas* étoit un *Avocat* qui avoit
perdu fon procès. D'autres difent que ce
paſſage a du raport à l'hiſtoire de *Marfyas*
qui difputa contre *Apollon*; ce que je crois
être plus bizarre que le premier fi nous
confiderons qu'il y avoit une fameufe
Statuë d'*Apollon* écorchant *Marfyas* au
milieu du *Forum* de Rome: comme il y
a encore à Rome plufieurs anciennes Statuës fur le même fujet. Il y a un paſſage

ge dans la sixiéme Satyre de *Juvénal*, que
je ne pouvois comprendre avant que je
sçûsse l'interprétation d'un bas Relief de
*Bellorio*.

*Magnorum Artificum frangebat pocula mi-*
   *les*

*Ut phaleris gauderet Equus : cælataque*
   *cassis*

*Romuleæ simulacra feræ mansuescere jussæ*
*Imperii fato & geminos sub rupe Quirinos,*
*Ac nudam effigiem clypeo fulgentis & hastâ*
*Pendentisque Dei, perituro ostenderet hosti·*
                              Juv. Sat. 11·

Ici Juvénal décrit la simplicité des anciens Soldats Romains, & les figures qui
étoient ordinairement gravées sur leurs
*Casques*. La première étoit marquée par
une Louve alaitant *Romulus* & *Rhémus*:
La seconde, qui est comprise dans les
deux derniers Vers, n'est pas si intelligi-
ble. Quelques Commentateurs disent que
le Dieu dont on fait mention ici, est
*Mars* qui vient voir ses deux Fils tettant
la louve, & que les anciens Sculpteurs
faisoient leurs figures nuës afin d'avoir
l'avantage de représenter les differentes
enflures des muscles, & les contours du
Corps. Mais ils sont extrémement embar-

                I 2               rassés

raffés fur la fignification du mot *pendentis.* Quelques uns s'imaginent que la Figure étoit beaucoup relevée en boffe.
D'autres croyent qu'elle pendoit en relief
au haut du cafque. *Lubin* fuppofe que le
Dieu *Mars* étoit gravé fur le bouclier, &
qu'il eft dit être pendant , parce que le
bouclier fur lequel il étoit gravé , pendoit de l'épaule gauche. Un des anciens
Interprêtes eft d'opinion que par pendre
on n'entend que la pofture d'un homme
qui fe plie en avant pour frapper l'Ennemi. Quelque autre croiroit qu'on peut
dire que tout ce qui eft mis fur la tête
eft pendant , comme nous appellons des
jardins pendans ceux qui font au deffus
des Maifons. Plufieurs Savans qui n'ap-
prouvent aucune de ces explications ,
croyent qu'il y a eû une faute de Copifte,
& qu'au lieu de *pendentis,* il doit y avoir
*perdentis* : mais ils ne citent aucun *Manufcrit* en faveur de cette conjecture.
Voici le veritable fens de ces mots. Les
Soldats Romains fe ventoient beaucoup de leur *Fondateur,* & du *Génie militaire* de leur *République,* qui les accou-
tumoit à porter fur leurs Cafques, le
commencement de l'Hiftoire de Romulus, qui avoit été engendré par le *Dieu
de la Guerre* & alaité par une louve. La
figure du Dieu étoit faite comme defcendant fur la *Prétreffe Ilia* , ou , comme
d'autres

d'autres l'appellent *Rhea Silvia*. L'occafion demandoit qu'il fût tout nû.

*Tu quoque inermis eras cum te formofa
    Sacerdos*

    *Cepit : ut huic urbi Semina magna
        dares.*          Ov. de Faf. L. 3.

Quoiqu'en d'autres occafions il foit dé-
peint felon la defcription d'*Horace*, *tuni-
câ cinctum adamântinâ*, cependant le Sculpteur pour le diftinguer du refte des Dieux,
lui a donné ce que les Médailliftes appellent *fes propres attributs*, une *lance* dans
une main, & un *Bouclier* dans l'autre.
Comme il étoit repréfenté décendant, la
figure paroiffoit fufpenduë dans l'air au
deffus de la *Veftale* ; & dans ce fens, le
mot *pendentis* eft extrémement propre &
poëtique.  Ce qui m'a fait penfer à cette
interprétation , outre les anciens bas
*Reliefs* , c'eft que j'ai depuis trouvé les
mêmes figures fur le revers de deux Medailles antiques , frappées fous le Regne d'*Antonin le pieux* à l'honneur de cet
*Empereur* , comme pour dire qu'à caufe
de fon Gouvernement & de fa conduite
tres fage , le Senat Romain le regardoit
comme un fecond Fondateur.

I 3                    *Ilia*

Ilia vestalis (quid enim vetat inde moveri)
    Sacra lavaturas mane petebat aquas:
Fessa resedit humi, ventosque accepit aperto
    Pectore; turbatas restituitque comas.
Dum sedet, umbrosæ salices volucresque
                                    [canoræ
    Fecerunt somnos, & leve murmur
    aquæ
Mars videt hanc, visamque cupit, potitur-
                                [que cupitâ
    Et sua divinâ furta fefellit ope:
Somnus abit: jacet illa gravis, jam scili-
                                    [cet intra
    Viscera Romanæ Conditor Urbis erat.
                        Ov. de Faf. L. 3. El. 1.
                                            Te

*Te quoque jam video Marti placitura Sa-*
          [ *cerdos*

  *Ilia veftales deferuiffe focos.*
*Concubitufque tuos furtim , vittafque ja-*
          [ *center*
  *Et Cupidi ad ripas arma relicta Dei.*
*Carpite nunc tauri de feptem montibus her-*
          [ *bas*

   *Dum licet , hic magnæ jam locus Ur-*
          [ *bis erit.*
        Tibul. L. 2. El. 6.

Je ne pouvois m'empêcher de bien remarquer plufieurs inftrumens de mufique
qu'on voit entre les mains des *Apollons*,
des *Mufes*, des *Faunes*, des *Satyres*, des
*Bacchantes* & des *Bergers* ; ce qui pourroit affurément donner beaucoup de lumiere à la difpute touchant la préférence
entre la mufique ancienne & la moder-
ee. Ce ne feroit pas peut-être un deffein
impertinent d'en prendre tous les modelles en bois. Cela pourroit non feulement
nous donner quelque idée de la mufique
ancienne, mais auffi nous aider à inven-
ter des inftrumens plus agréables que ceux
qui font en ufage aujourd'hui. Selon l'apparence qu'ils ont fur le marbre , il n'y
a pas un inftrument à cordes qui reffem-
       I 4         ble

ble à nos violons , car on joüe de tous
ces inſtrumens ou avec les ſeuls doits,
ou avec le *plectrum* ; de ſorte qu'ils n'é-
toient pas propres à donner une certaine
langueur aux notes , ni à les varier par
des augmentations & des diminutions in-
ſenſibles du ſon ſur la même corde ; ce
qui donne à notre muſique moderne une
douceur ſi charmante ; Outre que ces inſtrumens à cordes n'avoient aſſurément
que des ſons bas & foibles , comme l'on
peut ſe l'imaginer par le peu de bois qu'il
falloit pour en faire un , ce qui ne pouvoit renfermer aſſez d'air pour rendre les
ſons pleins & ſonores. Il y a beaucoup
de difference dans la façon , non ſeulement des inſtrumens de diverſe eſpece , mais même entre ceux du même
nom. Par exemple , la *Syringa* a quelquefois quatre tuyaux , & quelquefois
plus, juſqu'à douze. On peut remarquer
la même variété de cordes dans leurs
*Harpes*, & de touches dans leurs *Tibiæ*,
ce qui montre le peu de fondement de
quelques Ecrivains ſi delicats, que ſur un
vers de *Virgile* dans ſes Eglogues , ou
ſur quelque petit endroit d'un Autheur
claſſique , ils ont prétendu déterminer pré-
ciſément la forme des anciens inſtrumens
de muſique , avec le nombre des Tuyaux,
des Cordes & des Touches. Ils ne voudroient faire qu'une ſorte d'eſtampe pour
toutes

toutes les choses du même nom ; & si en
traittant un sujet, ils trouvent quelque
chose qui y soit semblable dans une ancienne description, ils ne manquent pas
de se régler en toute occasion, selon la
figure qu'ils voyent dans ces petits endroits ; comme a fait le savant Autheur Al-
lemand, cité par Monsieur *Baudelot* qui
probablement n'ayant jamais rien vû de
semblable au Dieu domestique *Canopus*,
veut absolument que tous les *Lares* fus-
sent faits en façon d'une *bouteille* de *Grès*.
Enfin les *Antiquaires* ont fait la même
faute que les Ecrivains de Systemes, qui
sont portés à resserrer leurs Sujets dans
les plus étroites bornes qu'ils peuvent, &
à réduire toute l'etenduë d'une science en
peu de maximes générales. C'est ce que
l'on a occasion de remarquer plus d'une
fois dans les divers fragmens d'Antiquités qu'on peut voir encore à Rome.

Combien d'Habits y a-t-il pour chaque Divinité ? Quelle variété de figures
dans les anciennes *Urnes*, *Lampes*, *Vases*
*lachrimaux*, *Priapes*, *Dieux-domestiques*,
dont il y en a quelques uns qui ont été
représentés sous telle ou telle forme selon la description qu'on en a trouvée
dans un ancien Autheur ; Et apparemment ils seroient toûjours représentés de
même, ce qui nous fait voir qu'il y en a eû
de differentes figures. Sur quelques an-

I 5                    cien-

ciennes Gravûres que l'on voit dans *Te-
rence*, Madame *Dacier* s'imagine que le
*Larva*, ou *Persona* des *Acteurs Romains*,
n'étoit pas seulement un masque pour le
visage mais qu'il y avoit aussi de faux
cheveux, & qui couvroient la tête comme un Casque. Entre toutes les Statuës
de *Rome*, je me ressouviens d'en avoir vû
deux seulement dans la *Villa Matthei* qui
font des figures d'Acteurs. On y voit la
façon des anciens *soques* & du *larva*; le
dernier répond à la description que cette
Savante en a donnée, quoique je ne doute point qu'il y en ait eû d'autres en usage, car j'ai vû la figure de la *Muse co-
mique Thalie*, quelquefois avec un Casque entier à la main, quelquefois avec
environ la moitié d'une tête, & une petite frisure semblable à un tour de cheveux, & d'autrefois seulement avec un
masque semblable à ceux d'aujourd'hui.
Quelques Acteurs Italiens portent à present de ces masque pour la tête entiere.
Il me souvient qu'autrefois avant que j'eus-
se vû des figures de ces Casques entiers,
je ne pouvois avoir aucune idée du *Persona* de la Fable de *Phèdre*,

*Per-*

*.Perſonam Tragicam fortè vulpes viderat :*
*O Quanta Species , inquit , cerebrum non*
  *habet!* L. 1 Fab. 7.

*Martial* fait allufion à cette forte de
maſque , dans les vers ſuivans,

*Non omnes fallis , ſcit te Proſerpina ca-*
  [*num ,*
  *Perſonam capiti detrahet illa tuo.*
  L. 3. Ep. 43.

Dans la *Ville Borgheſe* eſt le Buſte du
jeune *Néron*, qui montre ſur ſon ſein la
forme d'une ancienne *Bulla* qui ne reſſem-
ble ni à un Cœur , comme *Macrobe* le
prétend , ni tout à fait à celle qui eſt
dans le Cabinet du *Cardinal Chigi* ; de
ſorte que ſans en faire une exception à
la régle générale , en de ſemblables ſujets , on doit donner lieu au génie ou
de l'Ouvrier , ou de celui qui porte la
*Bulla.* Il y a à *Rome* quantité de figures de *Gladiateurs* ; mais je ne me ſouviens point d'en avoir vû aucune , ni du
*Retiarius le Samnite*, ni de l'Antagoniſte
de *Pinnirapus.* Mais ce que je n'avois
pû trouver parmi les Statuës , j'eus le
bonheur de le trouver dans deux pieces
de Moſaïque, qui ſont entre le mains du

*Cardinal* —— le *Retiarius* eſt engagé avec
le *Samnite*, & a un coup ſi heureux,
que ſon filet couvre le Corps entier de
ſon Averſaire, depuis les piés juſqu'à la
tête ; cependant ſon Antagoniſte s'en
dégage & eſt Vainqueur, ſelon
l'inſcription. Dans une autre piece
eſt répréſenté le combat du *Pinnirapus*,
qui eſt armé comme le *Samnite*, & non
comme le *Rétiarius*, ſelon l'imagination
de quelques Savans : ſur la Caſque de ſon
Antagoniſte, on voit les deux *pinnæ*, qui
ſe relévent des deux Côtés, comme les
ailes dans le *Pétaſus* de *Mercure*, mais
beaucoup plus haut & plus en pointe.

Entre les Antiquités Romaines, il n'y
a rien que nous connoiſſions mieux que
ce qui a du raport aux ſacrifices. Car
comme les anciens Romains étoient extrêmement attachés à la Religion, nous
en voyons pluſieurs parties dans leurs anciens bas *Reliefs*, dans leurs *Statuës*, &
dans leurs *Médailles*, ſans parler des *Autels*, des *Tombeaux*, des *Monumens*, &
des *Ornemens particuliers*, qui étoient
empruntés de là. Il n'y a point de Rituel payen qui pût mieux inſtruire un
homme, dans les Cérémonies & les
minucies, qui accompagnoient les diféentes ſortes de Sacrifices, que ces diférens morceaux d'Antiquité. Et l'on y
voit bien plus de variété dans la façon
des

des inftrumens des Sacrifices, qu'on n'en trouve dans ceux qui en ont traitté, ou qui nous en ont donné les figures. Sans m'étendre fur ce fujet, je dirai que j'ai vû dans le Recueil du *Signor Antonio Politi* une *Patere*, qui ne s'éleve point au milieu comme font celles qu'on grave ordinairement; Et une autre avec une poignée, felon la defcription de *Macrobe*, quoiqu'elle foit toute autre que celles que j'ai vû taillées en marbre. J'en ai remarqué peut-être plufieurs centaines. Ici, je pourrois m'étendre fur la figure du *Difque*, d'un *Char Triomphal*, qui eft dans quelques pieces de Sculpture, diférent de ce qu'il paroit en d'autres; & fur la figure du Difque qu'on voit dans la main du celebre *Caftor* chez *Don Livio*. Ce difque eft tout rond & nullement oblong comme quelques Antiquaires l'ont repréfenté: il n'a rien non plus de femblable à une fronde qui y foit attachée, pour donner de la force à la fecouffe.

*Protinus imprudens, actufque cupidine lufus*
*Tollere Tænarides orbem properabat ——*
*—— De Hyacinthi difço.* Ov. Met. L. 1.

Quoiqu'il y ait auffi à Rome une grande quantité de Statuës habillées, je n'ai

l 7 jamais

jamais pû reconnoître la diference des
habits Romains. C'eſt une choſe bien
difficile que de découvrir la figure d'une
Veſte par tous les plis de la draperie,
d'autant plus que les vêtemens Romains
n'étoient pas ſi diferens l'un de l'autre
par la forme , que par la broderie & par
la couleur ; l'une étoit trop delicate pour
être obſervée par le Statuaire , & l'autre
pour être exprimée par le Ciſeau. J'ai
obſervé en quantité de bas Reliefs, que
le *Cinctus Gabinus* n'eſt rien autre qu'un
long vétement aſſez ſemblable à un *Sur-*
*plis* , & qui auroit trainé à terre, s'il n'a-
voit pas été retrouſſé par le moyen d'une
Ceinture. Après cette reflexion il m'eſt
avis que l'on ne fera pas mal de lire la
deſcription laborieuſe, que Ferrareus en
a faite. *Cinctus Gabinus non aliud fuit*
*quàm cum togæ lacinia lævo brachio ſub-*
*ducta in tergum ita rejiciebatur , ut con-*
*tracta retraheretur ad pectus , atque ita in*
*nodum necteretur ; qui nodus ſive cinctus*
*togam contrahebat , brevioremque & ſtri-*
*ctiorem reddidit. De Re Veſtiar. L. I. C. 14.*
La deſcription , que *Lipſe* fait de l'armure des Samnites, ſemble tirée des propres termes de *Tite Live.* Cependant en
creuſant à *Rome* , on a trouvé une ex-
plication de *Tite Live* , toute différente
de ce que *Lipſe* a fait. Cette figure avoit
pour inſcription BA. TO. NI. d'où
Fa-

*Fabretti* conclut , que c'étoit un monument érigé au *Gladiateur Bato* , qui après
avoir réüffi en deux Combats fut tué dans
le troifiéme , & honorablement enterré
par l'ordre de l'*Empereur Caracalla*. La
coûtume de ponêtuer après chaque fylla-
be, fe trouve en d'autres anciennes infcriptions. Je n'ai pû jamais aprendre où
l'on peut voir cette figure ; Et je penfe
que cela peut fervir de preuve de la grande incertitude de la fcience des Antiquités. *Vid Fab. de Columna Trajani.*

Dans un Palais du *Prince Cefarini*, je vis
des Buftes de toute la Famille d'*Antonin*,
qu'on avoit tirés de terre depuis deux ans,
pas loin d'*Albano* , dans un lieu ou l'on
fuppofe qu'il y avoit une Maifon de
Campagne de *Marc Aurele*.

Il y a les têtes d'*Antonin le pieux* , des
*Fauftines* , de *Marc Aurele* , de *Lucius*
*Verus* , d'un jeune *Commode* , & d'*An-*
*nius Verus*, toutes incomparablement bien
taillées. Quoique les Statuës qui ont
été trouvées parmi les Débris de l'ancienne *Rome* , foient déja fort nombreufes , il n'y a point de doute que la Pofterité aura le plaifir de voir plufieurs
belles pieces de Sculpture , qui ne font
pas encore découvertes: Car affurément,
il y a encore fous la terre plus de Tréfors de cette nature , qu'il n'y en a deffus. On a fouvent foüillé les endroits
mar-

marqués dans les anciens Autheurs, pour trouver des *Statuës*, où des *Obélisques* ; & on n'a gueres été trompé dans cette recherche. Il y a encore plufieurs Endrois, qui n'ont jamais été vifités. Par Exemple', une grande partie du *mont Palatin*, où l'on n'a point touché ; Et comme c'étoit autrefois le Siege du Palais de l'*Empereur*, on peut préfumer qu'il y a plus de Tréfors de cette efpece, qu'en aucun autre lieu de *Rome*. Mais parce que le *Pape* s'attribuë ce qu'il y a de plus riche dans ces découvertes, ou pour quelque autre raifon, on dit que le *Prince Farnefe*, à qui apartient ce quartier là, ne permettra jamais de le remuer, qu'il ne voïe quelqu'un de fa Famille fur le *Saint Siege*. Il y a des *Entrepreneurs* à *Rome*, qui achettent fouvent le droit de foüiller des *Champs*, des *Jardins*, ou des *Vignobles*, dans les quels ils ont quelque efpérance de réüffir ; & il y en a qui font devenus fort riches par ces entreprifes. Ils payent l'etenduë de la furface qu'ils ont à remuer ; & après l'effay, comme on fait en *Angleterre* pour les *Mines* de *Charbon*, ils foüillent les endroits qui promettent le plus : s'ils font trompés dans leur attente, & que d'autres y ayent été auparavant, cependant ils gagnent ordinairement affez de briques, & de de combres, pour fe rembourfer des frais de leur

leur recherche ; parce que les *Architectes*
eftiment plus ces materiaux anciens que
les nouveaux. On me montra deux efpa-
ces de terre où étoit une partie de la
*Maifon* de *Néron* pour les quels on avoit
offert au *Propriétaire* une fomme extraordinaire. Ce qui avoit animé les Entrepreneurs, c'étoit plufieurs vieux Arbres
crus fur le lieu ; d'où ils concluoient
que ces endroits là ont demeuré fans
être touchés pendant quelques Siècles.
C'eft dommage qu'il n'y ait point de *Re-
gitre*, ou quelque chofe de femblable
pour conferver la mémoire des *Statuës*
qui ont été trouvées de tems en temps, &
des endroits particuliers où elles ont été prifes ; ec qui non feulement épargneroit bien
des recherches inutiles, mais pourroit auffi
donner bien des lumieres fur la qualité
du lieu ou fur le deffein de la Statuë.

Mais on fuppofe que le Lit du *Tibre*
eft le grand Magazin de toutes ces fortes
de tréfors. Il y a tout lieu de croire que
quand les *Romains* apprehendoient de voir
leur Ville faccagée par les Barbares, ce
qu'ils ont vû plus d'une fois, ils ne man-
quoient pas de jetter dans la Riviere ce
qu'ils avoient de plus précieux, & qui
devoit le moins fouffrir de l'eau, fans
parler de l'infolence des *Conquérans* qui
avoient la folle & brutale Ambition de
ravager une Ville fi célébre, & d'en dé-
truire

truire toutes les beautés.  Il n'eft pas néceffaire que je faffe mention ni de cet ancien Egout qui fe rendoit de tous les côtés
de la Ville dans le *Tibre* , ni de la violence & des fréquens débordemens de
cette Riviere, qui ont emporté plufieurs,
ornemens de fes bords , ni de la quantité de Statuës que les Romains mêmes
y jettoient, quand ils vouloient fe vanger
ou d'un méchant *Citoyen* ou d'un *Tyran*
mort, ou d'un *Favori difgracié*.  A *Ro-*
*me* , ils ont une opinion fi générale des
richeffes de cette Riviere, que les Juifs ont
autrefois offert au *Pape* de la nettoyer,
pourvû qu'ils euffent pour récompence
ce qu'ils trouveroient au fond.  J'ai vû
la *Vallée* près de *Ponte Molle* , dont ils
propoferent de faire un *nouveau Canal*
pour recevoir les eaux du *Tibre* jufqu'à ce
qu'ils ûffent vuidé & nettoié l'ancien.  Le
*Pape* ne voulut pas y confentir, craignant
que les chaleurs ne vinffent devant qu'ils
euffent fini leur entreprife, & que cela
n'aportât la *Pefte*.  Je ne vois pas pourquoi ce deffein ne pourroit pas s'éxécu-
ter à cette heure , avec auffi peu de danger que du tems d'*Augufte* , pourvû
qu'on y employât autant de Perfonnes.
La Ville de *Rome* recevroit un grand a-
vantage d'une telle entreprife, on rele-
veroit ainfi les *bords* du *Tibre* , & par
conféquent, on remédieroit aux débor-
de-

demens aux quels il eſt à preſent ſi ſujet: Car on obſerve que le *Canal* de la *Riviere* eſt plus étroit dans la *Ville* qu'il n'eſt au deſſus & au deſſous.

Avant que je quitte le chapitre des *Statuës*, je penſe qu'il eſt bon de remarquer qu'entre celles qui ont été trouvées juſqu'à cette heure, il y en a quantité non ſeulement des mêmes Perſonnes, mais auſſi du même deſſein. On ne ſera pas ſi ſurpris de voir à preſent pluſieurs figures de *Divinités* particulieres, ou d'*Empereurs* à qui on avoit érigé divers Temples, & qui avoient diverſes ſortes d'Adorateurs, & d'Admirateurs. Ainſi *Cérès* la mieux bien-faiſante, & la plus néceſſaire des *Divinités Payennes*, a plus de *Statuës* qu'aucune autre, parce que pluſieurs *Imperatrices Romaines* prenoient plaiſir d'être repréſentées avec ſon habit. Je croi qu'il ſe trouve autant de figures de cet excellent *Empereur Marc Aurele* que de tous les autres enſemble; parce que les *Romains* avoient une ſi grande vénération pour ſa mémoire, qu'ils firent une partie de leur *Religion* de garder une de ſes *Statuës* dans les *Familles* particulieres. Mais d'où vient que tant non ſeulement de ces Statuës, mais auſſi de celles qui n'avoient aucun raport ni à l'interêt ni à la dévotion du *Propriétaire*, ſont taillées ſur le même modelle; Par exem-

exemple, *Cléopatre mourante*, *Narciſſe*, *un Faune* s'appuyant contre le Tronc d'un arbre, un *Garçon* avec un Oiſeau à la main, *Leda & ſon Cigne*, & pluſieurs autres de cette nature! J'avouë que j'ai toûjours regardé les figures de cette ſorte, comme les copies de quelques chefs d'oeuvre fort renommés; Et je ne doute point que ces *Copies* n'ayent été autant d'*Originaux* de pluſieurs *Statues* que nous voyons avec le même *Air*, même *poſture*, & les mêmes *Attitudes*. Ce qui me confirme dans cette conjecture, c'eſt qu'il y a quantité d'anciennes *Statuës* de la *Vénus* de *Médicis*, de *Silene* avec le jeune *Bacchus* entre ſes bras, du *Hercule Farneſe*, d'*Antinoüs*, & d'autres beaux *Originaux* des *Anciens*, qui ont été tirés des décombres où ils avoient demeuré cachées pendant tant de Siecles. J'en ai plus remarqué qui ſont du deſſein de la *Vénus* de *Médicis*, que d'autres, ce qui me fait conclurre que c'étoit la Statuë la plus célébre tant parmi les anciennes que parmi les modernes. Les *Sculpteurs* avoient coûtume de travailler ſur les meilleurs *Modeles*, & les *Curieux* d'en avoir des Copies.

Je ſuis porté à croire, qu'on peut donner quelque raiſon ſemblable de la reſſemblance, que nous voyons en quantité d'anciens bas Reliefs. Je me ſouviens d'en d'en avoir vû avec bien du plaisir, la devise d'un sur le Tombeau d'une jeune *Dame Romaine*, que sa Mere avoit fait faire pour elle. Le *Sculpteur* choisit pour Devise, le *Rapt de Proserpine*, à un bout on voit le *Dieu* des *Morts* (*Pluton*) qui enléve une jeune & belle Fille (*Proserpine.*) Et à l'autre bout on voit le *chagrin* & le *trouble* de la *Mere* (*Cérès.*)

J'ai depuis rencontré la même devise sur divers Sarcophages, où étoient des *Cendres*, ou d'*Hommes*, ou de jeunes *Garçons*, ou de jeunes *Filles*, ou de *Matrones*: Car lorsque la pensée réüssissoit, quoiqu'elle eût son origine dans quelque occasion particuliere, telle que je viens de raporter, l'ignorance des *Sculpteurs* l'appliquoit indiféremment. Je sai qu'il y a des *Autheurs* qui trouvent du myste-stere dans cette devise. On est quelque-fois surpris de voir certaines imagina-tions extravagantes sur d'*anciens Tombeaux Payens*. Les *Masques*, des *parties de* Chasse, & les *Bacchanales* y sont fort communes. Quelquefois où rencontre la Figure obscène d'un *Priape*; Et dans la *Villa Pamphilia*, on voit un *Satyre* ac-couplé avec une *Chevre*. Il y en a pour-tant quantité de plus serieuses; par ex-emple, de l'*Existence de l'ame après la mort.* Et de l'*Esperance d'une heureuse im-*

immor-

*mortalité.* Je ne puis quitter les *bas Re-liefs*, fans faire mention d'un dont la penfée eft extrémement noble. On l'appelle l'*Apothépofe* d'*Homere*, & confifte en un *Groupe* de *Figures* taillées dans le même bloc de *Marbre*, s'élevant l'une fur l'autre, par quatre ou cinq étages differents, avec un *Jupiter* affis au fommet, la *Foudre à la main*, & dans la *Majefté*, où *Homere* même le repréfente, prefidant à la cérémonie.

Ευρον δ᾽ ἐυρύωπα κρονίδην ἄτερ ἥμενον, ἄλλων

Οκρολάτη κορυφῇ πολυδειράδος Ουλύμποιο.

Immediatement au deffous, font les figures des neuf *Mufes* célébrant les Louanges du *Poëte*. *Homére* eft placé à un bout du rang le plus bas, affis fur une *chaife de parade*, fupportée de chaque côté, par la figure d'une *Femme à genou*. L'une tient une *Epée à la main*, pour repréfenter l'Iliade, ou les Actions d'*A-chilles*; l'autre a un *Apluftre* ou *banniere*, pour répréfenter l'*Odyffée*, ou le Voyage d'*Ulyffes*. Autour des piés du *Poëte*, il y a deux *Souris*, pour emblême de la *Batrachomyomachie*. Derriére la chaife, on voit le *Tems*, & le *Génie* de la *Terre* diftingués par leurs propres *Attributs*, & mettant une *Guirlande* fur la tête du

*Poëte,*

*Poëte*, pour marquer la grande réputation qu'il a eûe dans tous les *Siécles* , & parmi toutes les *Nations du Monde.* Au devant de lui est un *Autel* , avec un *Taurau* prêt à être facrifié au nouveau *Dieu.* Derriére la *Victime*, toutes les *Vertus*, tant celles qui font réprésentées dans les Oeuvres d'Homere, que celles qu'on y peut apprendre, fe voyent de fuite, levant les mains en admirant le *Poëte*,& applaudiffant à la folennité. Cet ancien morceau de *Sculpiure* eft entre les mains du *Connétable Colonne* , mais on ne le montre jamais à ceux qui vifitent le *Palais* , à moins qu'ils ne demandent particulierement de le voir.

Parmi la grande variété d'anciennes *Médailles* que je vis à *Rome* , je remarquai foigneufement celles qui ont quelque raport, ou aux *Bâtimens* , ou aux *Statues*, qui reftent encore. Celles de la premiére forte ont été déja publiées par les *Ecrivains* des *Antiquités Romaines*, & on les voit dans la derniére Edition de *Donatus*, comme les *Colonnes* de *Trajan* & d'*Antonin*; les Arcs de *Drufus Germanicus*, & de *Septimius Severus*; les Temples de *Janus*, de la *Concorde*, de *Vefta*, de *Jupiter tonnant*, d'*Apollon*, & de *Fauftine*, le *grand Cirque*, les *Agonales*, & celui de *Caracella*, ou felon *Fabretti*, de *Galienus*, l'*Amphitheatre de Vefpafien*, & les *Bains d'Alexandre Severe* ; quoique j'avouë,

j'avouë qu'on peut bien douter du sujet
des derniers. Car pour le *Méta Sudans*,
& le *Pons Ælius*, qui ont obtenu place
entre les Bâtimens qu'on voit aujourdui,
& fur le revers des Médailles, celles qui
montrent le premier, font généralement
rejettées comme fauffes ; Et les autres,
quoique citées dans la derniere Edition
de *Monfieur Vaillant*, ne font pas efti-
mées plus authentiques par les *Médailli-*
*ftes Romains* d'aujourd'hui, qui font affurément les plus habiles du *Monde*, pour
ce qui regarde la *partie méchanique de*
*cette fcience*. Je finirai ce Difcours des
*Médailles*, par une qui eft fort curieufe,
& auffi large qu'un *Médaillon*, & qui eft
tout à fait finguliere en fon genre. D'un
côté eft la *tête de l'Empereur Trajan*.
Le *revers* a le *grand Cirque*, & le
*Mont Palatin*, du côté qu'il regarde le
*Cirque*, & fur le quel on voit plufieurs
*Edifices*, & entre autres le fameux *Tem-*
*ple d'Apollon*, dont il refte encore une
ruine bien confidérable. Cette *Médaille*
eft entre les mains de *Monfeigneur Strozzi*,
Frere du *Duc* de ce nom, qui a quantité
de curiofités, & qui eft fort obligeant
envers les *Etrangers*, qui ont envie de
les voir.

C'eft une chofe furprenante, que parmi les grandes pieces d'Architecture re-
préfentées fur les anciennes *Médailles*,
ou

on ne rencontre jamais le *Panthéon*, le *Mausolée d'Auguste*, la *Maison d'Or de Néron*, les *Môles d'Adrien*, le *Septizonium de Severe*, les *Bains de Dioclétien*, &c. Mais comme c'étoit la coutume des *Empereurs Romains*, de faire enregîtrer tant leurs *Bâtimens*, que leurs *Actions* les plus remarquables ; & qu'il y en a des uns & des autres, qui ne se trouvent point sur les *Médailles*, quoiqu'ils soient plus extraordinaires que ceux qui s'y trouvent, je pense que nous pouvons soupçonner avec beaucoup de raison, que notre *Collection* d'anciennes *Médailles* est fort défectueuse, & que celles qui sont déja trouvées, n'ont guere de proportion avec celles qui ne le sont pas encore. On prend beaucoup plus de plaisir en regardant les anciennes *Statuës*, quand on les confronte avec des *Médailles*, & qu'on en a déja quelque connoissance: Car ces deux sciences s'éclaircissent l'une l'autre; Et comme il y a plusieurs particularités dans l'*Histoire* & dans les *Antiquités*, qui reçoivent bien de la lumiere des *Médailles*, il seroit impossible de déchifrer les Visages de la quantité de Statuës, qu'on peut voir à Rome, sans cette cléf universelle. C'est ce qui aprend à distinguer les *Rois* & les *Consuls*, les *Empereurs* & les *Imperatrices*, les *Divinités*, & les *Vertus*, & mille autres particularités, qui se rapportent à la Statuaire , qu'on ne comprendroit pas par aucun autre moyen. Dans la *Villa Pamphilia* est la *Statuë* d'un homme habillé en *femme*, dont les *Antiquaires* ne savent que dire ; C'est pourquoi ils la font passer pour un *Hermaphrodite* ; mais un habile *Médailliste de Rome* l'a déterminée à *Clodius*, si fameux pour s'être glissé dans les Solennités de la *bonne Déesse*, en habit de *Femme* ; car on voit les mêmes traits, & le même tour de Visage, sur une Médaille de la Famille de *Clodius.*

J'ai vû sur des *Médailles*, quatre des plus belles figures peut - être, qui nous restent ; L'*Hercule Farnese*, la *Vénus de Medicis*, l'*Apollon* dans le *Belvedere*, & le *fameux Marc Aurele à Cheval*. La plus ancienne Médaille, où se trouve le premier, est de *Commode*; la seconde est de *Faustine* ; la troisiéme est d'*Antonin le pieux*, & la derniere est de *Lucius Verus;* d'où je pense que nous pouvons conclurre, que ces Statuës étoient fort célébres parmi les *Anciens Romains*; autrement elles n'auroient jamais été honorées d'une place sur les Médailles des *Empereurs.* Nous pouvons encore remarquer , que ces quatre Médailles ont paru, premiérement dans la Famille d'*Antonin* , & pour cette raison je suis porté à croire qu'elles sont toutes de ce Siécle là. Il est
vrai-

vraisemblable que *Pline* le *Naturaliste*,
qui vivoit sous le Regne penultiéme devant *Antonin le pieux*, auroit fait mention de ces *Médailles*, si elles avoient été
faites de son tems. Quant à la figure de
*Bronze de Marc Aurele à Cheval*, il n'y
a point de doute qu'elle ne soit de ce
Siecle, quoique ce soit une chose incer-
taine, si c'est lui que répréfente la *Médaille* dont je viens de parler. Tout ce
que j'en puis dire c'est que le *Cheval*
& l'*Homme*, font fur la *Médaille* dans la
même posture que sur la *Statuë*; & qu'il
y a une reffemblance du Visage avec celui de *Marc Aurele*; Car j'ai vû ce revers
sur un *Médaillon*, dans le Cabinet de *Don
Livio*; & beaucoup plus distinctement
fur un autre bien beau, qui est entre les
mains du *Sigr. Marc Antonio*. On obje-
cte généralement, que *Lucius Verus* auroit plutôt mis fa propre figure à Cheval, fur le revers de fes propres *Médailles*, que la figure de *Marc Aurele*; mais
c'est une chose bien connuë, qu'il y a eû
des *Empereurs*, qui ont souvent fait mettre fur leurs *Médailles*, ou le *Visage*, ou
les *Ornemens* de leurs *Collégues* comme
une marque de leur respect, & de leur
amitié; & nous pouvons suppofer que
*Lucius Verus* n'aura voulu perdre aucune occasion de faire honneur à *Marc
Aurele*, qu'il reveroit plutôt comme *fon*

*Pere*, qu'il ne le regardoit comme son *Compagnon* dans l'*Empire*. Le fameux *Antinous*, dans le *Belvédere*, a été encore fait assurément, environ ce Siécle là ; car il mourut vers le milieu du regne d'*Adrien*, *Prédécesseur* immédiat d'*Antonin le pieux*. Cette figure entiere, quoiqu'on ne la trouve pas sur des *Médailles*, peut-être vuë sur diverses pierres précieuses. Monsieur la *Chausse* Autheur du *Musæum Romanum*, me montra un *Antinous*, qu'il a mis dans son dernier Volume, en habit de *Mercure*, sur une *Cornaline* qu'il estime cinquante Pistoles, & c'est la plus belle gravûre que j'aye jamais vuë.

Après les Statuës, il n'y a rien à Rome de plus surprenant, que la grande variété des anciens Piliers de Marbre, de tant de differentes sortes. Comme l'on peut fort bien supposer, que la plûpart des anciennes Statuës ont moins couté à leurs premiers Maîtres, qu'à ceux qui les ont achetées depuis ; il y a, au contraire divers Piliers, qui sont assurément prisés beaucoup moins aujourd'hui, qu'ils ne le furent autrefois. Car sans parler de ce qu'une grosse Colonne, ou de Marbre grenu, ou de Serpentin, ou de Porphyre, doit couter dans la Carriére, ou pour son port d'Egypte à Rome, on peut considerer seulement la grande diffi-

difficulté de la tailler , & de lui donner
fa forme , fa proportion , & fon poli. Tout le monde fait , comme ces
marbres réfiftent à tous les inftrumens,
qui font aujourd'hui en ufage. Il y a à
*Rome* un *Milanois* , qui travaille en ces
fortes de pierres , mais fi lentement,
qu'à peine peut-il y gagner de quoi vivre. Il me montra une foûcoupe ordinaire de *Porphire* , qui lui avoit coûté
plus de quatre mois de travail continuel.
J'aime mieux croire que les *Anciens* a-
voient quelque fecret pour durcir les tail-
lants de leurs Outils , que de recourir
aux opinions extravagantes , que l'on a
communément , ou qu'ils avoient le fecret d'amollir la *pierre* , ou qu'elle étoit
naturellement plus molle au fortir de la
Roche , ou, ce qui eft encore plus ab-
furde , que c'étoit une *Compofition* , &
non pas la production naturelle des *Mines*, & des *Carriéres*. Les *Piliers* les plus
eftimés pour le marbre , dont ils font
faits , font les quatre *Colonnes* de *Jafpe
Oriental*, dans la *Chapelle de Sainte Pau-
line* , à *Sainte Marie majeure* ; deux de
marbre grenu *Oriental*, dans *Ste. Puden-
ziane* ; une de *Jafpe tranfparent Oriental* dans la *Bibliotheque du Vatican* ; quatre de *Nero-Bianco*, dans *Ste. Cécile* , au
de là du *Tibre*; deux de *Brocatello* , & deux
d'*Agate Orientale*, dans le *Palais de Don*

K 3 *Li-*

*Livio* ; deux de *Giallo Antico* , dans *St. Jean de Latran*, & deux de *Verdiantique*, dans la *Villa Pamphilia*. Ces *Piliers* font tous entiers & folides, & faits d'un certain marbre qui ne fe trouve, que parmi les *Antiquités* ; foit que les veines ne foient pas découvertes , ou qu'elles ayent été tout à fait épuifées pour les *anciens Bâtimens*. Parmi ces antiques *Piliers*, je ne puis m'empêcher de conter une grande partie d'une *Colonne d'Albâtre* , qui fe trouva dans les ruines du *Portique de Livie*. Elle eft de *couleur de feu* ; & on la voit au deffus du *Grand Autel de Sta. Maria in Campitello*, on en a fait deux pieces , qu'on a mifes en croix dans un trou de la muraille, qui fut fait tout expès pour cela : de forte que la lumiere, qui paffe par ce trou, la fait paroitre à ceux qui font dans l'*Eglife*, comme une grande croix d'*Ambre tranfparent*. Pour l'ouvrage des anciens *Piliers Romains*, Monfieur de *Godet* , dans fes mefures exactes de ces ruines, a obfervé que les *Anciens* n'ont pas gardé en cela autant d'*exactitude* , de *proportion* , & de *régle* que les *Modernes*. Quelques uns pour excufer ce défaut , le rejettent fur les *Ouvriers d'Egypte* & des autres Païs qui envoioyent à *Rome* la plupart des *anciens Piliers* tout travaillés : d'autres difent que les Anciens, fachant que le but de l'*Architectu-*

*chitecture* eſt principalement de plaire à l'œil, ils prenoient ſoin ſeulement d'éviter des diſproportions aſſez groſſieres pour être obſervées par la vuë, ſans regarder ſi elles approchoient de l'*exactitude mathématique.* D'autres ſoutiennent que c'eſt plus-tôt l'effet de l'Art, & de ce que les *Italiens* appellent il *Guſto grande*, que de quelque négligence de l'*Architecte.* Car diſent ils, les Anciens conſideroient toujours l'*Aſſiette d'un Bâtiment*, s'il étoit ou haut ou bas; ou dans une place quarrée ouverte, ou dans une ruë êtroite, & ils s'écartoient plus ou moins des *Regles de l'Art*, pour s'accomoder aux diverſes diſtances & élevations d'où leurs Ouvrages devoient être regardés. On dit qu'il y a un *Pilier Jonique* dans la Santa *Maria trans-tevere*, où l'on voit encore les marques des Compas ſur la *Volute*, & que *Palladio* aprit de là à faire ce *Probleme ſi* difficile : mais je n'eus jamais le tems d'éxaminer toutes les Colonnes de cette *Egliſe.* Parmi les *Piliers*, il ne faut pas que j'en oublie deux des plus magnifiques du Monde, ſavoir celui de *Trajan* & celui d'*Antonin.* Il n'y auroit point eû de deſſein plus noble que celui du *Pilier de Trajan*, pour faire repoſer les *Cendres d'un Empereur* ſi magnifiquement qu'au milieu de ſa Capitale, au ſommet d'un *monument ſi élevé*, avec ſes plus grandes

K 4        actions

actions au deſſous, ou comme quelques uns le voudroient, que ſa *Sta-*
*tuë* fût au deſſus, ſon *Urne, dans* le fondement, & ſes *Batailles* au milieu. La
*Sculpture* en eſt trop connuë pour en faire ici mention. La piece la plus remarquable dans le *Pilier d'Antonin*, c'eſt *Ju-*
*piter Pluvius* envoyant de la Pluye ſur l'armée languiſſante de *Marc Aurele*, & des
*Foudres* ſur ſes Ennemis, ce qui fait la
plus grande certitude qu'on puiſſe avoir
de l'Hiſtoire de la *Légion foudroiante*, &
qui en ſervira toujours de preuve, quand
on croira que quelque endroit d'une *an-*
*cien Autheur* aura été ſuppoſé.

La figure que *Jupiter* fait ici entre les
*Nuées*, me fait ſouvenir d'un endroit de
l'Enéide qui en donne une repréſenta-
tion toute ſemblable. Les *Intreprêtes* de
*Virgile* ont tort aſſurément de croire que
ce n'eſt que l'*Air* qui eſt ici ſignifié par
Jupiter.

*Quantus ab occaſu veniens pluvialibus hæ-*
　　*dis*

*Verberat imber humum, quàm multâ gran-*
　　*dine nimbi*

*In vada præcipitant, quum Jupiter horri-*
　　*dus auſtris*

*Torquet aquoſam hyemem, & cælo cava*
　　*nubila rumpit.*　　　　　Æn. 9.

J'ai

J'ai vû une *Medaille*, qui felon l'opinion de plufieurs Savans , a du raport à
la même hiftoire. L'*Empereur* eft au deſſus avec le titre de *Germanicus* , parceque c'étoit dans les *Guerres d'Allemagne*
que cet évenement étoit arrivé. Sur le
*Revers* , il a une *Foudre* à la main : Car
les *Payens* attribuerent ce miracle à la
*Piété* de l'*Empereur* , au lieu que les *Chrêtiens* l'attribuerent aux Prieres de la *Légion Foudroïante*. *Fulmen de cælo precibus
ſuis contra hoſtium Machinamentum Marcus
extorſit , ſuis pluviâ impetratâ cùm ſiti la-
borarent Jul. Capit.*
     Claudian remarque ce miracle & en a
donné la même raiſon.

——————— *Ad templa vocatus*

*Clemens Marce redis , cum gentibus undi-
     que cinctam.*

*Exuit Hefperiam paribus fortuna periclis*

*Laus ibi nulla ducum , nam flammeus im-
     ber in hoſtem*

*Decidit , hunc dorfo trepidum fumante fe-
     rebat.*

*Ambuſtus ſonipes ; hic tabefcente folutus*

*Subfedit galeâ , liquefactaque fulgure cuſpis*

*Canduit , & fubitis fluxere vaporibus enfes*

*Tunc , contenta polo , mortalis neſcia teli*
                          K 5                    *Pugna*

*Pugna fuit. Chaldæa mago feu carmina*
　*ritu*

*Armavere Deos: feu, quod reor, omne to-*
　*nantis*

*Obfequium Marci mores potuere mereri.*

De Sexto Conf. Hon.

C'eft dommage , que les *Obélifques de Rome* n'ayent pas été chargés de diverfes parties de l'*Hiftoire d'Egypte* , au lieu d'*Hiérogliphes*; cela auroit donné bien de la lumiere aux Antiquités de ce Païs là, dont la connoiffance eft tout à fait perduë dans ces fiécles fi éloignés. Entre les *Arcs de Triomphe*, celui de *Conftantin* eft le plus magnifique qu'il y ait , non feulement à *Rome* , mais encore dans tout le *Monde.* J'ai foüillé par tout, & principalement parmi ces additions de *Sculpture* qui furent faites du tems de cet *Empereur*, pour voir fi je pourrois trouver quelques veftiges de cette *apparition prétenduë*, qui précéda la *Victoire* , qui donna occafion à l'*Arc de Triomphe*; mais je n'en trouve aucun, ce qui n'eft pas fort furprenant, fi nous confiderons que la plupart des *Ornemens* furent pris de l'*Arc de Trajan* , & érigés à la hâte, au nouveau *Conquérant* par le *Senat*, & par le *Peuple de Rome* , qui étoient alors *Payens*, pour la plupart. Il y a pourtant
quel-

quelque chofe dans l'*infcription*, qui eft auffi ancienne que l'*Arc même*, qui femble nous établir cette *Vifion* de l'Empereur.

*Imp. Cæf. Fl. Conftantino maximo P. F. Augufto S. P. Q. R. quod inftinctu Divinitatis mentis magnitudine cum exercitu fuo tam de Tyranno quàm de omni ejus Factione uno tempore juftis Rempublicam ultus eft armis arcum triumphis infignem dicavit.*
Il n'y a point de *Statut* de cet *Empereur* à *Rome*, qui ait une croix, quoique les *Hiftoriens Eccléfiaftiques* difent qu'il y en eut plufieurs érigées en fon honneur. J'ai vû une *Médaille* de cet *Empereur* avec une Croix. J'en ai vû une auffi de fon fils *Conftantius*, ce qui eft fort remarquable, où il eft couronné par une *Victoire* fur le *Revers*, avec cet *Infcription. In hoc*

*figno Victor eris.* ☧ Cet Arc Triomphal, & quelques autres *Bâtimens* du même *fiécle*, nous montrent, que l'*Architecture* fe foûtenoit encore lors que tous les autres *Arts*, où le *Deffein* entre, étoient foibles & languiffans; comme ce fut probablement le premier qui fe remit en bon état. Si l'on étoit furpris de ne pas trouver la *Croix fur l'Arc de Conftantin*, on le feroit autant de ne pas

trouver

trouver la *Figure* de *Jérusalem* sur celui
de *Titus*, où sont représentés le *Chande-
lier d'Or* ; les *Pains de proposition*; & la
*Riviere du Jourdain.* Quelques uns croient
que les *Piliers composites* de cet Arc, ont
été faits à l'imitation des *Piliers du Temple* de *Salomon* , & observent que ceux-ci
sont les plus anciens *de tous ceux* que
l'on trouve de cet *ordre* là.

Il est impossible à un homme de se
former dans l'imagination , les beautés
surprenantes & les *perspectives* ravissantes
qu'on rencontre dans plusieurs *Eglises* &
*Chapelles de Rome :* Il y a un si prodi-
gieux amas d'*ancien marbre* dans la Ville
même, & en même tems, une si grande quantité de *Carrières* différentes dans
le *Païs*, que la plupart des *Chapelles* sont
couvertes d'une riche variété d'*Incrusta-
tions* , & l'on ne peut en trouver autant
en aucun autre endroit du monde; Et
nonobstant les sommes incroïables , qui
ont déja été dépensées , il y a encore
des Ouvrages de là même sorte , qu'on
éleve en d'autres Endroits de *Rome* , &
dont le dernier tâche toujours de surpas-
ser les premiers. La *Peinture* , la *Sculpture* , & l'*Architecture* , sont à present
bien loin d'être dans un état florissant;
mais on croit que toutes se remettront
sous le *Pontificat* d'aujourd'hui, si les
*Guerres* & les *Confusions* de l'*Italie* le
per-

permettent. Car comme le *Pape* eſt un homme fort poli , & grand *Protecteur des Arts*, il y a toujours quelqu'un de ces *Arts* qui profite d'abord de la bonne diſpoſition du *Prince* , & qui en dix ou douze ans peut-être porté à une perfection , où il n'arriveroit qu'à peine, en un ſiécle ou deux, dans les *Païs*, où il n'y a pas de ſi excellens modelles pour ſe regler.

Je finirai mes obſervations ſur *Rome* par une lettre de *Henry huit*, à *Anne de Boulen*, tranſcrite du *Manuſcrit* fameux du *Vatican*, que Monſieur l'*Evêque de Salisbury* nous aſſure être écrite de la propre main de ce *Prince*.

Le ſujet que j'ai de vous écrire à preſent eſt d'aprendre l'etat de votre ſanté, & proſperité, dont j'aurois autant de joye, en un ſens , que de la mienne propre, priant Dieu qu'il vueille nous rejoindre bientôt ; Car je vous aſſure que je languis après cela. J'eſpere qu'il ne ſe paſſera pas bien du tems avant que cela arrive ; Et voyant ma mignone abſente, je ne puis faire moins que de lui envoyer de la chair pronoſticant qu'à l'avenir tu auras de la mienne, la quelle, s'il plaiſoit à Dieu , je voudrois que vous euſſiez à cette heure. Touchant la mere de votre Sœur, j'ai ordonné à *Walter Welsh*, d'écrire à *Mylord Manwring* mon ſenti-

K 7               ment

ment là deſſus ; & j'eſpere qu'il n'aura pas la force de l'abandonner , càr
aſſurément, quoique l'on diſe, ſon honneur eſt trop engagé pour ne pas retirer
ſa Fille naturelle, dans ſon extrême né-
ceſſité. Voila tout pour le preſent , ma
mignone, ſi ce n'eſt, que je ſouhaiterois
que d'un coup de ſifflet nous puſſions
une nuit nous trouver enſemble: De la
main de

*Votre* HENRY.

Cette lettre eſt toujours montrée à
tous les *Anglois*, qui viſitent la *Bibliothe-*
*que du Vatican.*

VIE

# VILLES

*Dans le*

## VOISINAGE

### DE

# ROME.

Endant que je demeurai à *Ro-me*, je paſſai trois ou quatre jours à *Tivoli*, *Freſcati*, *Paleſtrine* & *Albano*. En allant à *Tivoli*, je vis le *Ruiſſeau de la Soufriere*, autrefois appellé *Albula*. Et quelque tems avantque de le voir, je ſentis la puanteur qui vient de ſes Eaux. *Martial* fait mention de cette mauvaiſe odeur, dans une *Epigramme* du quatriéme livre ; comme il fait mention du *Ruiſſeau* même dans le premier.

*Quod*

*Quod ficca redolet lacus lacunæ,*
*Crudarum nebulæ quod Albularis.*

                            L. 4. Ep. 4.

*Itur ad Herculeæ gelidas quà Tiburis ar-*
                                    [*ces,*

  *Canaque fulphureis Albula fumat a-*
    *quis.*                      L. 1. Ep. 5.

Le petit *Lac* d'où fort cette *Riviere*,
avec les *Ifles flotantes*, eft une des plus
jolies Curiofités d'autour de *Rome*. C'eft
dans le plat même de la Campagne, &
comme c'eft la faignée de ces Endroits,
il n'eft pas furprenant qu'il foit fi fort
impregné de foufre : Il y a un *fédiment*
fi épais, qu'en y jettant une pierre l'eau
bout bien du tems, à l'endroit où elle
a été agitée. En même tems on voit de
petites croûtes qui s'élevent, & qui font
probablement de la même fubftance que
les *Ifles*. Car on les voit fouvent monter d'elles mêmes, quand on eft fur le
*Rivage*. Je ne doute point que ce *Lac*
n'ait été autrefois beaucoup plus grand
qu'il n'eft à prefent, & qu'il ne s'y foit
formé des élévations infenfiblement &
par degrés, de la même maniére que les
*Ifles* fe font formées. Cela n'eft pas contre la vraifemblance ; & avec le tems
                                    toute

toute la furface fera couverte de cette
croute , comme on voit que les *Ifles*
s'agrandiffent , & que les *Bancs* en apro-
chent à mefure qu'ils croiffent. Tout à
l'entour du *Lac*, où la terre eft feche,
ou trouve qu'elle eft creufe, par le bruit
que font les Chevaux en marchant. Je
ne. pus trouver les moindres veftiges ni
du *Temple* ni de la *Grote* de la *Sibylle*,
qui étoient fur le rivage de ce *Lac*. On
peut voir *Tivoli* de loin , fur le fommet
d'une Montagne. Sa fituation à donné
lieu à *Horace* de l'appeller *Tibur fupinum*,
comme *Virgile*, peut-être pour la même
raifon , lui donne le titre de *Superbum*.
La *Villa de Médicis* avec fes eaux; la
*Cafcade* du *Teverone* ; & les ruines du
Temple de la *Sibylle* (dont *Vignol* a fait
une petite copie à *St. Pierre de Monto-
rio*) font décrites dans tous les *Itinérai-
res*. J'avouë que rien ne me fit tant de
plaifir qu'une belle perfpective à un mile
de la Ville , & dont les *Voyageurs* ne
parlent point. D'un côté elle s'ouvre fur
la *Campagne de Rome*, où la vuë fe perd
dans une Plaine unie & fpatieufe. Il y a
de l'autre côté , une vuë plus rude &
plus interrompuë , par une infinité d'in-
égalités differentes , & d'ombrages, qui
réfultent naturellement du mélange des
*Montagnes* , des *Grotes* , & des *Vallées*.
Mais ce qui frape le plus , c'eft la *Ri-*
*viere*

*viere* du *Teverone*, que l'on voit à un quart
de mile de là , & qui se jette dans un
précipice, & tombe par diverses Cascades
d'un Rocher à un autre, jusqu'à ce qu'elle gagne le fond de la Vallée, où l'on
en perdroit tout à fait la vuë , si elle ne
se découvroit par les *ouvertures* , & les
*intervalles* des *Forêts* d'alentour. Les
*Peintres Romains* travaillent souvent sur
ce *Paisage* , & je suis porté à croire qu'-
*Horace* l'avoit devant les yeux , dans les
deux ou trois beaux traits, qu'il nous a
laissés de ces Endroits là. Le *Teverone*
étoit appellé autrefois *Anio*.

*Me neque tam patiens Lacedæmon,*
*Nec tam Larissa percussit campus opima ,*
*Quàm domus Albuneæ resonantis ,*
*Et præces Anio , ac Tiburni lucus, & uda*
*Mobilibus pomaria rivis.* L. 1. O. 7.

Si je m'en souviens bien, Monsieur
*Dacier* explique *Mobilibus* par *ductilibus* ,
& croit que le mot a du raport aux *conduits* , aux *tuyaux* , & aux *Canaux* , qui
étoient faits pour distribuer les eaux çà &
là , au gré du Propriétaire ; car autrement il s'imagine , que *Mobilis* est une
épithete trop platte pour une *Riviere*,
puis qu'il n'y en a pas une , qui ne
puisse

puiffe y prétendre. Maìs tout homme quî
voit le *Teverone* doit être d'un autre fen-
tîment , & conclure , que c'eft une des
plus mobiles , & des plus rapides *Riviéres
du Monde* : fon cours étant rompu par
tant de *Cafcades* , & continuellement
tranfporté d'un Canal à un autre. Après
avoir couru avec beaucoup d'agitation
& de bruit pendant plufieurs miles ,
entre les Rochers & les Montagnes , le
*Teverone* tombe dans cette Valée
dont j'ai déja parlé , où il revient à foi
pour aînfi dire , peu à peu , & après plufieurs tours & détours , il fe gliffe pai-
fiblement dans le *Tibre.* C'eft dans çe
fens là qu'il faut entendre la defcription
de *Silius Italicus ,* pour en voir toute la
Beauté.

*Sulphureis gelidas quà ferpit leniter undir ,*
*Ad genitorem Anio labens fine murmure*
*Tibrim.*

A *Frefcati ,* on a le plaifir de voir la
première *Efquiffe* de *Verfailles,* dans les
*Promenades ,* & dans les eaux. La *Perfpective* étoit fans doute beaucoup plus
délicieufe autrefois, quand la Campagne
étoit femée de *Villes ,* de *belles Maifons ,*
de *Jardins ,* & femblables embelliffemens.
Le *Tufculum* de *Cicéron* étoit dans l'endroit

droit appellé *Grotto Ferraté*, à deux milles de *Frefcati*, quoique la plupart des
*Ecrivains modernes* l'aïent placé à *Frefcati*. *Nardini* dit, qu'il fe trouva parmi
les ruines à *Grotto Ferraté*, un morceau
de *Sculpture* dont *Cicéron* même fait mention, dans une de fes *Epitres familieres*.
En allant à *Frefcati*, nous vîmes à notre
aife, le *mont Algidus*; Et en allant à
*Paleftrina*, nous vîmes le Lac *Régillus*,
fameux par l'apparition prétenduë de *Caftor* & de *Pollux*, qui furent vûs ici a-
brûvant leurs Chevaux, après la bataille
d'entre les *Romains*, & le *Gendre de
Tarquin*. A quelque diftance de là, nous
vîmes le *Lac Gabinus*, qui eft beaucoup
plus grand que l'autre. Nous nous écar-
tames du chemin un demi-mile, pour voi-
les *fources* d'un *Aqueduc*. On a du plaifir
en obfervant, comment quantité de petites *Fontaines* & de petits *Ruiffeaux*, qui
fortent des côtés de la Montagne, font
ramaffés & portés par des *Canaux couverts*, dans le principal Creux de l'*Aqueduc*. C'étoit affurément un grand bonheur pour *Rome*, dans le befoin qu'elle
avoit de tant d'*Aqueducs*, qu'il y eût tant
de Montagnes dans fon Voifinage; Car
par ce moyen, on pouvoit tirer de l'eau
à telle hauteur que l'on vouloit, fans
avoir befoin d'une *Machine auffi chere que
celle de Marli*. Ainfi l'*Aqueduc de Claudian*,

*dian*, qui avoit jusqu'à trente huit miles de long, s'abaissoit de cinq piés & demi par mile, & cela par le seul avantage de la hauteur de sa *source*, & de la situation basse de *Rome*. *Palestrina* est fort haut, comme la plûpart des Villes d'*Italie*, pour l'avantage de la fraicheur, d'où vient l'*Altum Præneste* de *Virgile*, & le *Frigidum* d'*Horace*. *Stace* l'appelle *Præneste Sacrum*, à cause du fameux Temple de la *Fortune*, qui y étoit. Il y a encore de grands *Piliers* de *marbre grenu*, & d'autres *fragmens de cet ancien Temple*. Mais le plus considerable de ce qui en reste, est un *Pavé* à la *Mosaïque*, le plus beau que j'aie jamais vû en *marbre*. Les *Parties* en sont si bien jointes, que toute la piece paroit comme un *Tableau entier*. On y voit les figures d'un *Rhinocéros*, d'un *Elephant*, & d'autres animaux avec de petits Païsages qui semblent fort vifs, & bien peints, quoiqu'ils soient faits des couleurs naturelles, & des veines du *marbre*. Je ne me souviens pas d'avoir jamais rencontré aucune *Mosaïque Romaine* composée de petites pieces d'Argille à moitié vitrifiées & préparées dans les verreries, ceque les Italiens appellent *Smalti*. Elles sont à present fort en usage, & peuvent être faites de la couleur, & de la figure que veut l'*Ouvrier*, ce qui vient de ce que cet art est

cultivé

cultivé & rend capable ceux qui y travaillent, de faire de plus belle *Mosaïque* qu'autrefois.

Les écarts que nous fimes en allant à *Albano* nous menerent jusqu'à *Némi* qui prend son nom du *Némus Dianæ*. Le Païs par là est tout couvert de Bois & de Buissons. Le *Lac de Némi* est dans une Vallée bien profonde, toute entourée de Montagnes, de sorte que la surface de ce *Lac* n'est jamais troublée du moindre vent, ce qui joint à la douceur de ses eaux, lui donna peut-être le nom de *Miroir de Diane*.

———— *Speculumique Dianæ.*       Virg.

Le Prince *Césarini* a un Palais bien proche de *Némi* dans une agreable situation & orné de quantité de belles promenades. En revenant de *Jensano à Albano*, nous passames la *Ricca*, qui est l'*Aricia* des Anciens, & le premier relais d'*Horace de Rome à Brundisi*. Il n'y a rien à *Albano* de si remarquable que la *Perspective* du jardin des *Capucins*, laquelle pour son étenduë & pour la varieté des objets fait un des plus beaux points de vuë que l'on puisse imaginer. Elle comprend toute la *Campagne*, & se termine à la *Mer méditerranée*. On a eu même tems la vuë du *Lac d'Albano*

*bano* qui en eſt proche, de figure ovale,
d'environ ſept miles de tour , & qui a
cauſe du circuit continuel des hautes
Montagnes qui le ceignent, paroît comme l'*Arène* d'un *vaſte Amphithéatre*. Ceci
joint à la diverſité des *Montagnes vertes*,
& des *Rochers nus*, qui ſont dans le Voiſinage, fait la plus belle & la plus agreable confuſion du monde. *Albano* ſoûtient
encore ſa réputation pour le *Vin*, qui
peut-être ſeroit auſſi bon aujourd'hui *qu'il*
*étoit autrefois* ſi on le gardoit auſſi long
tems ; mais pour les *Olives* il y en a ici
fort peu ; quoiqu'elles ſoient en grande
abondance à *Tivoli*.

――― *Albani pretioſa ſeneƈus.* Juv. Sat. 13.
*Cras bibet Albanis aliquid de montibus aut de*
*Setinis , cujus patriam titulumque Seneƈus*
*Delevit multâ veteris fuligine teſtæ.*

Id. Sat. 5.

――― *Palladia ſeu collibus uteris Albæ.*

Mar. L. 5. E. 1.

*Albanæ* ――――― *Olivæ.* Id. L. 9. Ep. 16.

Les Endroits , dont on fait mention
dans ce Chapitre, étoient autrefois autant
de *Retraites* pour les *Romains*, qui avoient
coutume de s'y cacher entre les *Foréts*,

&

& les *Montagnes*, pendant les chaleurs excessives de l'Eté ; comme *Bajes* étoit leur *Rendez-vous* général pendant l'Hiver.

*Jam terras volucremque polum fuga veris Aquosi*

*Laxat, & Icariis cælum latratibus urit.*

*Ardua jam densæ rarescunt mænia Romæ:*

*Hos Præneste sacrum, nemus hos glaciale Dianæ,*

*Algidus aut horrens, aut Tuscula protegit Umbra,*

*Tiburis hi lucos, Anienaque frigora captant.*

Sil. 4. 1.

*Albanos quoque Tusculosque colles*

*Et quodcunque jacet sub urbe frigus.*

*Fidenas veteres, brevesque Rubras,*

*Et quod Virgineo cruore gaudet*

*Annæ pomiferum nemus Perennæ.*

M. L. 1. E. 123.

Au contraire à present, *Rome* n'a jamais plus de Noblesse qu'en été : Car alors la Campagne est tellement infectée de Vapeurs mal saines, que les Gens n'osent y démeurer. Il n'y a point de doute, que l'air n'y fût aussi sain qu'autrefois, si l'on y faisoit autant de feu, & qu'il

qu'il y eût autant d'*Habitans* pour labourer la Terre.

Je quittai *Rome* vers la fin d'*Octobre* ;
Et en allant à *Sienne*, je couchai la pre-
miére nuit dans les terres des *anciens
Veies*.

*Hæc tum nomina erant nunc funt fine no-
mine Campi.*

Les ruines mêmes de leur *Ville Capitale* font tellement perduës, que les *Géo-
graphes* ne peuvent déterminer éxactement l'endroit où elles étoient ; De forte qu'au pié de la léttre, eft accomplie la
belle *Prophétie de Lucain* touchant cet
endroit, & quelques autres du *Latium.*

—————— *Gentes Mars ifte futuras*

*Obruet, & populos ævi venientis in or-
bem*

*Erepto natale feret, tunc omne Latium*

*Fabula nomen erit : Gabios, Vejofque, Co-
ramque,*

*Pulvere vix tecta poterunt monftrare rui-
næ,*

*Albanofque lares, Laurentinofque penates*

*Tom.* IV.          L          *Rus*

*Rus vacuum , quod non habitet nisi nocte coactâ.*

*Invitus* ——— ——— ——— L. 7.

Nous vîmes ici le *Lac Bacca*, où la *Cremera* prend sa source, & sur les Rivages duquel furent tués les *Fabiens*.

*Tercentum numerabat avos, quos turbine Martis.*

*Abstulit una Dies , cùm fors non æqua labori*

*Patricio Cremeræ maculavit sanguine ripas.*

Sil. It. L. 1

Nous vîmes , dans la suite de notre Voïage, les Lacs de *Vico*, & de *Bolsena*. On donne à ce dernier vingt & un miles de circuit, il est abondamment fourni de Poisson , & de Volaille. Il y a dedans deux *Isles*, dont *Pline* fait mention, avec cette circonstance peu vraisemblable, qu'elles paroissent tantôt en *Cercle* , & tantôt en *Triangle* , mais jamais en *Quarré*. Il est assez facile de comprendre comment elles ont pû s'arréter, qnoiqu'elles flotassent autrefois ; Et il n'est pas fort croïable que le *Naturaliste* ait pû se tromper à l'egard d'un *Endroit*, qui étoit pour ainsi dire , dans le *Voisinage de Rome*.

*me.* D'un côté de ce *Lac* eſt *monte Fiaſ-cone,* l'habitation des *Æqui Faliſci de Virgile. Æn.* 7. & à côté eſt la Ville des *Volſiniens,* appellée à cette heure *Bolſena.*

Aut poſitis nemoroſa inter juga Volſiniis.
Juv. Sat. 13.

Je vis dans le *Cimitiére de Bolſena* un ancien *Sarcophage* tout entier; Et ce qui eſt particulier, gravé de tous côtéz avec la répréſentation d'une *Bacchanale.* Si les Habitans avoient obſervés deux figures obſcènes qui ſont au bout, ils ne l'auroient pas crû un ornement propre pour le lieu où il eſt aujourd'hui.

Après avoir voïagé d'ici à *Aqua-pendente,* qui eſt dans une ſituation extrémement agréable, nous vînmes au petit Ruiſſeau qui ſépare les *Terres du Pape,* de celles du *grand Duc.* Le *Chateau Frontiére de Radicoſani,* eſt ſitué ſur la plus haute Montagne du Païs, & autant bien fortifié que l'aſſiette de l'endroit le permet. Nous trouvames ici la face naturelle du Païs tout à fait diferente, de ce qu'on nous l'avoit dit dans les *Terres du Pape.* Car au lieu de quantité de belles Montagnes vertes & de fertiles Vallées, qui s'étoient preſentées à nos yeux pendant quelques jours au-

L 2

para-

paravant, nous ne vîmes rien aprés cela, qu'une *Perspective sauvage* & *nuë*
de *Rochers* & de *Montagnes escarpées* de
tous côtés, des *courants* d'eau, & des
*Canaux* ; On n'y rencontre, ni Arbres,
ni Arbrisseaux, pendant un vaste circuit
de plusieurs miles. Cette Perspective sauvage me fit ressouvenir du *Proverbe Italien*, que le *Pape* a la Chair, & le *grand
Duc* les Os de l'Italie. Dans une grande étenduë de ces *Montagnes Steriles*, je
vis seulement un morceau de terre cultivé, sur lequel il y avoit un *Couvent.*

*SIEN-*

# SIENNE,

## LIVOURNE,

# PISE.

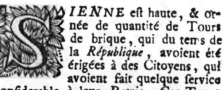

IENNE eſt haute, & or-
née de quantité de Tours
de brique, qui du tems de
la *République*, avoient été
érigées à des Citoyens, qui
avoient fait quelque ſervice
conſiderable à leur *Patrie*. Ces Tours
nous firent voir la Ville long tems avant
que nous y entraſſions. Il n'y a rien
dans cette *Ville* de ſi extraordinaire, que
la *Cathédrale*, que l'on peut voir avec
plaiſir, après avoir vû St. Pierre, quoiqu'elle ſoit tout à fait d'un autre goût,
& on peut la regarder, comme un *Chef
d'œuvre de l'Architecture Gothique*. Quand
on voit les peines, & les dépenſes pro-
digieuſes de nos *Ancêtres*, pour ces Bâtimens barbares, on ne peut manquer de
comprendre, quels miracles d'*Architecture*
ils nous auroient laiſſés, s'ils avoient

L 3                      connu

connu la vraïe maniere : car alors, que
la devotion des siécles ignorans, étoit beaucoup plus ardente qu'aujourd'hui , &
que les Richesses du Peuple étoient beaucoup plus à la disposition des *Prêtres*,
tout l'argent dépensé dans les grandes
Villes , pour les *Cathédrales Gothiques*,
auroit produit une plus grande varieté de
magnifiques Bâtimens, qu'il n'y en a eû
avant , & depuis ce tems là. On est surpris du travail que cette seule *Cathédrale*
a coûté. Les *Goutieres* mêmes sont chargées d'ornemens ; les *Fenêtres* sont comme autant de diverses Perspectives, avec
une infinité de petits piliers, qui semblent
se retirer l'un après l'autre ; les grandes
*Colonnes* sont couvertes de fruits , & de
feuillages qui courrent , en s'entortil-
lant tout autour, depuis le haut jusqu'-
en bas ; Tout le *Corps de l'Eglise* est marqueté de diferentes couches de *marbre
noir* , & de *marbre blanc*. Le *Pavé* est
curieusement figuré en desseins , & en
histoires de l'*Ecriture* ; Et la Façade est
remplie d'une telle variété de figures, &
de tant de petits *Labyrinthes* de *Sculpture*, qu'il n'y a rien au monde, qui puisse
faire un plus *joli* spectacle pour ceux qui
préferent de fausses beautés, & des *ornemens affectés* , à une *simplicité noble, &
magnifique*.

Vis-

Vis-à vis de cette *Eglise* est un grand
*Hôpital*, bâti par un *Cordonnier*, qui a été
béatifié, mais jamais canonizé. Il a là sa
figure avec cette inscription, *Sutor ultra*
*Crepidam*. Je ne dirai rien de l'étenduë
de cette Ville, ni de la propreté des ruës,
ni de la beauté de la grande Place, le
tout ayant été décrit par tant de *Voia-*
*geurs*. Comme cette *République* est la
derniére qui est tombée sous la domination du *Duc de Florence*, on suppose qu'-
elle a toujours une forte passion pour son
anciene liberté. C'est pourquoi, quand
les *Cléfs* & les *Représentations des Vil-*
*les*, & des *Gouvernemens* du *Duc*, passent
en *procession* devant lui à la St. *Jean Ba-*
*ptiste*, on dit que *Sienne* vient après
toutes les autres, & qu'elle est poussée
par la foule qui suit, pour montrer la
répugnance qu'elle a de paroitre en cette
*Assemblée*.

Je ne dirai rien de la quantité des
grossieres & absurdes Traditions, touchant *Ste Catherine de Sienne*, qui est la
grande Sainte du lieu. Je croi qu'il y a
autant de plaisir à entendre un homme
réciter ses songes, qu'à lire des contes de
cette nature : Un Voïageur qui croit que
ces choses valent la peine d'être observées, pourroit aizément en remplir de
gros volumes, de chaque grande Ville
d'*Italie*.

De

De *Sienne* nous avançames à *Livourne*, où les deux *Ports*, le *Bain*, & la *Statuë* du *grand Duc* faite par *Donatelli*, au milieu de quatre *Esclaves enchainés* à son *Piédeſtal*, font un tres bel effet. La Place eſt une des plus grandes, & ſera une des plus belles de toute l'*Italie*, quand cette Statuë y ſera dreſſée; avec une Maiſon de *Ville* à un bout pour faire face à l'*Egliſe* qui eſt à l'autre. On fait une dépenſe continuelle pour nettoyer les *Ports*, & pour les empêcher de ſe boucher, & cela par le moyen de diverſes Machines qui ſont toujours occupées, & qui occupent auſſi une partie des *Forçats*. Quelque endroit que ce ſoit du *Havre* qu'ils nettoïent avec leurs *Eſcopes*, cela influë ſur tout le reſte parceque la *Mer* met d'abord tout ce fond de niveau; Et ils tirent un double avantage de la boüe qu'on ramaſſe, cela debarraſſe le Port, en même tems ſert à deſſêcher pluſieurs Marais autour de la Ville, où on la porte de tems en tems. A peine peut-t-on s'imaginer les grands profits que le *grand Duc* tire de ce ſeul endroit. Ordinairement on ne les croit pas ſi conſidérables, parce qu'il paſſe pour un *Port libre*. Mais nonobſtant ce nom de *Port libre*; tout le monde ſait comment le *grand Duc* a empiété ſur les Priviléges des *Marchans*, & les grandes ſommes qu'il a tirées d'eux, quoiqu'en comparaiſon

raiſon des droits exorbitans que l'on païe
dans la plûpart des autres *Ports*, celui-ci
peut retenir le nom de *Port libre*. C'eſt
ce qui attire dans les Terres de ce *Prince*,
un grand concours de Monde de tous les
autres Païs. On conte qu'il y a environ
dix mille *Juifs*, dont quantité ſont fort
riches & qui traffiquent tellement, que
nos *Facteurs Anglois* ſe plaignent que
la plûpart du négoce de notre Païs eſt
entre les mains de *Juifs*. Il eſt vrai que
les Etrangers payent fort peu de taxes
directement ; mais de toutes les choſes
qu'ils achetent ; il en va de groſſes ſommes au *Prince*. Celui qui vend la *glace*
à *Livourne*, paye plus de *mille Livres
Sterling* pour ſon Privilége , & le *Marchand de tabac dix mille*, ce qui eſt fort
conſiderable dans un Païs où il y a ſi
peu de *Fumeurs*. La Terre eſt venduë
par le *grand Duc* à fort haut prix , &
toujours on y éléve des Maiſons. Toutes les Marchandiſes qu'on envoye à la
Campagne, & qui ſont en grande quantité, ſont chargées d'impôts auſſi tôt qu'-
elles ſortent de *Livourne*. Tous les *Vins*,
toutes les *Huiles* , & toutes les *Soyes*
qui décendent les *Vallées de Piſe* , de
*Florence* & des autres lieux de la Toſca-
ne , doivent payer divers droits, & diverſes taxes avant qu'elles puiſſent arriver au *Port*. Le *Canal* qui coule de la

*Mer* d'ans l'*Arne* fournit à transporter fort commodément les Marchandises qu'on embarque, ce qui enrichit beaucoup les Proprietaires ; & à mesure que quelques particuliers deviennent opulens, leurs *Légats* pieux, leurs *Procés*, les *Dotes* de leurs Filles &c. augmentent, en quoi le grand Duc à sa part. On dit que les *Luquois*, qui traffiquent dans ce *Port*, enflent beaucoup les Revenus du *grand Duc*. Il y a un autre avantage, dont il se peut servir dans l'occafion, à savoir qu'en cinq ou fix jours, il peut trouver du credit dans cette Ville, pour quelques Centaines de *mille Livres Sterling*, à quoi il n'y a aucun autre *Prince en Italie*, qui puiffe prétendre. Il n'eft pas néceffaire que je remarque la réputation, que ce *Port* lui donne parmi les *Princes Etrangers*; mais il y a encore un certain avantage qui lui en revient & qui eft bien confiderable, quoiqu'on ne le mette jamais en ligne de compte. Tout le Monde fait que les *Pifans*, & les *Florentins* on regretté fort long tems leur ancienne liberté, & de ce qu'ils font affujettis à une *Famille*, à la quelle il y en avoit quantité d'autres, qui étoient égales, du tems de leur *République*. La Ville de *Livourne* a fait, ce que les plus fubtiles *Politiques* auroient trouvé difficile à faire réüffir. Elle a presque dépeuplé *Pife*, fi

nous

nous regardons à ce que cette derniere
Ville étoit autrefois ; Et tous les jours
elle diminuë le nombre des Habitans de
*Florence* ; ce qui non feulement affoiblit
ces lieux-là, mais auffi détourne en même tems quantité de Gens de penfer à
leur ancienne liberté, en leur rempliffant
l'Efprit des penfées du *Traffic* . & de la
*Marchandife*. Et comme les Hommes
engagés dans des voyes qui les peuvent
enrichir , ne font pas amis des changemens, ni des révolutions, ils font à prefent tout accoutumés a la fujettion , &
ne penfent qu'à aller leur chemin. Il
n'eſt donc pas furprenant que le *grand
Duc* craigne fi fort que le *Pape* ne
faffe de *Civita-Vecchia* un *Port libre* , qui
avec le tems , pourroit porter un grand
préjudice à *Livourne*. On ne croiroit
pas tous les moyens que l'on dit avoir
été mis en pratique fous le dernier *Pontificat*, pour arréter ce deffein ; l'argent
du *grand Duc* eut tant d'effet dans le
*Confiftoire*, que divers *Cardinaux* diffua-
derent le *Pape* de cette entreprife , &
à la fin tournerent toutes fes penfées au
petit *Port d'Antium*, auprès de *Nettuno*.
Ceux qui avoient entrepris de faire aller
l'Eau à *Civita Vecchia* furent corrompus ; Et un pauvre *Capucin* , qu'on
croïoit à l'épeuve des préfents , s'étant
chargé de pouffer l'ouvrage, mourut bien

L 6                    18t

tôt après ; non fans quelque foubçon
d'avoir été empoifonné. Mais comme
le *Pape* d'aujourd'hui eft bien inftruit de
l'*Hiftoire fecrette* du dernier Regne , &
de la Foibleffe de fon *Prédécefleur* , il
paroit réfolu de porter le Projet à fa perfection. Il a déja fait de grandes dépenfes pour achever l'*Aqueduc* , & il efpere
que fi la Guerre chaffe une fois nos marchans Anglois de *Sicile* , & de *Naples*,
ils viendront s'établir à *Civita-Vecchia*.
Sa fainteté a dit à quelques *Gentils-bom-
mes Anglois* , que leur Nation auroit les
plus grands Priviléges , après les Sujets
de l'*Eglife*. Monfieur l'*Evêque Ellis* me
dit , que le Pape a ce-deffein extrêmement à cœur ; mais qu'il craignoit, que
les *Anglois* ne voulufient point envoyer
de *Réfident*, ni de *Conful*, dans fes *Etats*;
quoiqu'en même tems il efperât que l'affaire pourroit fe traitter par quelque Perfonne fans Charactére. Cet *Evêque* a
été fi agifiant dans cette affaire , qu'il a
fâché les *Cardinaux François & Efpagnols* ; de forte que le *Cardinal Janfon*
refufa de le voir , quand il voulut fe ju-
ftifier de ce qu'il avoit dit au *Pape* fur
fon fujet. Il y a un grand obftacle pour
*Civita-Vecchia*, favoir, que l'Air n'y eft
pas fain ; mais on dit que cela procède
du peu d'Habitans ; parce que l'Air de
*Li-*

*Livourne* étoit pire que celui-ci avantque
la Ville fût bien peuplée.

De. *Livourne* ,, j'allai à *Pise* , où l'on
voit encore les Veſtiges d'une *grande
Ville* , quoiqu'elle ne ſoit pas à demi
fournie d'habitans. La *grande Egliſe* , les
*Fonts baptismaux* , & la *Tour penchante* ,
meritent bien d'être vûs,& ſont bâtis dans le
même goût que la *Cathédrale de Sienne*.
Une demi journée de plus me mena dans
la *Republique de Luque*.

D 7　　　LA

# LA
# REPUBLIQUE
## DE
# *LUQUE.*

L eſt bien agréable de voir les Terres de cette petite *République* auſſi bien cultivées qu'elles le peuvent être, n'y ayant pas le moindre morceau, qui ne rende tout ce qu'il peut. On voit dans tous les Habitans, un certain Air de gayeté & d'abondance, qu'on ne rencontre guere dans ceux des *Pais* circonvoiſins. Il n'y a qu'une Porte pour introduire les Etrangers, afin qu'on puiſſe ſavoir combien il y en a dans la Ville. Au deſſus de cette Porte on a écrit en lettres d'or, *Libertas.* Cette *République* eſt enclavée dans les Terres du *grand Duc,* qui à preſent eſt fort faché contre elle, & ſemble la menacer de la Fatalité de *Florence,* de *Piſe,* & de *Sienne.* Les *Luquois* prétendent preſcription pour la chaſſe, dans une des Forêts

rêts du *Duc*, qui eſt ſur leurs Frontiéres. Il y a environ deux ans qu'elle leur
fut défenduë expreſſement, le Prince
voulant la conſerver pour ſes plaiſirs.
Deux ou trois Chaſſeurs de la République, qui eurent la témérité de contre-
venir à cette défenſe, furent pris, & te-
nus dans une priſon voiſine. Leurs Compatriotes au nombre de ſoixante, atta-
querent l'endroit, où ils étoient Priſoniers, & les mirent en liberté. Le *grand*
*Duc* redemanda ſes Priſoniers, & pour
une entière ſatisfaction, il voulut que le
Gouverneur de la Ville, où ces ſoixante Aſſaillans avoient formé leur projet,
fût mis entre ſes mains ; mais comme il
ne reçut que des excuſes, il réſolut de ſe
faire juſtice lui même. Pour cet effet,
il ordonna d'arréter tous les *Luquois*, qui
ſe trouveroient un certain jour de marché, dans une de ſes Villes frontiéres.
Il y en eût quatre-vingts d'arrêtés, il y
en avoit quelques uns de conſidération
de la *République*. A l'heure qu'il eſt, ils
ſont dans les Priſons de *Florence*, & à ce
que l'on dit, traittez aſſez rudement, y
en ayant déja quinze de morts, en moins
de deux Ans. Le *Roi d'Eſpagne* qui
eſt *Protecteur* de cette *République*, ayant
été informé par le *grand Duc* de ce qui
s'étoit paſſé, approuva ſon procedé, &
ordonna aux *Luquois*, par ſon *Gouver-*
*neur*

*neur de Milan*, de lui faire une satisfaction sufisante. On dit à *Florence*, que la République, se croyant maltraittée par son *Protecteur*, a envoyé au *Prince Eugène*, pour implorer la protection de l'*Empereur*, avec l'offre de Quartiers d'Hiver pour quatre mille *Allemans*. Le *grand Duc* augmente ses demandes, & ne sera pas satisfait pour moins de cent mille Ecus, & d'une Ambassade solennelle, pour lui demander pardon du passé, & pour lui promettre une meilleure conduite à l'avenir. Voila où en est à présent cette affaire, qui peut se terminer à la ruine de la *République*, si les *François* réüssissent en *Italie*. C'est une chose assez plaisante, que d'entendre les discours de la populace de *Luque*, qui croit fermement, qu'un *Luquois* peut battre cinq *Florentins* parce que disent-ils, les Florentins ont le courage si abatardi par les oppressions du *grand Duc*, qu'ils ne valent pas la peine de les battre. Ils prétendent mettre en Campagne vingt ou trente mille combatans, tout prêts de se sacrifier pour leur liberté. Ils ont quantité d'Armes, & de munitions, mais peu de Chevaux. Il faut avoüer que ces Gens là sont au moins plus heureux, que le reste de leurs Voisins; parce qu'ils pensent l'être; quoique la félicité chimerique ne soit pas par-

particuliere aux Républiques ; car nous
trouvons que les Sujets du plus abſolu
Prince de l'*Europe*, ſe piquent de leur
grand Monarque, comme les *Luquois* de
n'être aſſujettis à aucun. Si les affaires
des *François* proſperent en *Italie*, il eſt
poſſible que le *grand Duc* marchandera
la *Republique* de *Luque*, par le moyen
de ſes grands Tréſors, comme ſes *Pré-
deceſſeurs* firent autrefois avec l'*Empereur*,
pour celle de *Sienne*. Les *grands Ducs*
n'ont encore jamais rien entrepris ſur
*Luque*, non ſeulement par la crainte des
Armes de leur *Protecteur*, mais parce
qu'ils ſont bien aſſurés, que ſi les *Luquois* étoient réduits à la derniére extremité, ils ſe jetteroient plutôt entre les
mains des *Génois*, où de quelque autre
voiſin, que de ſe ſoûmettre à un *Prince*,
pour lequel ils ont une ſi grande averſion. Et les *Florentins* ſont bien perſua-
dés, qu'il vaut beaucoup mieux pour
eux, avoir un petit *Etat* enclavé dans le
leur, que de le voir entre les mains d'un
*Prince* auſſi puiſſant que leur *Duc*. Mais
ſi un pouvoir auſſi formidable que celui du *Roi de France*, ſoûtenoit les *Luquois*, il n'y a Perſonne en *Italie* qui
oſât s'en mêler. Cette *République* pour
ſon étenduë eſt la plus riche, & la mieux
peuplée de l'*Italie*. Toute l'adminiſtration

tion du *Gouvernement* paffe entre diferentes mains , de deux en deux mois ; ce
qui fait la plus grande fureté de leur liberté, & contribuë extrémement à l'ex-
pedition de toutes les affaires publiques;
mais en de certaines conjonctures, comme celle d'àpréfent, il faut affurément,
beaucoup plus de tems, pour conduire
quelque bon deffein à fa maturité , &
à fa perfection.

*FLO.*

# FLORENCE.

ûs le bonheur d'être à *Florence* quand on y joua un *Opera*, qui fut le huitiéme que j'avois vû en *Italie*. Je ne pûs m'empêcher de rire, en lisant dans la premiére page la protestation solennelle que fait le *Poëte* de ne croire, ni *Fatalité*, ni *Destinée*, ni *Divinité*; Et que s'il s'est servi de ces mots là, il l'a fait purement par une liberté poëtique, & non par aucune veritable persuasion, croïant tout cela, comme la *Sainte Mere Eglise* croit, & commande.

Il y a de beaux Palais à *Florence*; mais comme les *Piliers Toscans*, & les *Ouvrages rustiques*, doivent leur Origine à ce Païs, les *Architectes* prennent toûjours soin de leur donner place, dans les *grands Edifices* qu'on éleve en *Toscane*. Le nouveau Palais du *Duc* est un Bâtiment superbe, fait de cet ordre, ce qui le fait paroitre extrémement solide, & majestueux. Il ressemble à celuï de *Luxembourg à Paris*, qui a été bâti par *Marie de Médicis*; Et c'est peut-être pour cette raison, que les Ouvriers donnerent
dans

dans le *Goût Toscan.* Je ne fús pas peu
content de trouver dans la *Basse-Cour* de
ce *Palais*, ce que je n'avois pû trouver
dans aucun endroit de *Rome* ; je veux
dire, une *ancienne Statuë de Hercule*, élevant *Antée* de la Terre, & de laquelle j'ai
eu déja occasion de parler. Elle se trouva
à *Rome*, & fut amenée ici sous le Regne
de *Leon dixiéme.*

Dans les divers apartemens, il y a
quantité de Tableaux, de la main des
plus grands Maîtres. Mais dans la *Galerie* du *Vieux Palais*, il y a un Ramas
de Curiosités, qui est peut-être le plus
noble qu'on puisse rencontrer en aucun
endroit du *Monde*. La *Galerie* même est
faite, selon *Monsieur Lassels*, en forme
d'L, mais s'il faut necessairement, qu'-
elle ressemble à quelque lettre, elle approche plus du Π *Grec*. Elle est ornée
d'admirables pieces de *Sculpture*, tant
modernes qu'anciennes. Je ferai mention de celles de la derniere sorte, qui
sont les plus rares, ou pour les Personnes qu'elles réprésentent, ou pour la
beauté de l'ouvrage. Entre les *Bustes*
des *Empereurs*, & des *Imperatrices*, il y
a ceux-ci, qui sont tous fort rares, &
dont quelques uns sont presque singuliers
en leur genre ; *Agrippa*, *Caligula*, *Othon*,
*Nerva*, *Ælius Verus*, *Pertinax*, *Géta*,
*Didius Julianus*, *Albinus*, qui est extré-
                                    mement

ment bien fait , & en *Albâtre* , ce qu'on voit peu, *Gordian l'Africain le vieux*, *Éliogabale* , *Galien le vieux* , & *Galien le jeune* , *Pupienus.* J'ai mis *Agrippa* parmi les *Empereurs* , parce qu'il eſt ordinairement rangé ainſi dans les Collections de *Médailles* ; comme quelques une qui ſuivent parmi les *Imperatrices* , n'ont aucun autre droit d'y être, *Domitia* , *Agrippine* , *Femme de Germanicus* , *Antonia* ; *Matidia* , *Plotina* , *Mallia* , *Scamilla* avec une fauſſe inſcription au bas du *Buſte Julia Severi* , *Aquilia Severa* , *Julia Mæſa*. J'ai généralement obſervé à *Rome* , qui eſt le grand Magazin de ces *Curioſités* , que les mêmes Têtes qui ſont rares en *Médailles* , le ſont auſſi en *marbre* ; Et on peut communément obſerver la même raiſon pour toutes les deux ; ſavoir le peu de durée du Regne des *Empereurs* , ce qui n'a pas donné aux Ouvriers le tems de faire quantité de Figures ; & comme la bréveté de ces Regnes , venoit généralement de l'élévation d'un Rival à l'*Empire* , il n'eſt pas ſurprenant , que perſonne n'ait travaillé à la Figure d'un *Empereur décédé* , quand ſon Ennemi étoit monté ſur le Trône. Cette obſervation pourtant n'eſt pas toujours juſte. Par exemple , on trouve aſſez ſouvent des Médailles d'*Agrippa* , & de *Caligula* , mais rarement leur *Buſte* ; la Médaille

&

de *Tibere* eſt bien rare, mais ſon *Buſte* eſt fort commun ; ce qui eſt plus ſurprenant, ſi l'on conſidere les indignités, qui ont été faites aux *Statuës* de cet *Empereur*, après ſa mort. *Tibere* dans le *Tibre* eſt un exemple bien connû. Parmi les *Buſtes* des *Empereurs*, qui ſont aſſés communs, il y en a pluſieurs dans la *Galerie*, qui méritent d'être remarqués, pour l'excellence de la *Sculpture* ; comme, ceux d'*Auguſte*, de *Veſpaſien*, d'*Adrien*, de *Marc Aurele*, de *Lucius Verus*, de *Septimius Severus*, de *Caracalla*, de *Géta*. Il y a dans la même *Galerie* un beau *Buſte* d'*Alexandre le grand*, le viſage tourné vers le *Ciel*, avec un certain air noble de chagrin & de déplaiſir. J'ai vû deux ou trois anciens *Buſtes* d'*Alexandre* du même *air* & de la même *poſture*, & je ſuis porté à croire que le *Sculpteur* avoit dans l'eſprit, ou le *Conquérant* pleurant pour de nouveaux *mondes*, ou quelque autre circonſtance ſemblable de ſon Hiſtoire. Il y a encore en *Porphire* la Tête d'un *Fâon*, & du *Dieu Pân*. Parmi les figures entiéres, je pris une connoiſſance particuliere d'une *Veſtale* avec le *feu ſacré* qui brule devant elle. Cette *Statuë* je penſe, peut décider la controverſe, ſi les *Veſtales*, après avoir reçu la *Tonſure*, ont jamais laiſſé croitre leurs Cheveux. Car dans cette *Statuë*,

on

on voit les Cheveux entiers & pliés fous le *voile*. La *Figure* de *Bronze* du *Conful* avec la *Bague* au *deigt* me fit encore reffouvenir du *majoris pondera Gemmæ* de *Juvénal*. Il y a une autre *Statuë* de *Bronze* qu'on fuppofe être d'*Apollon* avec cette infcription moderne fur le *piédeftal*, que j'avouë que je n'entend pas. *Ut potui, huc veni, mufis & fratre relicto*. Je vis dans la même *Galerie* la *fameufe Figure* du *Sanglier*, du *Gladiateur*, du *Narciffe*, du *Cupidon* & de la *Pfiché*, de la *Flora*, & de quelques Statuës modernes que plufieurs autres ont décrites. Parmi les anciennes Figures, il y en a une de *Morphée*, de *Pierre de Touche*, qui eft belle. J'ai toujours remarqué que ce *Dieu* eft repréfenté par les *anciens Statuaires* fous la figure d'un *Enfant*, avec un bouquet de *Pavots* à la main, je le pris d'abord pour un *Cupidon*, jufqu'à ce que j'eus remarqué qu'il n'avoit ni ailes ni Carquois. Je m'imagine que le *Docteur Lifter* a fait la même bévuë dans fon petit difcours de ce qu'il appelle le *Cupidon dormant* avec du *Pavot entre les mains*.

— *Qualia*

—————————————— *Qualia namque*
*Corpora nudorum tabulâ pinguntur Amo-*
　*rum*
*Talis erat, fed ne faciat difcrimina cul-*
　*tus,*
*Aut huic adde leves aut illis deme phare-*
　*tras.*

Ov. Met. L. 10.

A un bout de la *Galerie* font deux
anciennes Colomnes de marbre curieufement travaillées avec la figure des Armes des anciens *Romains* & de leurs
*Inftrumens de Guerre.* Après que j'eûs
bien examiné cette *Galerie*, on nous
mena dans quatre ou cinq *Chambres de
Curiofités*, qui font à côté. La pré-
miére eft un *Cabinet d'Antiqités* principalement d'*Idoles*, de *Talismans*, de
*Lampes* & d'*Hieroglyphes.* Je n'y vis
rien dont je n'euffe conoiffance auparavant, excepté les quatre Figures fuivantes de *Bronze.*

1. Une

I. Une petite image de *Junon Sispita*
ou *Sospita* qui peut-être, ne se trouve
point ailleurs, si non sur des *Médailles*.
Elle est vétuë d'une peau de Chévre, les
Cornes sortant au dessûs de la *Tête*. La
main droite est rompuë, il est probable
qu'elle tenoit un *Bouclier*. La main gauche est un peu defigurée, mais on peut
voir qu'autrefois elle empoignoit quelque chose. Les piés sont nûs. Je me
souviens de la description que *Ciceron*
fait de cette *Déesse* dans les mots sui-
vans. *Hercule inquit, quàm tibi illam no-*
*stram Sospitam quam tu nunquam nè in*
*Somniis vides, nisi cum pelle Caprinâ, cum*
*hastâ cum scutulo, cum calcealis repandis.*

Tom. IV.      M      II. Une

II. Un modelle du fameux *Laocoon* &
de ſes deux *Fils* qui ſont dans le *Belve-*
*dere* de *Rome*. Ce qu'il y a de plus remarquable c'eſt qu'il eſt entier dans les
parties où la *Statuë* eſt *eſtropiée*. Ce fut
par le moyen de ce modelle que *Bandi-*
*nelli* finit ſon admirable Copie du *Lao-*
*coon* , qui eſt à un bout de cette Galerie.

III. Un *Apollon* ou *Amphion*. Je remarquai cette figure pour la ſingularité
de l'*Inſtrument* que je n'avois jamais vû
auparavant dans l'*Ancienne Sculpture*. Il
n'eſt pas fort diferent d'un *Violon* dont
on jouë de la même maniere. Je doute
pourtant ſi cette figure n'eſt pas d'une
date plus moderne , vû la pauvreté de
l'ouvrage.

IV. Une Courone à rayons de huit
pointes ſeulement. Le nombre ordinaire étoit douze , quelques uns diſent que
c'étoit par alluſion aux *douze ſignes du*
*Zodiaque* , & d'autres aux *Travaux de*
*Hercule*.

———————*Ingenti mole Latinus*
*Quadrijugo vehitur curru ; cui tempora*
     *circum*
*Aurati bis Sex Radii fulgentia cingunt,*
*Solis avi Specimen.* ———     Virg. Æn. 12.

                              Les

Les deux Chambres suivantes font
compofées de diverfes Curiofités artificielles d'*Ivoire*, de *Cryftal*, d'*Ambre*, &
de *Pierres précieufes*, de quoi tous les
*Ecrivains* de *Voyages* font pleins. Dans
la Chambre qu'on montre la derniére eft
la celebre *Vénus* de *Médicis*. La *Statuë*
paroit beaucoup plus petite que l'Origi-
nal, parce qu'elle eft toute nuë, & parmi
d'autres qui font plus grandes. Elle eft
néanmoins auffi grande que la taille ordinaire d'une Femme, ce que je juge
par la mefure de fon poignet : car par
la grandeur de quelque partie que ce foit,
il eft facile de juger de toutes les autres
d'une Figure dont les proportions font
exactes. La *douceur* de la *Chair*, la *dé-
licateffe* de la *Taille*, de l'*Air* & de la
*pofture*, & l'*Exactitude* du *deffein* dans
cette *Statuë*, font inexprimables.

*Virginis eft vera facies, quam vivere*
  *credas*
*Et fi non obftet reverentia poffe movere,*
*Ars adeo latet.* ━━━━  Ov. Met. L. 10.

Il y a une autre *Vénus* dans le même
Cercle qui feroit un bel effet en quelque
autre endroit. Entre les anciennes *Statuës Romaines*, il y en a plufieurs de *Vénus* en diferentes poftures, & en diferens
habi-

habillemens , & quantité d'autres de la
même *Déeſſe* , qui ſont du même deſſein. Je m'imagine qu'il ne ſeroit pas
difficile d'en trouver là quelques unes faî-
tes d'après les trois de cette *Déeſſe* dont
*Pline* fait mention. Dans la même Chambre eſt l'*Eſclave Romain* aiguiſant ſon
couteau & écoutant ; Des Epaules en
haut , elle eſt incomparable. Les deux
*Lutteurs* ſont dans la même Chambre.
Ici je remarquai encore un *Buſte* fort
curieux d'*Annius Verus* le jeune, Fils de
*Marc - Aurele* , qui mourut à dix neuf
ans. Je vis pluſieurs autres *Buſtes* de lui
à Rome , quoique ſes Médailles ſoient
extrémement rares.

Le *grand Duc* a ordonné de préparer
une Chambre ſpacieuſe pour les anciennes *Inſcriptions* , les *Urnes*, les *Monumens*,
& pour de ſemblables *Collections d'Antiquités*. On m'en montra pluſieurs qui ne
ſont pas encore placées. Il y a deux fameuſes Inſcriptions qui donnent un grand
jour à l'Hiſtoire d'*Appius* qui fit le *grand
Chemin* , & à celle de *Fabius le Dicta-
teur*. Elles contiennent un petit récit des
*Honneurs* par où ils ont paſſé , & des
*Actions* qu'ils ont faites. Je vis encore
les *Buſtes* de *Tranquillina Mere de Gordien le Pieux*, de *Quintus Herennius Fils
de Trajan* , & de *Décius* , qui ſont d'un
tres grand prix pour leur rareté · & d'une

*an 3*

ancienne & belle *Sculpture* de l'eſpece du
célébre *Hermaphrodite* que j'avois vû dans
la *Villa Borgheſe.*

Je ne vis rien qui n'ait été déja remarqué par pluſieurs autres, à l'egard de
l'*Argenterie* dans le *Tabernacle* de la *Chapelle* de *St. Laurent*, & dans la *Chambre
des Peintres.* La *Chapelle* de St. *Laurent*
ſera peut-être le plus pretieux ouvrage
qu'il y ait ſur la *ſurface* de la *Terre* quand
il ſera achevé, mais il va ſi lentement
qu'il n'eſt pas impoſſible que la *Famille
des Médicis* ſoit éteinte avantque leur
*Mauſolée* ſoit parfait. J'ai été dans la
*Bibliothéque* des *Manuſcrits* de St. *Laurent*
deſquels il y a un *Catalogue imprimé.* Je
vis le *Virgile* qui diſpute de l'Antiquité
avec celui du *Vatican.* Il manque l'*Ille
ego qui quondam* &c. & les vingt deux
lignes de la ſeconde *Enéide* commençant
à *jamque adeo ſuper unus eram* — j'avouë
que j'ai toujours crû que cet Endroit a
été omis avec beaucoup de jugement par
*Tucca* & par *Varias*, parce qu'il ſemble
contre-dire une partie du ſixiéme de l'*E-
néide*, & qu'il repréſente le *Héros* dans
un emportement qui ne convient pas, dû
moins guere à ſon Caractére. Outre cela
je penſe que l'apparition de *Vénus* arrive
fort à propos pour lui ôter la veüe du
meurtre de *Priam*, car ſans une pareille
*Machine*, je ne puis voir comment le *Héros*

M 3                pour-

pourroit avec honneur laisser *Néoptole-*
*mus triomphant,* & *Priam* sans être vau-
gé. Mais puis que les Amis de *Virgile*
ont trouvé à propos de laisser tomber cet
incident d'*Hélene* , je m'etonne qu'ils
n'aient pas voulu ou effacer ou changer
un Vers dans la Harangue de *Vénus,* lequel a du raport à la rencontre, & qui y
seroit inseré mal à propos sans cela.

*Non tibi Tyndaridæ facies invisa Lacenæ,*
*Culpatusve Paris* ————— Æn. 2.

A mon avis *Florence* surpasse *Rome*
même pour les *Statuës* modernes, dont je
ne dirai rien pour ne pas transcrire les
autres.

Le Chemin de *Florence* à *Rome* passe
par diverses rangées de Montagnes. Je
puis dire que c'est assurément la plus me-
chante Route de l'*Apennin;* car c'étoit la
troisiéme fois que je le *traversois.* Cela
me donna une vive idée de la description
de la marche d'*Annibal.*

*Quoque magis subiere jugo atque evadere*
*nisi*

*Erexere gradum, crescit labor, ardua su-*
*pra*

*Sese aperit sessis ,* & *nascitur altera mo-*
*les.*
                                    L. 3.

                                    Je

Je finirai ce Chapitre par les defcriptions que les *Poëtes Latins* nous ont donn-
nées de l'*Apennin* dans lesquelles nous
pouvons obferver toutes les qualités remarquables de cette longueur prodigieufe
de *Montagnes*, qui vont d'une extrémité
de l'*Italie* à l'autre, & qui produifent une
varieté incroïable de *Rivieres* qui arro-
fent ce *Païs délicieux*.

——— *Nubifer Apenninus.* Ov. Met. L. 2.

——— *Qui Siculum porrectus ad ufque Pe-*
*lorum.*

*Finibus ab Ligurum populos amplectitur*
*omnes*
*Italiæ, geminumque latus ftringentia longè*
*Utraque perpetuo difcriminat æquora tractu.*

Clau. de Sexto Conf. Hon.

——————— *Mole nivali*
*Alpibus æquatum attollens caput Apenninus.*

Sil. It. L. 2.

*Horrebat glacie Saxa inter lubrica Sommo*
*Piniferum cælo mifcens caput Apenninus:*
*Condiderat Nix alta trabes, & vertice*
*celfo*
*Canus apex ftrictâ furgebat ad aftra pruinâ.*

L. 4. Id.

M 4                    *Um-*

*Umbrosis mediam qua collibus Apenninus;*

*Erigit Italiam, nullo qua vertice tellus*

*Altius intumuit , propiusque accessit*
*    Olympo.*

*Mons inter geminas medius se porrigit un-*
*    das*

*Inferni superique maris : collesque coër-*
*    cent*

*Hinc Tyrrhena vado frangentes æquora*
*    Pisæ,*

*Illinc Dalmaticis obnoxia fluctibus Ancon.*

*Fontibus hic vastis immensos concipit am-*
*    nes,*

*Fluminaque in gemini spargit divortia ponti.*

LUC L. 2.

# Bologne, Modéne,

## Parme, Turin, &c.

Près un Voyage ennuyeux, par l'*Apennin*, nous arriva-mes enfin à la petite *Rivie-re* qui coule au pié, & qui étoit autrefois appe'lée petit *Rhin*. Et fuivant le cour de cette *Riviere* nous gagnames en peu de tems , *Bologne*.

—— *Parvique Bononia Rheni.* Sil. It. 8.

Nous y fentimens bientôt la diférence du côté feptentrional des Montagnes d'a-vec celui du midi, tant pour le froid de l'air que pour le méchant vin. Cette Ville eft fameufe pour la fertilité de fon Terroir, & pour la magnificence de fes Couvens. Elle eft encore eftimée la troi-fiéme de l'*Italie* pour les *Tableaux*, com-me elle a été l'Ecole des *Peintres* de *Lombardie*. J'y vis trois raretés de difé-rentes efpeces qui me firent plus de plai-fir qu'aucune autre chofe de cet en-droit là.

M 5 La

La premiere eſt une *Médaille Authentique* en argent de *Brutus* le *June*, entre les mains d'un fameux Antiquaire. On peut voir le Caractère du Perſonage dans les traits du viſage, qui ſont parfaitement bien gravés. Sur le revers eſt le bonnet de *Liberté*, avec un poignard à chaque côté ; & ces mots au deſſous *Id. Mar.* pour les *Ides de Mars*, date fameuſe du meurtre de *Céſar*.

La ſeconde eſt un tableau de *Raphaël* dans *Giovanni in monte*. Il eſt extrémement bien conſervé, & répréſente Ste. *Cécile* avec un inſtrument, de muſique entre les mains. D'un côté ſont les figures de St. *Paul* & de St. *Jean*, & de l'autre celles de *Marie Magdelene* & de St. *Auguſtin*. Il y a quelque choſe de divin dans les airs de ce Tableau.

La Troiſiéme Curioſité conſiſte en un nouvel *Eſcalier* que l'on fait voir ordinairement aux Etrangers, où la facilité de la montée dans une circonfecence ſi petite, la diſpoſition de la lumiére, & l'abord commode, ſont admirablement bien inventés & menagés.

Les Guerres de l'*Italie* & la faiſon de l'année, me firent paſſer par les *Duchés* de *Modéne*, de *Parme* & de *Savoye* avec plus de hâte que je n'aurois fait dans une autre conjohcture. Le Terroir de *Modéne* & de *Parme* eſt fort riche & bien cultivé.

cultivé. Les *Palais* de ces deux *Princes* font magnifiques, mais ni l'un ni l'autre n'eſt encore achevé. Nous obtinmes du *Duc* de *Parme* la permiſſion d'entrer dans le *Théatre* & dans la *Galerie*, deux choſes qui meritent autant d'être vuës qu'aucune autre de cette nature en *Italie*.

Le *Théatre* eſt le plus ſpatieux que j'aie jamais vû, & en même tems ſi admirablement diſpoſé, que d'un bout on peut entendre diſtinctement le ſon le plus bas de l'autre bout, comme dans une Chambre de *ſecret* ; Et ſi haut qu'on éleve la voix, il n'y a rien de ſemblable à un *Echo* pour y cauſer la moindre confuſion. La *Galerie* eſt tenduë d'une nombreuſe collection de *Tableaux* des mains les plus celebres. A un côté de la *Galerie* eſt une grande Chambre ornée de *Tables marquetées*, de *Cabinets*, d'*Ouvrages d'Ambre* & d'autres *Chefs d'œuvre* de grand prix. De cette Chambre on nous mena dans une autre fournie d'*Anciennes Inſcriptions*, d'*Idoles*, de *Buſtes*, de *Médailles* & de ſemblables *Antiquités*. J'aurois pû paſſer avec plaiſir un jour entier dans cet apartement, mais j'eus ſeulement le tems de jetter l'œil ſur les *Médailles* qui ſont en grande quantité, & dont il y en a pluſieurs de fort rares. La plus rare de toutes c'eſt un *Peſcennius Niger*, ſur un *Médaillon* bien conſervé. Il fut frappé à

M 6                     *An-*

*Antioche* où cet *Empereur* paſſa pauvrement ſon tems juſqu'à ce qu'il perdit la
vie & l'*Empire*. Le revers eſt une *Dea
Salus*. Il y en a deux d'*Othon* dont le
revers eſt un *Serapis*: Et deux de *Meſſa-
line* & de *Poppea* de bronze du milieu.
Les revers ſont de l'*Empereur Claude*. Je
vis deux *Médaillons* de *Plotine* & de *Matidia* dont chacune a une *Piété* pour revers. Deux *Médailles* de *Pertinax* qui
ont pour revers l'une *Vota Decennalia*,
& l'autre *Diis Cuſtodibus*, & une autre
de *Gordien* l'*Afriquain*, dont j'ai oublié
le revers.

Les *Principautés* de *Modéne* & de *Parme* ont preſque la même étenduë, &
chacune a deux grandes Villes, outre un
grand nombre de petits *Villages*. Le *Duc*
de *Parme* eſt pourtant beaucoup plus riche que celui de *Modene*. Leurs *Sujets*
ſeroient heureux, ayant un terroir ſi fertile & ſi bien cultivé, ſi les *Taxes* & les
*Impôts* n'étoient pas ſi exorbitans; mais
les Cours de ces *Princes* ſont trop ſplen-
dides & trop magnifiques à proportion
de leur *Domaine*. On ne peut voir qu'-
avec indignation, une ſi grande profuſion de richeſſes employées en *Carroſſes*,
en *Harnois*, en *Tables*, en *Cabinets*, &
en ſemblables *Bijoux* précieux en quoi il
y a peu de *Princes* en *Europe* qui approchent de ceux-ci, pendant qu'ils n'ont
pas

pas affés de générofité pour faire des *Ponts* fur les *Rivieres* de leur *Païs*, tant pour la Commodité de leurs Sujets que pour celle des Etrangers. Les uns & les autres font contraints de payer des Droits déraifonables à chaque *Bac*, à la moindre élévation des Eaux. On croiroit que dans ces petits Gouvernemens les chofes feroient beaucoup mieux réglées pour le bien & pour la commodité du Peuple que dans les grands & vaftes *Etats*, où les régles de la *Juftice* de la *Bénéficence*, & de la *Compaffion* peuvent être facilement détournées de leur jufte cours en paffant par les mains de tant de *Miniftres* & par une longue *Subordination d'Officiers*. Et ce feroit affurément le bien du *Genre humain* que toutes les vaftes *Monarchies* du *Monde* fuffent divifées en petits *Etats* & en petites *Principautés*, comme en autant de grandes Familles, fous les yeux & fous l'infpection de leurs *Gouverneurs*, en forte que les foins de chaque *Prince* pûffent s'étendre à chaque Particulier. Mais on ne fauroit établir un modele fi général, & quand il y en auroit un en efet, il feroit fans doute en peu de tems ruiné par l'ambition de quelque *Etat* particulier qui voudroit s'elever au deffus des autres. C'eft un malheur à prefent de naître fous ces petits *Souverains*, qui tâchent toûjours aux dépens de leurs Su-

M 7  jets,

jets , égaler en pompe & en grandeur les plus puiſſans Princes , & ſſur-
paſſer leurs Egaux. Pour cette raiſon il
n'y a point de *Peuple* au monde qui vive
plus à ſon aiſe & en plus grande proſperité que ceux des *petites Républiques*
d'*Italie*, comme au contraire il n'y en a
point qui ſouffrent plus que leſ *Sujets*
des *Principautés.*

Je laiſſai à droite le chemin de *Milan* ,
ayant déja paſſé par cette *Ville* , & après
avoir quitté Aſti Ville frontiere de *Savoye*,
j'arrivai enfin à la vuë du *Pô* qui eſt déja
une belle *Riviere à Turin* quoiqu'il n'y
ſoit qu'à ſix miles de ſa ſource. Cette
Riviere a été priſe pour ſervir de theatre
à deux ou trois Hiſtoires poëtiques. *Ovi-*
*de* l'a choiſie pour y précipiter ſon *Phaë-*
*ton* , & toutes les petites *Rivieres* furent
taries & ſéchées par l'Embraſement que
cauſa ſa chute.

*Quem procul à patrià diverſo maximus*
  *orbe*

*Excipit Eridanus, fumantiaque abluit ora.*
                          Ov. Met. L. 2.

*Cumque diem pronum transverſo limite du-*
  *cens*

*Succendit Phaeton flagrantibus æthera lo-*
  *ris*

                          Gur-

*Gurgitibus raptis , penitus tellurè peruftâ ,*
*Hunc habuiffe pares Phæbeis ignibus undas*
Luc, L. 2.

Les Sœurs de *Phaéton* furent enfuite
changées en *Arbres* fur le rivage de cette
*Riviere*

——— ——— *hunc fabula primum*
*Populeâ fluvium ripas umbraffe Coronâ.* Id.

La defcription de leur *Métamorphofe*
eft fort jolie ,

——— ——— *Phaethufa fororum*
*Maxima cum vellet terræ procumbere quæ-*
　*fta eft*
*Diriguiffe pedes , ad quam conata venire*
*Candida Lampetie fubitâ radice retenta eft*
*Tertia cum crinem manibus laniare pararet*
*Avellit frondes* &c. ——— —— Ov. L. 2.

J'ai lû quelques *Critiques Botaniftes* ,
qui remarquent que les *Poëtes* n'ont pas
fuivi juftement la tradition de l'*Antiquité*,
en métamorphofant les Sœurs de *Phaé-*
*ton* en *Peupliers* , au lieu du *Larix* ; car
c'eft de cette efpece d'*Arbre* que coule
une *Gomme* qui fe trouve communément
fur

fur les rivages du *Pô*. La *Métamorphofe*
de *Cycnus* en *Cigne*, qui acheve les mal-
heurs de la Famille de *Phaëton*, fe fit au
même endroit que celle de fes Sœurs.
Les defcriptions que *Virgile* & *Ovide* en
ont faites, font extrémement belles.

—————————————— ille relicta

( *Nam Ligurum populos & magnas rexe-*
*rat urbes* )
*Imperio, ripas virides amnemque querelis*
*Eridanum implerat Sylvamque fororibus au-*
*ctam;*
*Cum vox eft tenuata viro, canæque ca-*
*pillos*
*Diffimulant plumæ, collumque a pectore*
*longè*
*Porrigitur, digitofque ligat junctura, ru-*
*bentes,*
*Penna latus velat, tenet os fine acumine ro-*
*ftrum.*
*Fit nova cycnus avis* ——— Ov. Met. L. 2.

*Namque ferunt luctu Cycnum Phaetontis*
*amati*
*Populeas inter frondes, umbramque foro-*
*rum*
*Dum canit & mæftum mufa folatur amo-*
*rem,*

Ce-

*Canentem molli plumâ duxiſſe ſenectam*

*Linguentem terras & ſidera voce ſequen-
tem.* Virg. Æn. 10.

La Riviere du **Pô** donne un nom à la
principale Ruë qui fait face au *Palais du
Duc* , & quand cette Ruë ſera achevée,
elle ſera une des plus magnifiques d'*Italie* pour ſa longueur. Il y a à *Turin* une
commodité que je n'ai jamais vûë ailleurs,
& qui récompenſe en quelque façon le
mauvais Pavé. Par le moyen d'une Riviere qui coule par le plus haut quartier
de la Ville , on peut tirer un petit Ruiſſeau dans toutes les Ruës & emporter
toutes les ordures. Le *Directeur* ouvre
l'Ecluſe toutes les nuits , & diſtribuë l'eau
dans les quartiers de la Ville , comme il
veut. Outre cette commodité , elle eſt
encore d'un grand uſage en cas de Feu ;
car en tres peu de tems on fait couler
une petite Riviere le long des murailles
de la Maiſon qui brûle.

La Cour de *Turin* eſt eſtimée la plus
ſplendide & la plus polie de toute l'*Italie*.
La populace de cet *Etat* eſt plus aigrie
qu'aucune autre , contre les *François*.
Les grands maux que ce Peuple en a
ſoufferts , ſont encore tout frais à la
mémoire, car malgré l'interval de Paix,
on peut facilement ſuivre les diverſes

Mar-

Marches des Armées *Françoises*, par la ruine & par la défolation qu'elles y ont faites. Cela me donna une vive idée de l'Efprit dénaturé du *Gouvernement Arbitraire*, en voyant une Nation épuifée de forces & de richeffes, laquelle pour fupporter un Allié qu'elle hait naturellement, eft chargée de Taxes & d'Impôts & cela afin de poufler une Guerre à laquelle elle fouhaite de tout fon cœur, une fin malheureufe. De *Turin* je me rendes à *Genéve*, & j'eus un Voyage fort commode par le *Mont Sénis*, parce que les neges n'étoient pas encore tombées, quoique nous fuffions au commencement de Decembre. Au fommet de cette tres haute Montagne, eft une grande plaine, & au milieu de la plaine, un beau Lac qui feroit une chofe bien extraordinaire, s'il n'y avoit pas dans le Voifinage plufieurs Montagnes qui s'elevent encore plus haut. Les Habitans des Environs prétendent que ce Lac eft fans fond. Pour moi je ne doute point que fes eaux ne rempliffent une grande Vallée, devant qu'elles foient de niveau avec la plaine. Il y a bien des *Truites*, quoiqu'on dife qu'il eft couvert de glace les trois quarts de l'année.

Il n'y a rien en *Italie* qui foit plus délitieux pour un *Voïageur*, que la quantité de *Lacs* qui font difperfés çà & là

entre

ente les Vallées des *Alpes* & de l'*Apen-*
*nin.* Car comme ces Vaftes monceaux
de montagnes font ramaffés irréguliere-
ment & fi confufément, cela fait une
grande variété de Vallées qui font la
plus part comme autant de *Baffins*, d'où
fi quelques *Fontaines* tirent leurs fources,
elles fe répandent naturellement en *Lacs*
devant qu'elles trouvent un paffage pour
leurs eaux. Les anciens *Romains* prirent
bien de la peine pour creufer des paffages
à ces *Lacs.* & pour les faire décharger
dans quelquelque *Riviere* voifine, foit
pour purifier l'*Air*, ou pour recouvrer le
*Terroir* qui étoit fous les eaux. La faignée
du *Fucinus* par l'*Empereur Claude* avec
cette multitude prodigieufe de *Spectateurs*
qui l'accompagnerent, & la fameufe *Nau-*
*machie* & le régal fplendide qu'il y eut
devant que les Eclufes fuffent ouvertes,
eft une Hiftoire affez connuë. Dans tout
notre Voyage par les *Alpes* tant en les
grimpant qu'en les defcendant, nous eumes une *Riviere* tout le long du chemin,
ce qui probablement a donné occafion à
ce paffage. Je finirai ce Chapitre par une
defcription des *Alpes*, comme j'ai fini le
précédent par celui de l'*Apennin.* Le *Poë-*
*te* peut être, n'auroit pas remarqué qu'il
n'y a ni *Printems* ni *Eté* fur ces Montagnes, fi ce n'étoit qu'à cet égard
les *Alpes* font tout à fait diferentes de
l'*Apen-*

l'*Apennin*, qui a des Endroits toujours
verds, & qui font auffi délicieux qu'aucun
autre qu'il y ait en *Italie*.

*Cuncta gelu canaque æternum grandine*
  *tecta,*

*Atque ævi glaciem cohibent : riget ardua*
  *montis*

*Ætherii facies, surgentibus obvia Phæbo*

*Duratas nescit flammis mollire pruinas.*

*Quantum Tartareus regni pallentis hiatus*

*Ad manes imos atque atræ stagna paludis*

*A superâ tellure patet: tam longa per auras*

*Erigitur tellus, & cælum intercipit Umbrâ.*

*Nullum ver usquam, nullique Æstatis ho-*
  *nores ;*

*Sola jugis habitat diris, sedesque tuetur*

*Perpetuas deformis Hyems : illa undique*
  *nubes*

*Huc atras agit & mixtos cum grandine*
  *nimbos.*

*Nam cuncti flatus ventique furentia regna*

*Alpinâ posuere domo, caligat in altis*

*Obtutus saxis, abeuntque in nubila montes,*

                              Sil. It. L. 3.


                                        G E

# GENEVE

## ET

## SON LAC.

RÈS de St. *Julien* en *Savoye*, les *Alpes* commencent à s'élargir de toutes parts, & laissent découvrir une vaste étenduë de Païs , qui par rapport aux autres parties de ces Montagnes, pourroit passer pour une plaine tout à fait unie. Cette étenduë avec le Lac *Leman* composeroit un des plus beaux & des plus forts Etats de l'*Europe*, s'il étoit réduit à un simple Etat, & qu'il eût *Genéve* pour Capitale. Mais il a trois puissans Voisins qui partagent entre eux la plus grande partie de ce fertile Païs. Le Duc de *Savoye* a le *Chablais* , & toutes les Campagnes qui sont au de là de l'*Arve*, jusqu'à l'*Ecluse*. Le Roi de *France* est Maître de tout le Païs de *Gex* , & le Canton de *Bern* y entre aussi par le Païs de *Vaux*. *Genéve* & son petit Territoire, est située dans le cœur de ces trois Etats. La plus grande partie de la Ville est sur une

une Montagne, & a fa vuë bornée de tous côtés par diverfes rangées de Montagnes, qui néanmoins en font fi éloignées, qu'elles n'en dérobent pas l'afpect qui eft d'une varieté charmante. La fituation de ces Montagnes a des effets tout particuliers eû égard au Païs qu'elles environnent. Car en premier lieu, elles le garantiffent de tous vents, excepté de ceux du Sud & du Nord. C'eft au dernier de ces vents, que les habitans de *Genéve* attribuent la bonté de leur air; car comme les *Alpes* la ceignent de tous côtez, elles forment une efpéce de grand Baffin, où croupiroient continuellement des Vapeurs, le Pais étant fi plein d'eau, fi le vent-du Nord ne les mettoit en mouvement, & ne les diffipoit de temps en temps. Un autre effet que les *Alpes* produifent fur *Genéve*, eft que le Soleil fe léve ici plus tard, & fe couche plutôt qu'il ne fait en d'autres lieux de la même *Latitude*. J'ai obfervé fouvent que le fommet des Montagnes étoit encore éclairé plus d'une demi heure après que le Soleil étoit couché, par rapport à ceux qui demeurent à *Genéve*. Les chaleurs font auffi beaucoup plus grandes durant l'été à caufe de ces Montagnes, lefquelles font un horizon qui a quelque chofe en foi de fort fingulier & de fort agreable. D'un côté vous avez une longue chaine

de

de Montagnes, à qui l'on donne le nom
de Mont *Jura*, convertes de Vignobles
& de Pâturages ; & de l'autre, des rochers nûs & escarpés, de cent diverses
figures qui forment des precipices affreux
& qui sont crevassés en divers endroits,
comme si c'étoit pour découvrir de hautes Montagnes de neiges, qui sont derriere à plusieurs lieuës de là. Du côté
du Sud, les Montagnes s'élévent plus insensiblement, & laissent à l'œil un aspect
non interrompu pendant plusieurs miles.
Mais la vuë la plus agréable de toutes,
est le Lac & ses bords, qui est au Nord
de la Ville.

Ce Lac ressemble à une Mer par la
couleur de ses eaux, par les tempêtes qui
s'y élévent, & par le ravage qu'il fait sur
ses bords. Il change de nom suivant les côtés qu'il baigne. En été il y a une espéce
de flux & de reflux, causé par la fonte
des neiges qui y tombent en plus grande
quantité l'après midi, qu'en d'autres heures du jour. Il voit sur ses bords cinq différens Etats ; le Royaume de *France*, le
Duché de *Savoye*, le Canton de *Bern*,
l'Evêché de *Sion*, & la République de
*Genéve*. J'ai vû des Affiches dans le Canton de *Bern* avec cette pompeuse Pré-
face ; *D'autant que nous avons été informés de divers abus qui ont été commis dans
nos Ports & Havres du Lac*, &c.

Dans

Dans un petit Voyage que je fis autour du Lac, j'abordai à diverses Villes qui sont le long de ses côtes. Cela emporta près de cinq jours, quoique nous ussions un veut très favorable pendant tout le Voyage.

Le côté droit du Lac depuis *Genéve*, appartient au Duc de *Savoye*, & est tres bien cultivé. Le plus grand agrément que nous trouvâmes à cottoyer ce Lac, fut les differents Aspects de Bois , de Vignes , de Prez & de Campagnes de blez qui se trouvent sur ses bords, & s'élévent de toutes parts vers les *Alpes*, où tout ne laisse pas de croître , malgré la sterilité des rochers, & la roideur de ces Montagnes. Les vins en deça du *Lac*, ne sont néanmoins pas à beaucoup prés si bons , que ceux qui sont au de là, comme ayant un terroir moins ouvert, & moins exposé au Soleil. Nous passâmes ici près d'*Yvoire*, où le Duc a ses Galéres , & nous logeâmes à *Tonon*, où est la plus grande Ville du Lac qui appartiene à ce Duc. Il y a quatre Couvents, & à ce qu'on dit six ou sept mille habitans. Le Lac à ici environ douze miles de largeur. A une petite distance de *Tonon*, on trouve *Ripaille*, où il y a un Couvent de Chartreux. Ils ont ouvert des promenades dans une vaste Forêt qui est extrémement épaisse & sombre, &

répond

répond parfaitement bien à la difpofition
de la place. Il y a là des *Perfpectives*
d'une grande longueur & qui fe termi-
nent au Lac. «Du côté des promenades,
on voit de près les *Alpes* coupées par tant
de précipices & de chemins efcarpés qu'-
elles rempliffent en quelque façon l'efprit
d'une agréable efpece d'horreur, & qu'elles forment le point de vuë le plus diffor-
me & le plus irregulier du monde. La
Maifon qui eft à prefent entre les mains
des *Chartreux*, appartenoit proprement
aux Hermites de St. *Maurice*, elle eft fameufe dans l'Hiftoire, par la retraite d'un
*Anti-Pape* qui fe faifoit appeller *Felix*
Cinquiéme. Il avoit été Duc de *Savoye*,
& après un Régne fort glorieux, il prit
l'habit d'*Hermite* & choifit une Retraite
folitaire dans ce coin de fes Etats. Ses
Ennemis prétendent qu'il y vivoit fort à
fon aife & dans l'abondance, d'où les
*Italiens* ont fait le Proverbe dont ils fe
fervent encore aujourd'hui, *Andare à Ri-
paglia*; & les François *Faire Ripaille*,
pour exprimer un délicieux genre de vie.
Ils difent auffi qu'il avoit de grands me-
nagements pour divers Eccléfiaftiques,
avant que de fe faire Hermite, & qu'il
fit cela dans la vuë de parvenir au Pontificat. Quoiqu'il en foit, à peine y fut-
il fix mois, que le *Concile de Bâle* l'élût
*Pape*, & le mit à fa tête, pour dépofer

*Tom.* IV. N *Eugéne*

*Eugéne* IV. Il promit d'abord merveille ;
mais par la mort de l'*Empereur* qui favo-
rifoit *Amédée* , & par la fermeté d'*Eugéne*, la plus grande partie de l'Eglife ren-
tra d'elle même fous le Gouvernement
de fon Chef dépofé. Notre *Anti-Pape*
fut néantmoins toûjours affifté par le *Concile de Bâle*, & reconnu par la *Savoye* la
*Suiffe* & quelques autres petits Etats. Le
*Schifme* dura neuf ans dans l'Eglife, après
lefquels *Felix* refigna volontairement fon
Titre entre les mains du *Pape Nicolas* V.
Mais aux conditions fuivantes: Qu'*A-
medée* feroit le premier *Cardinal* dans le
*Conclave* : Que le *Pape* le recevroit toûjours debout , & lui prefenteroit la bouche à baifer : Qu'il feroit *Cardinal Le-
gat* perpétuel dans les Etats de *Savoye* &
de *Suiffe*, & dans les *Archevéchez* de *Genéve* , *Sion* , *Breffe* , &c : Et enfin que
tout les *Cardinaux* de fa Création feroient
reconnus , par le *Pape*. Après avoir fait
une Paix fi agréable à l'*Eglife*, & fi honorable à lui même , il paffa le refte de
fes jours dans une grande dévotion à *Ripaille*, & mourut dans une haute réputation de Sainteté.

On nous montra à *Tonon* , une Fontaine d'eau qui eft en grande eftime,
parce qu'elle contribue à la fanté. On
dit qu'une livre péfe deux onces moins
que le même poids de l'eau du *Lac*,
quoi-

quoique cette derniére soit très-bonne à
boire, & aussi claire qu'il se puisse. Un
peu au dessus de *Tonon*, il y a un Chà-
theau avec une petite Guarnison. Le
lendemain de notre départ de *Tonon* nous
vîmes d'autres petites villes sur la côte
de *Savoye*, où il n'y a que misere & pauvreté. Plus vous approchez de l'extrémité du Lac, plus les Montagnes sont
grosses & hautes, jusqu'à ce qu'à la fin
ce n'est presque plus qu'une seule Montagne. On découvre souvent du sommet
des Montagnes, divers rochers pointus
qui s'élévent au dessus des autres ; car
comme il est certain qu'elles ont été
beaucoup plus hautes qu'elles ne sont à
present, les pluyes ont fait ébouler
une si grande quantité de terre, qu'on
y voit paroître des veines de pierre ainsi
que dans un Corps extenué, les os percent, & se dégarnissent de chair. Les Histoires Naturelles de *Suisse* sont remplies
de détails concernant la chute de ces rochers, & le dommage considérable qu'ils
ont causé de temps à autre, lorsque leurs
fondemens ont été détruits par le temps,
ou renversez par un tremblement de terre.
Nous vîmes en divers endroits des *Alpes*
dont nous étions environnez, de gros
amas de neige, comme aussi à une plus
grande distance de là, plusieurs Montagnes qui en étoient entiérement couvertes.

N 2

tes. Je m'imagine que le mélange d'élévations & de creux que j'ai remarqué ici,
me fourniffent l'argument le plus plaufi-
ble qu'on ait pû encore trouver , pour
expliquer la caufe des fontaines de *Suiffe*,
lefquelles coulent feulement à certaine
heure du jour. Car comme les fommêts
de ces Montagnes fe renvoïent leur ombre l'un à l'autre , ils empêchent le
Soleil de darder fes rayons fur divers
endroits à une certaine heure , de forte
qu'il y aura tel amas de neige, où le Soleil donnera deux ou trois heures de
fuite , qui n'aura après cela que fon
ombre tout le refte du jour. Si en con-
fequence de cela, il arrive que quelque
Fontaine particuliére fourde de quelqu'un
de ces Refervoirs de neige , elle com-
mencera naturellement à couler à l'heure du jour , que la neige commence à
fondre ; mais auffitôt que le Soleil laiffe
revenir la gelée & qu'elle s'endurcit, la
fontaine fe fêche, & ne reçoit plus de fecours que le jour fuivant à peu près à
même heure , que la chaleur du Soleil
fait de nouveau fondre la neige dont
les eaux tombent dans les mêmes petits
conduits & Canaux , & par confequent
percent & fe découvrent toûjours au même endroit.

Tout à l'extrémité du Lac , on voit
entrer le *Rhône*, que y entraine une pro-
                                    digieufe

digieufe quantité d'eau ; les Rivieres &
les Lacs de ce Païs , étant beaucoup
plus hauts l'été que l'hiver, à caufe de
la fonte des neiges. Il y a de quoi s'é-
tonner que tant de Savans ayent donné
dans cette abfurdité , que de s'imaginer
que cette Riviere fe peut conferver elle
même fans fe mêler avec le Lac, jufqu'à
ce qu'elle en refforte à *Genéve* , ce qui
eft un cours de quantité de miles. Elle
eft extrément boufbeufe en y entrant,
mais claire comme de l'eau de roche un
peu au delà. Elle y améne beaucoup
plus d'eau qu'elle n'en remporte. Effectivement , la Riviere fe conferve dans
le Lac pendant environ un quart de
mile , mais après cela elle fe mêle fi parfaitement, & fe perd fi bien dans les eaux
du Lac , qu'on n'y remarque plus rien
de femblable à un courant, excepté qu'à
environ un quart de mile de *Geneve*. Depuis l'extrémité du Lac jufqu'à la fource
du *Rhône* , il y a une Vallée d'environ
quatre journées de chemin en longueur,
qui donne le nom de *Vallefins* à fes habitans , & c'eft le Domaine de l'Evêque de *Sion*. Nous logeâmes la feconde
nuit à *Ville Neuve*, petite Ville du *Canton de Bern*, où nous fûmes bien fervis,
& il y paroiffoit plus d'abondance que de
l'autre côté du Lac. Le jour fuivant,
ayant paffé près du Château de *Chillon*,

N 3            nous

nous vinmes à *Vevey*, autre Ville du Canton de *Bern*, où *Ludlow* se rétira, après avoir quité *Geneve* & *Laufanne*. Les Magiſtrats de la Ville l'avertirent de ſortir de la premiére, à la ſollicitation de la Ducheſſe d'*Orleans*, & la mort de ſon ami *Liſle*, lui fit quiter l'autre. Il choiſit apparemment cette Retraite comme la place la plus ſeure, parce que par ſa ſituation, il eſt facile de ſavoir quels étrangers il y a dans la Ville. Sur la porte de la Maiſon où il demeuroit étoit l'inſcription ſuivante.

*Omne ſolum forti patria*
*quia patris.*

La premiére partie eſt la moitié d'un Vers d'*Ovide* ; mais la fin eſt de ſa façon. Il eſt enterré dans la plus belle des Égliſes, avec l'Epitaphe ſuivante.

## Siſte gradum & reſpice

*Hic jacet Edmond Ludlow Anglus Natione, Provinciæ Wiltonienſis, filius Henrici Equeſtris Ordinis, Senatoriſque Parlamenti, cujus quoque fuit ipſe membrum, Patrum ſtemmate clarus & nobilis, virtute propria nobilior, Religione proteſtans & inſignì*

*signi pietate coruscus , Ætatis Anno 23.*
*Tribunus Militum , paulo post exercitûs*
*prætor primarius. Tunc Hibernorum do-*
*mitor , in pugnâ intrepidus & vitæ pro-*
*digus , in victoriâ clemens & mansuetus,*
*patriæ Libertatis Defensor , & potestatis*
*Arbitrariæ propugnator acerrimus ; cujus*
*causâ ab eâdem patriâ 32 annis extorris,*
*melioriqne fortunâ Dignus apud Helvetios*
*se recepit ibique ætatis Anno 73. Moriens*
*sui desiderium Relinquens sedes æternas læ-*
*tus advolavit.*

*Hocce Monumentum in perpetuam veræ*
*& sinceræ pietatis erga Maritum defun-*
*ctum memoriam dicat & vovet Domina*
*Elizabeth de Thomas , ejus strenua & ma-*
*stissima tam in infortuniis quam in matri-*
*monio consors dilectissima quæ animi magni-*
*tudine & vi amoris conjugalis nota eum*
*in exilium ad obitum usque constanter secu-*
*ta est, Anno Dom. 1693.*

Ludlow frequentoît assidûment les ser-
mons & les Priéres ; mais il n'a jamais
voulu communier à *Geneve* ni à *Vevey.*
Tout près de son Monument, est une
Tombe avec l'Inscription suivante.

*Depositorium*

*Andræ Broughton Armigeri Anglicani
Maydfionenfis in Comitatu Cantii ubi bis
prætor Urbanus. Dignatufque etiam fuit
fententiam Regis Regum profani : Quam
ob caufam expulfus patriâ fuâ peregrina-
tione ejus finitâ folo feneßutis morbo affe-
ßus requiefcens a laboribus. fuis in Domi-
no obdormivit, 23 die Feb. anno D. 1687.
ætatis fuæ 84.*

Les habitans du lieu ne purent donner
aucune lumiére de ce *Broughton*; mais je
fuppofe par fon Epitaphe ; que c'eft le
même Perfonnage qui fut Clerc de la
prétendue Haute. Cour de juftice qui
condamna le Martyre Royal.

Nous paffâmes le jour fuivant à *Laufanne*, qui eft la plus grande Ville du
Lac après *Genéve*. Nous vimes la muraille de l'Eglife Cathédrale, qui avoit
été ouverte par un tremblement de terre,
& qui fut refermée par un autre , quelques années après. Il eft aifé de difcer-
ner encore la fente , & il y a actuellement plufieurs habitants dans la Ville,
qui ont paffé ci-devant par cette fente.
Le Duc de *Schomberg* qui fut tué en *Savoye*, eft enterré dans cette Eglife ; mais

il

Il n'y a aucun Monument ni Infcription fur fon Tombeau. Autrefois, *Laufanne* étoit une République; mais à prefent elle eft fous l'obeiffance du Canton de *Bern*, & gouvernée comme le refte de fes Etats, par un Baillif, que le Sénat de *Berne* y envoye tous les trois ans. ( L'*Auteur* s'*eft trompé, le Baillif y eft fix ans.*)

Il y a une rue dans cette Ville dont les habitants ont le privilege de vie & de mort. Chaque Bourgeois de cette rue a fa Voix, ce qui fait que les Maifons s'y vendent plus cher qu'en aucun autre endroit de la Ville. On conte qu'il arriva il n'y a que quelques années, qu'un favetier devant donner la voix pour decider du fort d'un criminel, il la donna fort humainement pour le fauver. De *Laufanne* à *Genéve*, nous côtoyâmes le Païs de *Vaux*, qui eft le plus fertile, & l'endroit le mieux cultivé de toutes les *Alpes*. Il appartenoit ci-devant au Duc de *Savoye*, mais le Canton de *Bern*, le prit fur lui, & il lui eft refté par le Traité de St. *Julien*, dont le *Duc* a bien du regret encore à l'heure qu'il eft. Nous entrâmes à *Morge*, où il y a un port artificiel, & où il paroit avoir plus de Commerce qu'en aucune autre Ifle du Lac. De *Morge* nous vinmes à *Nyon*. On croit généralement que c'eft en ce lieu-ci que fut conduite la *Colonia Equeftris*, ou *Co-*

N 5 *lonie*

*-nie équeſtre*, que *Jules Ceſer* établit en ce
Païs.   On a ſouvent déterré d'anciennes
Inſcriptions & Statuës *Romaines* ,   & en
me promenant par la Ville , je remarquai aux murailles de pluſieurs Maiſons,
les fragmens de vaſtes pilliers à la *Corin-*
*thienne* , avec pluſieurs autres morceaux
d'*Architecture* , qui ſont certainement des
reſtes de quelque ancien Edifice fort ſuperbe.  Aucun Auteur ne fait mention de
cette *Colonie* ;  cependant il eſt certain
par diverſes anciennes Inſcriptions *Romai-*
*nes* , qu'il y en a eu une.  *Lucain* à la
verité , parle d'une partie de l'armée de
*Ceſar* qui vint le joindre du *Lac Leman* ,
dans les commencemens de la guerre
Civile ,

*Deſeruere cavo tentoria fixa Lemanno.*

   Environ à cinq miles de *Nyon* , on découvre encore , les ruines de la muraille
de *Ceſar* ,   qui avoit dix huit lieues de
longueur depuis le Mont *Jura* juſqu'aux
bords du *Lac* , ainſi qu'il le décrit dans
le premier livre de ſes *Commentaires*.  La
*Ville* qu'on trouve enſuite ſur le *Lac*,
c'eſt *Verſoy* ,  qui appartient au *Roi de*
*France* , c'eſt pourquoi nous ne la pûmes
pas voir.  Elle paſſe pour être fort cheti-
ve & tres pauvre.  Nous fimes voile d'ici
droit à *Genève* qui preſente à la vûë un
tres

tres bel afpeét en y abordant par le Lac.
Il y a près de *Geneve* plufieurs carriéres
de pierre de taille, qui s'étendent jufqu'-
au deffous le *Lac*. Lorfque les eaux fon
fort baffes, on fait au dedans de fes bords
un petit Quarré entouré de quatre murailles. Dans ce Quarré ou creufe une
foffe, & l'on y fouille pour chercher la
pierre, les murailles empêchant que les
eaux n'y entrent lorfque le Lac enfle &
inonde tous fes bords. La grande facilité qu'il y a de voiturer ces pierres, fait
qu'on les a à meilleur marché qu'aucunes autres qui fe trouvent ailleurs. On
voit en paffant à la voile, plufieurs fof-
fes profondes qui y ont été faites en divers temps. Plus le *Lac* approche de
*Geneve*, plus il fe retrécit, jufqu'à ce
qu'à la fin il change fon nom en celui de
*Rhône*, qui fait tourner tous les moulins
de la Ville, & eft extrémement rapide,
quoique fes eaux foient fort profondes. En
voyant la plus grande partie du cours de
cette Riviére, je ne pûs m'empêcher de
reconnoître une direction toute particuliére de la Providence. Elle a fa fource
juftement au milieu des *Alpes*, & a une
longue Vallée qui paroit avoit été faite
dans le deffein de donner un paffage libre à fes eaux, au travers de tant rochers
& de Montagnes, dont elle fe trouve
environnée de toutes parts. Ici elle vous

meine

meine presqu'qu'en ligne directe jusqu'à
*Geneve*. Là, elle inonderoit tout le Païs,
s'il n'y avoit une ouverture singuliere qui
partage un vaste circuit de Montagnes,
& conduit la Riviere jusqu'à *Lion*. Au
delà de cette Ville se trouve une autre
grande ouverture qui traverse tout le
*Païs*, faisant presque une autre ligne
étroite, & nonobstant la vaste hauteur
des Montagnes qui s'elévent aux environs, elle prend là le chemin le plus
court pour se jetter dans la Mer. S'il
eût fallu qu'une pareille Riviére se fût
fait un chemin par elle-même au milieu
des *Alpes*, quelques tours qu'elle eût fait,
elle auroit certainement formé plusieurs
petites Mers, & inondé quantité de *Païs*,
avant que de terminer sa course. Je ne
ferai point de Remarques sur *Geneve*,
parce que c'est une République suffisam-
ment connue des *Anglois*. Elle a quelque contre temps à essuyer, à cause du
mécontentement de l'Empereur qui a
deffendu l'entrée de ses manufactures
dans aucun endroit de l'Empire, ce qui
excitera certainement une sédition parmi
le peuple ; à moins que les Magistrats
ne trouvent un expédient pour y remé-
dier, & l'on dit que cela est déja fait
par l'interposition des Etats des Provinces Unies. La raison pourquoi l'Empereur a fait cette deffense, c'est qu'ils ont
fourni

fourni de groſſes ſommes pour le paye-
ment de ſon armée en *Italie*. Ils s'obli-
geoient de remettre pour la valeur de
douze cents mille livres ſterling par an,
partagées en autant de payemens par mois.
Comme l'interêt étoit fort haut, on dit
que pluſieurs Marchands de *Lion* n'oſant
pas ſe fier au Roi de *France*, s'ils euſſent paru être intereſſez, dans cette affaire, en ont fourni une bonne partie
ſous le nom des Négocians de *Genéve*. La
République prétend que l'Empereur la
traite avec dureté, puis que ce n'eſt pas
l'Etat qui agit là dedans, & que ce n'eſt
qu'un Accord entre des particuliers qui
ont fourni ces remiſes. Cependant les
Magiſtrats croyent y avoir mis bon ordre,
& par ce moyen ils eſpérent de voir ré-
tablir dans peu leur Commerce dans l'Empire.

# *Fribourg, Bern,*

# SOLEURE,

## ZURICH, St. GAL,

## *LINDAW*, &c.

DE *Genéve*, je fis route vers *Laufanne*, & delà à *Fribourg*, qui n'eft qu'une chétive Ville quoique Capitale d'un fi grand Canton. Sa fituation eft fi irriguliére, qu'on eft obligé d'y monter en divers endroits, par des degrez d'une hauteur prodigieufe. Cet inconvénient ne laiffe pas de fournir une grande commodité en cas d'incendie en quelque endroit de la Ville, car par le moyen de plufieurs Réfervoirs fur le fommet de ces Montagnes, en ouvrant une Eclufe, on conduit une Riviere dans tel endroit de la Ville que l'on veut. Il y a quatre Eglifes,

que

quatre Couvents de femmes, & un bon
nombre d'hommes. La petite Chapelle appellée la *Salutation* , eſt fort propre, &
l'Orçonnance du Bâtiment eſt bien en-
tenduë. On dit que le Collège des Je-
ſuites eſt le plus beau qu'il y ait en *Suiſſe*.
Il eſt fort ſpacieux , & ſes différentes fa-
ces ſont de très beaux aſpeêts. Ils y ont
une Colleêtion de Peintures qui repreſentent la plûpart des Peres de leur ordre
qui ont excellé par leur pieté on par leur
érudition, & entre autres pluſieurs d'*Anglois* , que nous appellons Rebelles, &
donc ils ſont des Martyrs. L'Inſcription
de *Henri Garnet* marque, que les Héré-
ques voyant qu'ils ne pouvoient pas gagner ſur lui, par force ni par promeſſes,
de changer de Religion , ils le pendirent
& l'écartelérent   Chez les *Capucins* , je
vis un Reſervoir d'Eſcargots, à quoi je fis
d'autant plus d'attention , que je ne me
ſouviens pas d'avoir rien vu de cette nature en d'autres Païs.  C'eſt une place
quarrée lambriſſée en dedans, remplie de
quantité d'éſcargots qu'on eſtime un mêts
délicieux lorſqu'ils ſont bien apprêtez;
Sous le pavé un pié en terre, il y a toute
ſorte de plantes, où ſe nichent les eſcargots pendant tout l'hiver.  Quand le Ca-
réme vient , ils ouvrent leurs Magaſins
& en tirent le plus chétif aliment du monde, mais il n'y a point de plats de poiſſon
qu'ils

qu'ils trouvent comparable à un ragoût d'éfcargots.

Environ à deux lieues de *Fribourg*, nous allâmes voir un Hermitage, qu'on regarde ici comme la plus grande curiofité de ces quartiers : C'eft la plus jolie retraite qu'on puiffe imaginer, parmi des bois & des rochers qui à la première vüe font capables de faire rentrer un homme dans foi même. Depuis vint cinq ans il y a un Hermite, qui de fes propres mains, a taillé dans le roc, une jolie Chapelle, une Oratoire, une Chambre, une Cuifine, une cave & d'autres commoditez. Il a fait paffer fa cheminée au travers du roc, de maniére qu'on peut voir le Ciel, quoique fes appartemens foient fort profonds. Il a applani un côté du roc dont il a fait un jardin en y mettant la terre inutile qu'il a trouvée dans plufieurs endroits du voifinage, & par ce moyen il s'eft ménagé un coin de terre qui lui fournit des délices, pour un Hermite. En voyant tomber des goûtes d'eau de divers endroits du roc, il en fuivit les veines, & fit par ce moyen deux ou trois fontaines dans le fein de la Montagne, qui fervirent pour fa table, & pour fon petit jardin. D'Ici à *Bern* nous eumes de fort mauvais chemins, & paffâmes la plupart du temps, par des Bois de fapin. La grande quantité de bois qu'il y a en ce

Païs,

Païs , fait qu'ils réparent leurs grands
chemins avec des fouches d'arbres au lieu
de pierres. Je ne faurois m'empêcher de
parler ici de la maniere dont leurs gran-
ges font conftruites. Après avoir pofé
une efpéce de claye pour fondement, ils
placent aux quatre coins de gros morceaux de bois qui foûtiennent cette claye,
& toute la grange , taillez de maniére,
que ni fouris , ni aucune autre forte de
vermine n'y peut entrer & cette claye
garentit en même temps le blé de l'humidité qui vient de la terre.

Ce qui me parut le plus agreable à
*Bern* , ce font les promenades publiques
auprès de la grande Eglife , elles font
élevées fort haut , & afin que leur pefan-
teur ne renverfe pas les murailles & les
piliers qui l'environnent , elle font conftruites fur des arches & des voutes.
Quoique je les croye plus élevées qu'aucun Clocher en *Angleterre*, au deffus des
rues & des jardins qui font au bas, néanmoins il y a environ quarante ans qu'u-
ne perfonne qui étoit prife de vin tomba
du haut jufqu'en bas, & il en fut quite
pour un bras caffé. Il mourut il y a environ quatre ans. Cette promenade fournit
le plus bel afpect du monde, car elle découvre à plein une haute rangée de Montagnes qui font dans le Païs des *Grifons*
& enterrées dans les neges depuis le fom-

met

met jufqu'au bas. Elles font environ à
vint cinq lieues de la Ville, mais elles
paroiffent être beaucoup plus près à caufe
de leur hauteur & de leur couleur. L'E-
glife Cathédrale eft d'un côté de ces promenades, & c'eft peut-être l'Eglife la
plus magnifique que les Proteftans ayent
en *Europe*, excepté en *Angleterre*. C'eft
un Ouvrage fort hardi, & un Chef d'œuvre d'Architecture *Gothique*. Je vis l'Arcenal de *Bern*, où l'on dit qu'il y a des
armes pour vint mille hommes. Affurément, il n'y a pas grand plaifir à vifi-
ter ces magafins de guerre quand on en
a vû deux ou trois. Cependant un Voyageur fait fort bien de voir tout ce qu'il
y a dans l'endroit où il fe trouve. Car
outre l'idée que cela lui donne des forces d'un Etat, ces recherches fervent à
imprimer dans la mémoire les événemens
les plus confidérables de l'*Hiftoire*. Ainfi
dans le Voyage de *Genéve*, on fe remet
en mémoire les échelles, petards & autres inftrumens dont on fe fervit dans la
fameufe efcalade, outre les Armes que
les *Genévois* prirent fur les *Savoyards* les
*Florentins* & les *François* dans les différentes batailles dont fait mention leur Hiftoire. Dans celle de *Bern*, on a le Portrait & l'Armure du Comte qui fonda la
Ville, du fameux *Tell* qui eft reprefenté
abattant la poire de deffus la tête de

fon fils. On n'en répetera pas ici l'hiftoire, étant trop bien connue. J'ai vû
auffi le figure & l'Armure de celui qui
étoit à la tête des païfans dans la guerre
contre ceux de *Bern*, avec les Armes
qu'on trouva entre les mains de ceux de
fa troupe. On me fit voir auffi quantité
d'Armes qu'ils avoient prifes fur les *Bour-
guignons* dans les trois grandes batailles qui
leur procurérent la liberté & détruifirent
le grand Duc de *Bourgogne* lui même a-
vec les plus braves de fes Sujets. Je ne
vis rien de remarquable dans les Chambres où s'affemble le Confeil, ni dans
les fortifications de la Ville. On fit ces
derniéres à l'occafion d'une revolte des
Païfans, pour deffendre la place à l'avenir contre de attaques pareilles & imprê-
vues. Dans leur Bibliotheque, je remarquai une couple de figures Antiques en
bronze, d'un Prêtre qui verfe du vin entre les cornes d'un Taureau. Le Prêtre
eft voilé, fuivant la maniére des *anciens Sa-
crificateurs Romains* & eft reprefenté dans
la même action que le décrit *Virgile* dans
le 3 des *Eneides*.

*Ipfa tenens dextrà pateram pulcherrima Dido*
*Candentis vaccæ media inter cornua fundit.*

Cette

Cette Antiquité a été trouvée à *Lau-*
*fanne.*

La Ville de *Bern* eſt tres bien fournie
d'eau , y ayant une multitude de jolies
fontaines de diſtance en diſtance, depuis un
bout des rues juſqu'à l'autre. Aſſurément,
il n'y a point de Païs au monde qui ſoit
mieux pourvû d'eau que tous les endroits
de la *Suiſſe* par où j'ai paſſé. On trouve
par tout ſur la route , des fontaines qui
coulent continuellement dans de grandes
auges qui ſont au deſſous, ce qui eſt tres
commode pour un Païs où il y a abondance de chevaux & de bétail. Il y a une
ſi grande quantité de ſources qui ſortent
des côtez des Montagnes, & une ſi grande quantité de bois pour en faire des
tuyaux , qu'il n'eſt pas étonnant qu'on
ſoit ſi bien pourvu de fontaines. Sur la
route , entre *Bern* & *Soleure*, il y a un
Monument érigé par la République de
*Bern* , qui nous rappelle l'Hiſtoire d'un
*Anglois* & qu'on ne trouve point dans
aucun de nos Auteurs. L'Inſcription eſt
en Vers *Latins* d'un côté de la pierre,
& en *Alleman* de l'autre. Je n'eus pas le
temps de la copier; mais en voici la Sub-
ſtance. " Un *Anglois* nommé *Cuſſinus*,
" à qui le Duc d'*Autriche* avoit donné ſa
" ſœur en mariage, vint pour la tirer des
" mains des *Suiſſes* par le force des Ar-
" mes ; mais après avoir ravagé le Païs
" pen-

„ pendant quelque temps , il fut vaincu
„ ici par le Canton de *Bern*. *Soleure*
la Ville la plus confiderable qu'on rencontre enfuite, me parut avoir un plus grand
air de politeffe qu'aucune autre que j'aye
vuë en ce Païs-là. L'Ambaffadeur de
*France* y établit fa réfidence. Le Roi fon
Maître a fourni une bonne fomme d'argent pour la conftruétion de l'Eglife des
*Jefuites* qui n'eft pas encore achevée.
C'eft le plus beau bâtiment moderne qu'il
y ait en *Suiffe*. L'Ancienne Eglife Cathédrale n'étoit pas loin de là. Sur la
hauteur qui y conduit, il y a deux anciens pilliers d'un vieux Temple Payen
dedié à *Hermes*. Ils me parurent de l'ordre *Tofcan* fuivant leur proportion. Toute la face des fortifications de *Soleure* eft
de marbre. Mais fes meilleures fortifications font les hautes Montagues de fon
voifinage, qui la féparent de la *Franche
Comté*. La journée fuivante nous paffames par d'autres endroits du Canton de
*Bern* & arrivâmus à la petite ville de *Meldingen*. Je fus furpris de voir fur toute
ma route en *Suiffe*, que le vin qui croit
dans le Païs de *Vaux* fur les bords du
Lac de *Geneve*, eft à fort bon marché,
nonobftant la grande diftance qu'il y a
entre les vignes & les Villes où fe vend
le vin. Mais les Rivieres navigeables de
*Suiffe* leur font auffi commodes à cet
égard,

égard, que la Mer l'eſt aux *Anglois*. Auſſi dès que la Vendange eſt finie, ils em-
barquent leurs vins ſur le Lac, qui en
fournit toutes les Villes ſituées ſur ſes
bords. On décharge à *Vevey*, ce qui eſt
deſtiné pour les autres endroits du Païs,
& apres environ un demi jour de voiture
par terre, on les fait entrer dans la Riviere d'*Aar*, qui les porte en deſcendant,
à *Bern*, à *Soleure*, & en un mot, les di-
ſtribue dans tous les plus riches endroits
de la *Suiſſe*; comme il eſt aiſé de le conjecturer à la première vue de la Carte,
qui nous fait voir la communication naturelle que la Providence a établie entre
tant de Rivieres & de Lacs dans un Pais
qui eſt ſi éloigné de la Mer.

Le Canton de *Bern* eſt réputé ſeul auſſi
puiſſant que tous les autres enſemble. Il
peut mettre cent mille hommes en Campagne, mais les Soldats des Cantons *Catholiques* qui ſont beaucoup plus pauvres,
& par conſéquent contraints de prendre
plus ſouvent parti dans les Armées étran-
geres, ſont plus eſtimez que les *Proteſtans*.
Nous couchâmes une nuit à *Meldingen*,
qui eſt une petite Ville Catholique *Rom.*,
avec une Egliſe & point de Couvent.
C'eſt une République de ſon Chef ſous
la protection des huit anciens Cantons.
Il y a une centaine de Bourgeois, & environ mille ames. Leur Gouvernement
eſt

eft établi fur le modele de celui des Cantons, autant qu'une fi petite Communauté peut imiter un Païs d'une fi vafte étenduë : C'eft pour cela, que quoiqu'ils ayent fort peu de chofes à faire , ils ont tous les différens Confeils & Officiers qu'on trouve dans de plus grands Etats. Ils ont une Maifon de Ville où ils s'affemblent, ornée des Armes des huit Cantons leurs Protecteurs. Ils ont trois Confeils , le grand Confeil de Quatorze, le petit Confeil de Dix., & le Confeil privé de Trois. Les Chefs de l'Etat , font les deux Avoyers. Lorfque j'étois là , l'Avoyer Régnant où le Doge de la République, étoit, fils de l'Aubergifte où j'étois logé ; fon pere ayant jouï des mêmes honneurs avant lui. Son revenu monte à environ trente livres fterling par An. Les divers Confeils s'affemblent tous les jeudis fur les Affaires d'Etat, comme la réparation d'une Auge, la réparation d'un pavé, ou pareilles autres Affaires d'importance. La Riviere qui paffe au travers de leurs Domaines , les oblige d'entretenir un pont fort large , qui eft tout de bois, & fort de l'allignement , comme tous les autres de *Suiffe*. Ceux qui paffent par deffus, payent un certain droit pour l'entretien de ce pont. Et comme l'Ambaffadeur de *France* a fouvent occafion de paffer par là, le Roi fon Maître donne à

la

la Ville une penſion de vint livres ſterling, ce qui les rend fort attachez à lever
autant d'hommes qu'ils peuvent pour ſon
ſervice & maintient cette puiſſante République fortement dans les interêts de la
*France*. Vous pouvez compter que la con-
ſervation du pont , & le réglement des
droits qu'on leve à ſon occaſion , ſont
la grande affaire qui taille de la beſogne
pour les divers Conſeils d'Etat. Ils ont
un petit Village ſous leur Juriſdiction, &
ils y envoyent ponctuellement un Baillif
pour adminiſtrer la Juſtice, à l'exemple
des grands Cantons. Il y a trois autres
Villes qui ont les mêmes privileges & les
memes Protecteurs.

Le lendemain nous dinâmes à *Zurich*
qui eſt joliment ſituée au bout du Lac,
& qui eſt eſtimée la plus belle Ville de
*Suiſſe*. Les principaux Edifices qu'on fait
voir aux Etrangers , ſont l'Arcenal , la
Bibliotheque , & la Maiſon de Ville.
Cette derniere n'a été achevée que depuis
peu & c'eſt un tres beau morceau d'Architecture. Le frontiſpice a des pilliers
d'un tres beau marbre noir avec des rayes
blanches. On trouve ce marbre dans les
Montagnes voiſines. Les Chambres des
différens Conſeils & les autres Appartemens ſont fort propres. Tout le Bâtiment eſt aſſurément auſſi bien ordonné
& aura une auſſi belle apparence que ceux
d'*Italie*.

d'*Italie*. C'eſt dommage qu'on ait défiguré la beauté des murailles par une infinité de ſentences puériles en *Latin*, qui
ne conſiſtent ſouvent qu'en un jeu de
mots. Effectivement, j'ai remarqué dans
pluſieurs Inſcriptions de ce Païs, que les
gens de Lettres prennent un plaiſir ſin-
gulier à de petits jeux & ſubtilitez de
mots & de figurés ; Car les beaux Eſprits
de *Suiſſe* ne ſont point encore revenus
de leurs Anagrammes & Acroſtiches La
Bibliotheque occupe un fort grand Appartement, & elle eſt très bien fournie A
l'oppoſite eſt un autre appartement rempli de diverſes Curioſitez artificielles &
naturelles. J'y vis, une grande Carte de
tout le Païs de *Zurig* tirée au princeau,
où l'on voit juſqu'à une fontaine particuliére & la moindre éminence de leurs
Domaines. Je parcourus leur Cabinet de
Médailles ; mais je ne me ſouviens pas
d'y avoir vu quelque rareté extraordinaire. L'Arcenal eſt plus beau que celui de *Bern* , & l'on dit qu'il contient
des Armes pour trente mille hommes.
Environ à une journée de *Zurich* , nous
entrâmes ſur les terres de l'Abbé de St.
*Gal*. Elles ont quatre heures de courſe
à cheval en largeur , & douze en longueur. L'Abbé y peut lever une Armée
de douze mille hommes bien armez &
bien diſciplinez. Il eſt Souverain de tout

le Païs , & fous la protection des Cantons de *Zurich* , de *Lucerne* , de *Glaris* & de *Schweitz*. Il eſt toûjours élu de l'Abbaye des *Bénédictins* à St. *Gal*. Chaque Pere & Frere du Couvent a une Voix dans l'Election , laquelle doit être confirmée enſuite par le Pape. Le dernier Abbé étoit le Cardinal *Sfrondati*, qui fut élevé à la Pourpre environ deux ans avant ſa mort. L'Abbé prend l'avis & le conſentement de ſon Chapitre avant que d'entrer dans aucune Affaire d'importance , comme eſt celle de lever une taxe ou de déclarer la guerre. Son principal Officier ſeculier eſt le grand *Maître d'Hôtel*, ou grand Maître de ſa Maiſon, qui eſt nommé par l'Abbé, & il a la direction de toutes les Affaires ſous lui. Il y a divers autres Juges & Adminiſtrateurs de la Juſtice, établis pour les différens lieux de ſa Domination , deſquels Tribunaux on peut toujours appeller devant celui du Prince. Sa réſidence eſt toujours au Couvent des *Bénédictins* à St. *Gal* , quoique la Ville de ce nom ſoit une petite République Proteſtante, entiérement indépendante de l'Abbé , & ſous la protection des Cantons.

On auroit lieu de s'étonner de voir tant de riches bourgeois, dans la Ville de St. *Gal*, & ſi peu de pauvre peuple, dans une place qui n'a preſque aucunes dépendan-

dances , & peu on point de revenu's que
ce qu'elle tire de son Commerce. Mais
ses Manufactures de toîles dont se ser-
vent tout les habitans de tout âge & de
toute condition , font la plus grande
partie des richesses de ce petit Etat. Tout
le Païs des environs lui fournit une tres
grande quantité de filasse , dont on dit
qu'ils font par an quarante mille piéces
de toiles , en comptant deux cent aunes
par piéce. Quelques unes de ces toiles
font travaillées aussi proprement , qu'aucunes de celles *Hollande* ; car ils ont
d'excellens ouvriers, & de grandes commoditez pour le blanchissage. Tout les
prez des environs de la Ville font si couverts de leurs toiles que le soir dans l'ob-
scurité on les prendroit pour un Lac. Ils
envoyent leur Ouvrage sur des mulets
en *Italie*, en *Espagne*, en *Allemagne*, &
dans tous les Païs des environs. Ils
comptent dans la Ville de St *Gal* & les
Maisons dispersées dans le Voisinage,
pres de dix mille ames, parmi lesquels il
y a seize cents Bourgeois. Ils choisissent
leurs Conseils & leurs Bourguemestres
dans le Corps de la Bourgeoisie, comme
dans les autres Gouvernemens de *Suisse*,
qui font par tout de même nature, la différence étant uniquement dans le nombre de ceux qui font employez aux Affaires d'Etat, lesquels font proportion-

O 2                    nez

nez à la grandeur des Etats qui les employent. L'Abbaye & la Ville ont une grande averſion l'un pour l'autre ; mais dans une Diette générale des Cantons, leurs Députez ſont aſſis. enſemble & travaillent de concert. L'Abbé depute ſon *Grand Maitre d'Hôtel*, & la Ville un de ſes Bourguemeſtres. Il y a environ quatre ans que la Ville & l'Abbaye en ſeroient venus à une rupture ouverte, ſi elle n'eut été prévenue à temps par l'entremiſe de leurs Protecteurs. En voici le ſujet. Un Moine *Bénédictin* dans une de leurs Proceſſions annuélles, s'aviſa de traverſer la Ville avec ſa Croix droite, ſuivi de trois ou quatre mille Païſans. A peine furent ils entrez dans le Couvent, qu'il s'éleva un tumulte dans toute la Ville, cauſé par l'inſolence du Prêtre, qui au mépris de l'ancien uſage, avoit oſé porter ſa Croix de cette maniére. D'abord les Bourgeois ſe mirent en armes, & firent avancer quatre piéces de canon contre les portes du Couvent. La Proceſſion pour ſe dérober à la furie des Bourgeois, ne ſe hazarda pas de s'en retourner par le même chemin qu'elle étoit venue ; mais apres que les devotions des Moines furent finies, elle ſortit par une porte de derriére du Couvent, laquelle conduit immediatement dans le Territoire de l'Abbé. Le Prelat de ſon côté leva

une

une Armée, bloqua la Ville du côté qui
fait face à fes Domaines , & deffendit à
fes Sujets de leur fournir aucunes denrées. Toutes chofes étant ainfi difpofées
pour la guerre , les Cantons leurs Protecteurs intervinrent dans leur querelle en
qualité d'Arbitres , & condamnerent la
Ville qui avoit paru trop échauffée dans
la difpute, à une amende de deux mille
écus ; ordonnant en même temps, qu'-
auffitôt que quelque Proceffion entreroit
dans leurs murailles , le Prêtre laifferoit
pendre la Croix à fon cou fans la prendre à la main , qu'il ne fut entré dans
l'enceinte de l'Abbaye. Les Bourgeois
peuvent mettre en Campagne près de
deux mille hommes bien difciplinez , &
armez le plus avantageufement qu'il leur
eft poffible , avec lefquels ils pretendent
pouvoir faire tête à douze ou quinze
mille Païfans ; car il eft facile à l'Abbé
d'en lever un pareil nombre fur fes terres. Mais il y a beaucoup d'apparence
qu'en cas de guerre, les Sujets Proteftans
de l'Abbaye , qui font du moins le tiers
de fes Sujets , abandonneroient bien la
caufe de leur Prince pour celle de leur
Religion. La Ville de St. Gal , à un
Arcenal , une Bibliotheque, une Maifon
de Ville & des Eglifes à proportion de la
grandeur de l'Etat. Il eft fuffifamment
fortifié pour refifter à une attaque impré-

vue , & pour donner le temps aux Cantons de venir à leur secours. L'Abbaye n'est pas à beaucoup pres si magnifique qu'elle pourroit l'être par rapport à ses revenus. L'Eglise est une vaste nef avec une double Aile. A chaque extrémité il y a un Chœur fort spacieux. L'un d'eux est soutenu par de gros pilliers de pierres enduites d'une composition qui les fait ressembler a du marbre autant que chose du monde. Sur le plat fond & les murailles de l'Eglise, sont des listes des Saints, des Martyes \ des Papes, des Cardinaux, des Archevêques , des Rois & des Reines, qui ont été de l'Ordre de St. *Benoit*. Il y a divers Tableaux de ceux qui se sont distinguez par leur naissance , leur sainteté ou leurs miracles, avec des Inscriptions qui vous font ressouvenir du nom & de l'Histoire des Personnes qui y sont representées. J'ai souvent souhaité qu'un Voyageur voulut prendre la peine de faire une Collection de toutes les Inscriptions modernes qu'on trouve dans les Païs *Catoliques Rom.* comme *Gruter* & autres ont copié les anciens Monumens des Payens. Si nous avions deux ou trois Volumes de cette Nature , sans aucunes réflexions du Collecteur, je suis sûr qu'il n'y a rien au monde qui pût donner une plus triste idée de la Religion *Catholique Romaine*, ni mettre mieux dans

dans son jour , l'*Orgueil* , la *Vanité* &
l'*Insatiabilité* des *Couvents*, l'*Abus* des *In-dulgences*, la *Folie* & l'*Impertinence* des
*Religieux*, & pour couper court, la *Su-perstition*, la *Crédulité* & la *Puerilité* de
la Religion *Catholique Romaine*. On
pourroit remplir de tout cela, plusieurs
feuilles de papier à St. *Gal*, y ayant peu
de Couvents considérables on d'Eglises
qui n'y contribuassent largement.

Quand le Roi de *France* distribue ses
pensions dans toutes les parties de *Suisse*,
la Ville & l'Abbaye de St. *Gal* y ont
aussi leur part. A la première, il donne
cinq cens écus par an , & mille à l'au-tre. Cette pension n'a pas été payée ces
trois dernières années , ce que l'on attri-bue à ce qu'ils n'ont pas reconnu le Duc
d'*Anjou* pour Roi d'*Espagne*. La Ville
& l'Abbaye de St. *Gal* ont un Ours pour
Armes. Les Catholiques Romains ont
en tres grande vénération la mémoire de
cet Ours , & le regardent comme la pre-miére Conversion que leur Saint a faite
dans le Païs. Un Moine *Bénédictin* des
plus savans , m'en a conté l'Histoire sui-vante , dont il me fit part avec des lar-mes de tendresse à l'œil. Il paroit que
St. *Gal* qu'on appelle le grand Apôtre
d'*Allemagne*, ne trouva tout ce Païs gué-re meilleur qu'un vaste Desert. Un jour
qu'il faisoit fort froid ne se promenant, il

rencontra un Ours fur fa route. Le Saint
au lieu de trembler à la vuë d'un pareil
objet , commanda à l'Ours de lui apporter un tas de bois , & de lui faire du
feu. L'Ours le fervit le mieux qu'il lui
fut poffible , & en s'en allant , le Saint
lui commanda de fe retirer tout au fonds
des Bois , & d'y paffer le refte de fa vie ,
fans jamais inquiéter ni homme ni bête.
Depuis ce tems-là, dit le Moine, l'Ours
mena une vie irréprochable , & obferva
jufqu'à fa mort , les ordres que le Saint
lui avoit donnez.

J'ai fouvent fait reflexion avec plaifir ,
fur la profonde paix & la tranquilité qui
regnent en *Suiffe*, & parmi fes Alliez. Il
eft fort étonnant de voir un pareil tiffu
de Gouvernemens qui font fi divifez entre eux d'interêts & de Religion, maintenir néanmoins fi conftamment une
Union & une correfpoudence, que perfonne d'eux ne fonge à envahir les droits
d'un autre , mais qu'il fe contente des
bornes de fon premier Etabliffement. On
doit à mon avis, attribuer ceci principalement à la nature du peuple , & à la
Conftitution de leur Gouvernement. Si
les *Suiffes* , étoient animez de zéle ou
pouffez par l'ambition , l'un ou l'autre
de leurs *Etats* tomberoit d'abord fur les
autres; ou fi les Etats étoient des Princi-
pautez qui pourroient fouvent avoir un
                                    Sou-

Souverains ambitieux à leur tête, il fe
brouilleroit avec fes Voifins, & facrifie-
roit le repos de fes Sujets à fa propre
gloire. Mais comme les habitans de ces
Païs font naturellement d'un tempérament pefant & phlegmatique, fi quelqu'un de leurs principaux Membres à
plus de feu & de vivacité qu'ils n'en ont
d'ordinaire en partage, il fe trouve bientôt temperé par la froideur & la modera-
tion des autres qui font au timon des
Affaires avec lui; Ajoutez à cela, que les
*Alpes* font le plus mauvais endroit du
monde pour faire des Conquêtes, la plûpart de leurs Gouvernemens étant naturellement fi fort retranchez dans les Bois
& dans les Montagnes. Quoiqu'il en foit,
nous ne trouvons pas de defordres entre-
eux, ainfi qu'il y auroit lieu d'en attendre parmi une fi grande multitude d'Etats;
car des qu'il arrive quelque rupture publique, on y remedie d'abord par la mo-
dération & les bons Offices des autres qui
y interviennent.

Comme tous les Gouvernemens confidérables dans les *Alpes*, font autant de
Républiques, c'eft affûrément la Conftitution la plus convenable de toutes, eu
égard à la pauvreté & à la fterilité de ces
Païs. Nous n'avons feulement qu'à jeter les
yeux fur un Gouvernement voifin, pour
appercevoir les fâcheufes confequences

O 5 qui

qui réfultent d'avoir un Prince defpotique dans un Etat , dont la plus grande
partie eft compofée de Rochers & de Montagnes ; Car quoiqu'il y aît une vafte
étendue de Païs, dont la plûpart eft meilleure que ceux des *Suiffes* & des *Grifons*,
le petit peuple parmi ces derniers, eft beaucoup plus à fon aife , & a en plus
grande abondance toutes les commoditez
de la vie. La Cour d'un Prince abforbe
trop des revenus d'un pauvre Etat, & introduit d'ordinaire une efpéce de luxe &
de magnificence qui engage chaque particulier à faire plus grande figure dans
fon état , que ne le permettent fes revenus.

Tous les efforts des divers Cantons
*Suiffes* tendent à bannir de chez eux tout
ce qui approche de la pompe ou de la
fuperfluité, les Miniftres ne manquent
pas de prêcher contre la danfe, les jeux,
les Affemblées & les riches habillemens,
& les Magiftrats font publier des Edits
pour les deffendre. Cela eft devenu plus
neceffaire dans divers Gouvernemens, depuis que tant de Refugiez fe font venus
établir parmi eux ; car quoique les Proteftans de France affectent d'ordinaire une
plus grande fimplicité dans leurs maniè-
res , que ceux de la même qualité qui
font Catholiques *Rom.* ils ont cependant
retenu trop de galanterie de leur Païs,

pour

pour le génie & la Constitution de la
Suisse. Si les habillemens, les fêtes &
les bals étoient une fois admis dans les
Cantons, leur grossiereté militaire dis-
paroitroit bientôt, leur temperament de-
viendroit trop délicat par rapport à leur
Climat, & leur depense excéderoit leur
revenu ; outre qu'il faut que ce qui sert
à leur luxe, soit apporté de chez d'autres
Nations, cequi ruineroit sur le champ un
Païs qui a peu de marchandises à vendre
aux Etrangers, & où l'argent est assez rare,
Efféctivement le luxe porte un coup mor-
tel à une République, & entraine naturellement aprés soi, la rapine, l'avarice, &
l'injustice, car plus un homme dépense
d'argent, plus il faut qu'il s'attache à augmenter son Capital, ce qui à la fin met
à l'encan la liberté & les suffrages d'une
République ; si elle trouve quelque Puis-
sance Etrangére qui en puisse payer le prix.
Nous ne voyons mieux dans aucune République, les pernicieux effêts du luxe,
que dans celle de anciens Romains, qui
se trouvérent pauvres dès que le vice fut
nourri parmi eux, quoiqu'ils possédassent
toutes les richesses du monde. Nous
trouvons dans les commencemens & les
progrés de leur République, des preuves
étonnantes de leur méprix pour l'argent ;
parce que dans le fond ils étoient tout à
fait étrangers dans les plaisirs qui leur en

O 6 pou-

pouvoient revenir; ou plutôt parce qu'ils ignoroient entierement la délicatesse du luxe. Mais des qu'ils furent entrez dans le goût des plaisirs, de la politesse, & de la magnificence, ils s'adonnerent à une infinité de violences, de conspirations, & de divisions qui les jeterent dans toute sorte de desordres qui aboutirent à l'entier bouleversement de la République. Il n'est donc pas étonnant que les pauvres Républiques de *Suisse*, s'appliquent toûjours avec soin à supprimer & deffendre tout ce qui pourroit introduire la vanité & le luxe. Outre les différentes amendes qu'on a mises sur les Jeux, les Bals & les Fêtes, ils ont plusieurs contumes parmi eux. Ceux qui sont à la tête du Gouvernement, sont obligez de paroître dans toutes leurs Assemblées publiques, en habit noir & en rabbat. L'habillement des femmes est fort simple; celles de la plus haute qualité ne portent généralement sur leur tête, qu'une fourure, qu'ils trouvent dans leur propre Païs. Les Personnes de differente qualité des deux sexes, ont à la verité leurs différens ornemens; mais en général ils ne font d'aucune dépense, servant plûtôt de marques de distinction, que pour faire figure. Les principaux Officiers de *Bern*, par exemple sont connus par la forme de leurs chapeaux, qui sont beaucoup plus profondes que

que celles des perfonnes d'un Caractére
inférieur. Les Paifans en général font
habillez d'une efpéce de Cannevas qui eft
de la manufaâure du Païs. Les habits de
tête vont de pere en fils , & ne font rarement ufez qu'à la feconde ou troifiéme génération ; De forte qu'il eft fort
ordinaire de voir une païfan avec le pour-
point & les culottes de fon Bifayeul.

Genéve eft beaucoup plus poli que la
Suiffe, ni aucun de fes Alliez, c'eft pourquoi on la regarde comme la Cour des
Alpes, où les Cantons Proteftans envoient
d'ordinaire leurs enfans pour s'inftruire
dans la langue & y prendre une meilleure éducation. Les Genevois fe font fort
corrompus par la converfation avec les
Proteftans François, qui font près du tiers
de leurs habitans. Il eft certain qu'ils
ont bien oublié l'avis que leur donna Cal-
vin dans un grand Confeil, peu avant fa
mort Il leur recommanda fur toute chofe, une modeftie & une humilité exem-
plaires , & une auffi grande fimplicité
dans leurs maniéres que dans leur Religion. S'ils ont bien fait de s'élever pour
faire une autre efpéce de figure, c'eft ce
que le temps fera connoître. Il y en a qui
s'imaginent que les groffes fommes qu'ils
ont remifes en Italie, quoiqu'ils faffent à
prefent par là leur Cour au Roi de France,

pourroient bien donner envie à ce Monarque de s'emparer quelque jour de cette Ville opulente. Comme cet assemblage de petits Etats abonde plus en pâturages qu'en blez, ils en rempliffent tous les greniers publics; & ils ont l'humanité dans un befoin général, de s'en fournir l'un l'autre, lorfque la difette n'eft pas univerfelle. Comme l administration des Affaires qui eft rélative à ces Greniers publics, n'eft pas fort différente dans aucun des Gouvernemens particuliers, je me contenterai d'expofer les regles qui s'obfervent à cette occafion par la petite *République* de *Genéve*, dans laquelle j'ai eu plus le temps de m'informer de toutes ces particularités, que dans aucune autre. Il y trois Députés du petit Confeil pour cet Emploi. Tous font obligez de faire une provifion fuffifante pour nourrir le peuple, du moins pendant deux ans, en cas de guerre ou de famine. Ils font obligez de remplir leurs magafins dans le temps de la plus grande abondance, afin de le pouvoir vendre à meilleur marché, & d'augmenter par là le revenu public, fans qu'il en coûte que peu aux Membres de la *République*. Nul des trois Directeurs ne peut fous quelque prétexte que ce foit, remplir les magafins du produit de fes propres Campagnes; afin de leur ôter l'envie d'y mettre un trop haut prix, ou

de

de vendre de mauvais blez au Public. Ils
ne peuvent acheter de blez qui ne soient
crûs à plus de douze miles de *Genéve*,
afin que le fourniffement des Magafins
ne préjudicie pas à leur Marché, & n'augmente pas le prix de leurs provifions.
Pour empêcher que ces amas de blé ne
fe gâtent en le gardant, tous les Auber-
giftes & les Maifons publiques font obligez d'en tirer leur provifion; ce qui produit la branche la plus confidérable des
Revenus publics, parce que le blé fe vend
à beaucoup plus haut prix, qu'on ne l'a
acheté. De forte que le plus grand revenu de la République, qui fert à payer
les penfions de la plûpart de fes Officiers
& de fes Miniftres, fe léve fur les Etrangers & les Voyageurs, ou fur tels autres
de leur propre Corps qui ont affez d'argent pour l'aller dépenfer aux Auberges
& dans les Maifons publiques.

C'eft la coûtume à *Genéve* & en *Saiffe*
de faire un partage égal des biens des familles entre tous les enfans, & par là
chacun vit à fon aife, fans que la République en puiffe concevoir d'ombrage; car
dès qu'une Succeffion confidérable tombe
entre les mains d'un Chef qui a beaucoup d'enfans, elle fe divife en tant de
portions, que les heritiers quoique devenus affez riches, ne peuvent néanmoins
par là s'élever au deffus du refte. Cette
pré-

précaution eſt abſolument néceſſaire dans
ces petites Républiques , où les riches
marchands ne font pas de depenſe à beaucoup près à proportion de leurs biens, &
accumulant ainſi de groſſes ſommes d'année en année , ils pourroient ſe rendre
redoutables aux autres Citoyens, & rompre l'egalité ſi néceſſaire dans cette ſorte
de Gouvernemens, où l'on n'a pas trouvé le moyen de diſtribuer les richêſſes
parmi les divers Membres de la République. A Genéve par exemple , il y a
des marchands qu'on eſtime avoir deux
millions d'écus, quoique peut-être aucun
d'eux ne dépenſe pas la valeur de cinq
cens livres ſterling par an.

Quoique les Proteſtans & les Papiſtes
n'ignorent pas que c'eſt leur interêt commun d'obſerver une ponctuelle neutralité
dans toutes les guerres qui ſurviennent
entre les États de l'Europe , ils ne peuvent néanmoins s'empêcher de prendre
parti dans leurs converſations. Les Catholiques témoignent leur zéle pour le Roi
de France , & les Proteſtans ſe font une
petite gloire de la richeſſe, de la puiſſan-
ce & des heureux ſuccès des Anglois &
des Hollandois, qu'ils regardent comme
les Boulevards de la Réformation. Les
Miniſtres ont ſouvent prêché pour détourner les Sujets de prendre parti dans
les Troupes du Roi de France ; mais tant
que

que les *Suiſſes* y trnuveront leur interêt,
leur pauvreté les tiendra toûjours attachez à ſon ſervice. Il eſt vrai qu'ils ont
libre exercice de Religion , & leurs Miniſtres avec eux, ce qui eſt d'autant plus
remarquable, que ce même Prince refu-
ſe l'exercice public de leur Religion , à
St. *Germain.* Avant que de quiter la
*Suiſſe* , je ne puis me diſpenſer d'obſerver que l'opinion de la Sorcellerie régne au ſupréme degré en ce Païs. J'ai eû
ſouvent les oreilles rebatrues de contes
de cette nature par des gens même de fort
bon ſens , qui alléguoient des faits qu'ils
prétendoient être arrivez de leur temps.
Il eſt certain que cette opinion à donné
lieu à bon nombre d'exécutions, & dans
le Canton de *Bern* , pluſieurs perſonnes
ont été miſes à mort pour ce ſujet, pendant que j'étois à *Genéve.* Les peuples ſont
ſi généralement infatuez de cette imagination que ſi une vache tombe malade,
il y aura dix contre un , ſi l'on ne met
à cauſe de cela , quelque vieille en priſon ; & s'il arrive que la pauvre *Créa-*
*ture* ſe croie une ſorciere, ou qu'elle ayt
quelque choſe ſur elle de ſemblable à une
mammelle , plus qu'à l'ordinaire , tout
le Païs criera qu'on la pende ſans miſe-
ricorde. On trouve que le même eſprit
regne dans la plupart des endroits ſtériles
de l'*Europe.* Que ce ſoit la pauvreté &
l'igno-

l'ignorance qui font d'ordinaire les productions de ces Païs, lefquelles engagent
effectivement un malheureux à s'abandonner à ces noires pratiques , ou que cela
ne foit pas, ces mêmes principes ne doivent pas rendre les peuples trop crédules,
& peut-être trop enclins à en impofer à
leurs Membres inutiles.

La grande Affaire qui occupe actuellement les Politiques *Suiffes*, eft la Succeffion du Prince de *Conti* à la Ducheffe
de *Nemours*, dans le Gouvernement de
*Neufchatel*. La penfée de fe foûmettre
à un *Prince Catholique Romain*, & Sujet
de la *France*, ne peut en aucune maniére entrer dans l'efprit des habitans de
*Neufchatel*. Ils ont été fort attentifs à fa
conduite dans la Principauté d'*Orange*,
& ils ne doutoient pas qu'il ne les gou-
vernât avec toute la douceur & la modé-
ration imaginable, comme étant le meilleur moyen du monde pour fe recom-
mander à ceux de *Neufchatel*. Mais quoique ce fut fi bien fon interêt de ménager
fes Sujets *Proteftans* dans ce Païs-là , &
les fortes affurances qu'il leur avoit données de les maintenir dans tous leurs priviléges, & particuliérement dans le libre
exercice de leur Religion , en peu de
temps il remit fa Principauté au Roi de
*France* pour une fomme d'argent. On
a cru en général que le Prince de *Conti*
auroit

auroit mieux aimé conferver fes droits
fur *Orange*; mais les mêmes vûes qui lui
ont fait abandonner ce Gouvernement,
pourroient bien le porter en un autre
temps, à fe défaire auffi de *Neufchatel* à
de pareilles conditions. Le Roi de *Pruffe*
reclame *Neufchatel* comme il a fait la
Principauté d'*Orange*, & il eft probable
qu'il feroit plus agreable aux habitans,
que le Prince de *Conti*, mais en général ils font difpofez à fe déclarer
*République libre*, après la mort de la
Decheffe de *Nemours*, en cas que les
*Suiffes* veuillent les protéger. Les *Cantons Proteftans* paroiffent fort portez à les
affifter, ce qui leur feroit aifé de faire,
fi la Ducheffe vient à mourir, pendant
que le Roi de *France* a tant d'occupation
de toutes parts. Il eft certain qu'il eft de
leur interêt de ne pas fouffrir que le Roi
de *France* établiffe fon autorité en deça
du Mont *Jura*, & fur la lifiére même
de leur Païs. Mais il n'eft pas aifé de
prévoir ce qu'une bonne fomme d'argent,
ou la crainte d'une rupture avec la *France*,
peut faire fur l'efprit d'une Nation qui a
lâchement fouffert qu'on fe faifit de la
*Franche-Comté*, & que les François éle-
vaffent un Fort à la portée de canon de
leurs Cantons.

Il vient de paroître une nouvelle Secte
en *Suiffe*, laquelle fait de grands progrès
dans

dans les Cantons *Proteſtans*. Ceux qui
la profeſſent ſe nomment *Piétiſtes*, &
comme l'Enchouſiaſme conduit l'homme
d'ordinaire à de pareilles extravagances,
ils différent fort peu de diverſes Sectes
dans d'autres Païs. Ils exigent en général de trop grands raffinemens par rapport
à ce qui concerne la pratique du Chriſtia-
niſme, & preſcrivent les Regles ſuivantes.
De ſe retirer entiérement de la converſa-
tion du Monde. De s'abandonner tout
à fait à un entier repos & tranquilité d'Eſprit. D'attendre dans cet état d'inaction,
l'écoulement ſecret & les influences du
St. Eſprit, afin que leurs cœurs ſoient
remplis de paix & de conſolation, de joye
ou de raviſſemens. De favoriſer tous ſes
mouvemens ſecrets & de s'abandonner
tout a faite ſa conduite & à ſa direction,
comme de ne parler jamais, ne ſe mouvoir
& n'agir que lorſqu'ils s'y trouveront dé-
terminez par ſon impulſion ſur leurs ames,
De ſe borner aux néceſſitez abſolues de la
vie. De ſe rendre tellement Maîtres de
leurs ſens, qu'ils puiſſent fuir l'odorat
d'une roſe on d'un violette, & détourner
leurs yeux d'un bel Objet. De ſe ſoûs-
traire autant qu'il eſt poſſible à ce que le
monde appelle d'innocens plaiſirs, afin
que leurs affections ne ſoient pas ébran-
lées par aucune ſenſualité ni détournées
de ſon Amour, qui doit être l'unique
con-

confolation, repos, efpérance & délices
de leur Etre. Cette Secte a fait de grands
progrés en *Allemagne*, auffi bien qu'en
*Suiffe*, & elle a donné lieu à plufieurs
Edits févéres qui ont été publiez contre
ces Sectaires dans le Duché de *Saxe*.
On les accufe de toutes les mauvaifes
pratiques qui femblent être une fuite néceffaire de leurs Principes, comme d'attribuer aux fuggeftions du St. Efprits le
travers de leurs actions, à quoi uniquement les pouffe leur tempéramem vi-
cieux. Que les deux Sexes fous prétexte
de converfation devôte, fe vifitent l'un
l'autre à toute heure & en tous lieux,
fans faire aucune attention à la bienféance
du Siécle, fe fervant fouvent de leur Religion comme d'un manteau pour couvrir leur débauches ; & que la plûpart
d'eux font animez d'un orgueil fpirituel,
& d'un mépris pour tous ceux qui ne
font pas de leur Secte. Les Cath. *Romains* ont pris certainement la meilleure
voïe du monde, pour garder leur Trou-
peau en fon entier : Je n'entends pas par
là les peines afflictives qu'ils infligent, &
que l'on regarde d'ordinaire comme la
grande méthode par laquelle ils jétent
l'effroi dans l'efprit de ceux qui voudroient forcer les bornes de l'Eglife;
quoique certainement ce foit une grande
bride pour ceux de la Communion *Romaine*,

*maine.* Mais j'envifage comme la principale raifon pour laquelle il y a fi peu de
Sectes dans l'Eglife de *Rome*, la multitude de Couvens qui abondent de toutes
parts , & qui fervent de receptacles à
tous ces ardens zélez , qui ne manque-
roient pas de mettre l'Eglife en feu, s'ils
ne fe trouvoient pas énfemble dans ces
Maifons de devotion. Tous ceux qui
font d'un tempérament fombre, fuivant
leur degré de mélancholie ou d'enthou-
fiafme , peuvent trouver des Couvens
conformes à ieur humeur, & des Com-
pagnons auffi fombres qu'eux mêmes. De
forte, que ce que les *Proteſtans* appellent
un *Fanatique* , eſt dans la *Romaine* , un
Religieux de tel on tel Ordre; ainfi que
j'ai apris qu'un marchand Anglois à *Lif-
bonne* , après avoir effuyé de grandes per-
tes, réfolut de fe faire Quarme on Capucin; car dans le changement de Religion,
on ne confidére pas tant les principes,
que la pratique de ceux du côté defquels
on paffe.

À St. *Gal* je pris des chevaux pour me
mener au Lac de *Conſtance* , qui eſt à
deux lieuës de là , & fe forme par l'entrée du *Rhin*. C'eſt le feul Lac de l'*Europe* qui le difpute pour la grandeur à celui de *Genéve* : Il paroit plus beau à l'œil,
mais il n'a pas ces Campagnes fertiles &
ces Vignobles dont l'autre eſt bordé. Il
reçoit

reçoit fon nom de *Conftance*, qui eft la
Ville Capitale fur fes bords. Lorfque les
Cantons de *Bern* & de *Zurich* propofé-
rent dans une Diete générale, d'incorpo-
rer *Genéve* dans le Corps des Cantons,
le Parti Catholique *Romain*, craignant
que le Parti Proteftant ne reçut par là
un trop puiffant renfort, propofa en même temps de mettre *Conftance* au nombre des Cantons, pour faire un contre-
poids, à quoi les Proteftans n'ayant pas
confenti, tout le Projet s'en alla en fumée. Nous traverfâmes le Lac jufqu'à
*Lindaw*, & en plufieurs endroits nous
obfervâmes quantité de petites bouteilles
remplies d'air qui s'elevoient du fond du
Lac. Les matelots nous dirent qu'ils ont
remarqué qu'elles montent toûjours en
haut aux mêmes endroits, d'où ils infé-
rent que ce font autant de fources qui
fortent du fond du Lac.

*Lindaw* eft une Ville Impériale fur une
petite Ifle fituée à environ trois cent pas
de Terre ferme, à laquelle elle eft jointe
par un grand pont de bois. Tous les habitans étoient en armes, lorfque nous la
traverfâmes, étant dans de grandes ap-
préhenfions depuis que le Duc de *Baviére*, avoit furpris *Ulm* & *Memmingue*.
Ils fe flatoient qu'en coupant leur pont,
ils pourroient faire tête à fon Armée.
Mais felon toutes les apparences, une
grêle

gréle de bombes obligeroit bientôt les habitans à se rendre. Ils ont été ci-devant bombardez par *Gustave Adolphe*. Nos Marchands nous avertirent de ne hazarder en aucune maniére, d'entrer dans le Païs du Duc de *Baviére*, de forte que nous eumes la mortification d'être privez de la vue de *Munich*, d'*Augsbourg* & de *Ratisbonne*, & nous fumes obligez pour aller à *Vienne*, de prendre notre chemin par le *Tirol*, où nous trouvâmes peu d'autres chofes à remarquer que l'afpect naturel du Païs.

*TIROL,*

# TIROL,

# INSPRUCK,

# HALL, &c.

Près avoir cottoyé les Alpes pendant quelque temps, nous y entrâmes enfin par un paſſage qui conduit dans la longue Vallée du *Tirol*, & ſuivant le cours de la Riviere d'*Inn*, nous vinmes à *Inſpruk*, qui reçoit ſon nom de cette Riviere, & eſt la Capitale du *Tirol*.

*Inſpruck* eſt une jolie Ville, quoique pas des plus grandes. Les Archiducs qui étoient Comtes du *Tirol*, y faiſoient autrefois leur réſidence. Le Palais où ils avoient coûtume de tenir leur Cour, eſt aſſez beau; maïs il n'y a rien de magnifique. La grande Salle eſt aſſurément un très-bel Appartement. Ses murailles ſont peintes à fresque, & repreſentent les travaux de *Hercule*. Il y en a pluſieurs qui paroiſſent très-beaux, quoiqu'une grande partie de l'Ouvrage ait été entre-ouvert par des tremblemens de terre qui ſont fort frequens en ce Païs. Il y a un petit

*Tom.* IV.　　　　P　　　　Pa-

Palais de bois qui borde l'autre côté, où
la Cour avoit coûtume de se retirer aux
premiéres secousses d'un tremblement de
terre. J'ai vu ici le plus grand Manége
que j'aye rencontré en aucun lieu. A une
extrémité il y a une grande séparation
destinée pour un Opera. On nous y fit
voir aussi un fort joli Theatre. La derniére Comedie qu'on y reprefenta, avoit
été faite par les Jesuites, pour divertir la
Reine des *Romains*, laquelle passa ici en
allant de *Hanover* à *Vienne*. Le compliment que ces bons Peres firent à sa Ma-
jesté en cette occasion, étoit fort particulier, & ne les exposa pas peu à la raillerie de la Cour. Car les Armes de *Hanover* étant un Cheval, ils crurent que
c'étoit une fort jolie allusion de repre-
senter la Reine par *Bucephale*, qui ne
vouloit pas que personne le montât qù'-
*Alexandre* le grand. On peut voir encore aujourd'hui deriére le Theatre, le
Cheval de bois qui servoit à ce rôle remarquable. Dans l'un des Appartemens
du Palais qui est garni des Portraits de
plusieurs illustres Personnages, on nous
fit voir le celui de *Marie* Reine d'*Ecos-
se*, qui eut la tête tranchée sous le Régne de la Reine *Elizabeth*. Les jardins
aux environs de la Maison sont spacieux
mais mal entretenus. Il y a au milieu
une belle Statuë de bronze de l'Archiduc
*Leopold* qui est à cheval. Il y a pres de là
douze

douze Figures de Nayades & de Dieux
Marins , qui font bien moulées & au
Naturel. Elles devoient fervir d'ornemens pour un jet d'eau , étant facile
d'en faire quantité de différente forte, à
peu de frais , dans un Jardin où la Riviere d'*Inn.* coule entre fes murailles. Le
dernier Duc de Lorraine occupoit ce Palais , & l'Empereur lui avoit donné le
Gouvernement du *Tirol.* La Reine Douai-
riére de*Pologne* fon Epoufe demeura ici plufieurs années après la mort de fon Epoux.
Il y a cinq Galleries couvertes qui conduifent de la Cour à cinq différentes
Eglifes. Je paffai par une fort longue
qui aboutit à l'Eglife du Couvent des Capucins, où le Duc de *Lorraine* avoit coûtume d'affifter à leurs Matines. On nous
fit voir dans ce Couvent, les Appartemens de *Maximilien* qui étoit Archidue
& Comte du *Tirol* il y a environ quatre-
vints ans. Ce Prince en même tems qu'il
avoit le Gouvernement en mains, vivoit
en ce Couvent avec toute la rigueur &
l'aufterité d'un Capucin. Son Antichâm-
bre & fa Salle d'audience, étoient de petites chambres quarrées & lambriffées.
Son logement particulier confiftoit en
trois ou quatre petites Chambres , dont
la façade étoit une éfpéce d'ouvrage enfoncé , où l'on a imité les petites
cavernes creufes d'un rocher. Ils ne
laiffent demeurer perfonne dans cet Appartement du Couvent, & ils y font voir

P 2                l'Au-

l'Autel le lit & le Poële, comme auffi
un Portrait & une eftampe de ce devôt
Prince. L'Eglife du Couvent des *Francifcains* eft célébre par le Tombeau de
l'Empereur *Maximilien* Premier qui eft
placé au milieu. Il lui fut érigé par fon
Petit Fils Ferdinand Premier, qui apparemment regardoit cet Empereur comme
le Fondateur de la grandeur de la Maifon d'*Autriche*. Car comme par fon propre mariage, il joignit les Païs-Bas à cette Maifon, pareillement en mariant fon
Fils à Jeanne d'*Arragon*, il établit dans fa
Pofterité, le Royaume d'*Efpagne*, & par
le mariage de fon Petit Fils *Ferdinand*,
il fit entrer les Royaumes de *Bohême* &
de *Hongrie* dans fa Famille. Ce Tombeau
eft feulement honoraire, car les cendres
de l'Empereur font dans un autre endroit.
Il y a une Figure de bronze de *Maximilien* à genoux, au haut de ce Monument,
& au côté un beau *Bas Relief* qui reprefente les actions de ce Prince. Toute fon
Hiftoire eft rapportée dans vint quatre
panneaux quarrez de Sculpture en *Bas-Reliefs*. Le fujet de deux de ces panneaux, eft fa Confédération avec Henri
VIII. & les guerres qu'ils eurent enfemble avec la *France*. A chaque côté de ce
Monument, il y a une rangée de très-belles Statuës de bronze, beaucoup plus
grandes qu'après nature, la plupart reprefentant ce qui a en quelque manier relation

lation avec *Maximilien.* Parmi les autres , il y en a une , qui à ce que nous
dirent les Peres du Couvent , reprefen-
tent le Roi *Arthur* , ancien Roi *Breton.*
Mais quelle relation a cet Arthur là avec
*Maximilien?* Elle ne fut point faite pour
celui là, mais fans doute pour le Prince
*Arthur* , frere ainé de *Henri* VIII. qui
avoit époufé *Catherine*, fœur de *Maximilien* , dont le divorce arrivé dans la Suite , donna lieu à de fi grandes Révolutions en *Angleterre.* Cette Eglife fut bâtie par *Ferdinand* Premier. On y voit une
efpéce d'Offre fuivant l'Architeçure moderne ; mais en même temps que l'Auteur a fait voir la difproportion de l'Ordre *Gothique* , chacun s'apperçoit bien,
qu'en ce tems-là, du moins en ce païs,
on n'avoit pas encore attrapé le veritable
chemin. Le portail par exemple, confifte en un Ordre compofé , inconnu aux
Anciens ; les ornemens à la verité en ont
été tirez ; mais tellement confondus que
vous voyez les Volutes du *Jonique* , le
Feuillage du *Corinthien* & les *Uovali* ou
Ovales du *Dorique* melez fans aucune regu-
larité fur le même Chapiteau. De forte que
la voute de l'Eglife quoiqu'affez large, eft
embaraffée d'une trop grande quantité de
traits de Sculpture. Elle eft bien foûte-
nue par des Colonnes détachées, au lieu
de ce grands amas de petits pilliers qu'on
voit dans les Cathédrales *Gothiques* ; mais
en

en même temps , ces Colonnes ne font
pas d'un Ordre regulier , & du moins
deux fois trop longues à proportion de
leur diamétre. Il y a d'autres Eglifes dans
la Ville , & deux ou trois Palais, qui
font d'une ftructure plus moderne , &
dont l'Ordonnance eft bonne. On me
fit voir la petite *Notre Dame* qui eft d'un
beau deffein , au haut de laquelle il y a
une Coupole. Elle eft faite en maniére
d'Offrande de gratitude à la Bienheureufe
Vierge, pour avoir deffendu le Comté du
*Tirol* contre les Armes Victorieufesde *Gu-
ftave Adolphe* , qui ne pût penétrer dans
une partie de l'Empire; après avoir con-
quis presque tout le refte. C'eft pour cela
que l'on conftruifit ce Temple , auquel
tout le Païs contribua. Environ à une
demi lieue d'*Infpruk* eft le Château d'Am-
ras , qui eft rempli d'une prodigieufe
quantité de Médailles , & de beaucoup
d'autres Curiofitez , tant naturelles qu'-
artificielles. Je renvoye là deffus le Lecteur au Récit de Mr. *Patin* dans fa lettre au Duc de *Wirtenberg* , n'ayant pas
eu moi-même occafion d'en faire l'exa-
men. D'*Infpruk* nous allames à *Hall*, qui
eft à une lieue de la même Riviere. Cette place eft fur tout celebre à caufe de fes
Salines. Il y a dans le Voifinage de vaftes
Montagnes d'une efpéce de roche tranf-
parente , qui reffemble affez à l'alun,
extremement folide , & auffi piquant fur
la

la langue que du fel même. Quatre ou
cinq cens hommes font toujours en be-
foigne dans ces Montagnes , où auffitôt
qu'ils ont aplani une certaine quantité du
Roc , ils laiffent entrer les fources & les
réfervoirs parmi leurs Ouvrages. L'eau
diffout les particules du fel qui font mê-
.ées parmi la pierre , & eft conduite par
de longs Canaux depuis les mines jufqu'à la Ville de *Hall* , où on la reçoit
dans de grandes cifternes , & l'on s'en
fert de temps en temps pour cuire.

Ils font à peu près huit cens mefures par femaine , chacune du poids de
quatre cents livres. Cela produiroit un
gros revenu à l'Empereur , s'il y avoit
là une taxe fur le fel, comme il y en a
une en *France*. Prefentement il n'en retire que deux cens mille écus par an,
après avoir rabattu tous les frais qu'il
faut faire pour le travailler. Il y a en
*Suiffe* & en d'autres endroits des *Alpes*,
plufieurs de ces Carrieres de Sel , qui
produifent très peu de chofe à caufe de
la grande quantité de bois qu'elles confument. Ce qu'il y a de commode pour les
Salines de *Hall*, c'eft qu'on fait floter aux
environs, dans la Riviere d'*Inn* des amas
de bois propres pour cet Ouvrage. Cette
Riviere pendant fon cours au travers du
*Tirol* , eft toujours enfermée dans une
double rangée de Montagnes , dont la
plûpart font couvertes de Bois de fapin.

Quantité de Païfans font occupez à a-
battre les plus gros de ces arbres, & a-
près les avoir pelé, & donné la forme
nécessaire, on les roule du haut de la
Montagne en bas dans le Cours de la
Riviere qui les porte aux Salines. A *Inspruk* on en prend une grande quantité
pour les Couvens & Officiers publics
qui en ont une certaine portion qui leur
eft assignée par l'Empereur. Le refte
paffe jufqu'à *Hall.* On en fait d'ordinaire plufieurs centaines de charges, car
ils commencent à couper à plus de vint
cinq lieues fur la Riviere au deffus de
*Hall*, & il y a d'autres Rivieres qui
entrent dans l'*Inn*, lefquelles fourniffent leur quote-part. Ces Salines &
la Monnoye qui eft établie dans la
même Place, ont rendu cette Ville
presqu'auffi peuplée qu'*Inspruk*, quoiqu'elle foit dans le Voifinage de cette
Capitale. On a établi cette Monnoye,
dans la vuë de mettre en œuvre une partie des matériaux qu'on a trouvez dans
les Montagnes voifines ; où à ce que
l'on nous dit, il y a fept mille hommes
conftamment en befogne. A *Hall* nous
primes un batteau, pour nous tranfporter
à *Vienne*, nous paffâmes la première nuit
à *Rofenbourg*, où il y a un fort Château
au deffus de la Ville. Le Comte *Seri-
ni* eft toujours prifonnier dans ce Château, où fon long emprifonnement &
fes afflictions, lui ont fait perdre l'efprit
à len-

à ce qu'on nous dit dans la Ville. Le lendemain nous dinâmes à *Kufftein*, où il y a une Fortereſſe ſur un haut rocher au deſſus de la Ville, lequel eſt inacceſſible de tous côtez, cette place étant frontiére au Duché de *Baviére*. Nous y entrâmes après avoir fait environ une lieue de chemin depuis notre départ de *Kufftein*. C'étoit le plus agreable Voyage du Monde de ſuivre les tours de cette Riviere d'*Inn*, au milieu d'une variété de ſi agréables aſpects que ceux que ſon cours vous fournit naturellement. Quelquefois, nous avions d'un côté une vaſte étendue de Rochers eſcarpez & de Montagnes qui ſe recourboient en mille avenues roides & précipices d'une forme irreguliére. En d'autres nous voyons une longue Forêt de Bois de Sapin ſi touffus & ſi preſſez, l'un de l'autre, qu'il étoit impoſſible de rien découvrir du terroir ſur lequel ils croiſſent, & qui s'élévent ſi réguliérement l'un au déſſus de l'autre, qu'ils nous donnoient en même temps la vuë d'une Forêt entiére. La ſaiſon de l'année en laquelle les feuilles des arbres reçoivent tant de différentes couleurs, achevoit de rendre complette la beauté de cet aſpect. Mais comme les materiaux qui entrent dans un beau païſage, ne ſont pas toujours les plus profitables au propriétaire, nous ne trouvâmes que fort peu de blez ou de pâturages à proportion des terres que

P 5                    nous

nous traverfâmes , le Païs du *Tirol* ne
pouvant pas nourrir fes habitans. Cette
longue Vallée du *Tirol* fe trouve fermée
de tous côtez par les *Alpes*, quoique les
Domaines fe partagent en plufieurs branches qui font parmi les pentes & les
creux des Montagnes. Le Païs eft gou-
verné par trois Confeils qui réfident à
Infpruk , l'un eft pour le criminel lorfqu'il s'agit de la vie ou de la mort. Dans
l'autre on regle les taxes & les impofitions , & le troifiéme eft pour l'adminiftration ordinaire de la juftice. Comme
ces Tribunaux fe réglent fur les ordres
qu'ils reçoivent de la Cour Impériale, il
fe trouve qu'en plufieurs Cas on en appelle à *Vienne*. Les habitans du *Tirol*
ont beaucoup de priviléges particuliers
que n'ont point les autres Païs hérédi-
taires de l'Empereur. Car comme ils
font naturellement bien retranchez entre leurs Montagnes , & qu'en même
temps ils font fur la liziere de plufieurs
Gouvernemens différens , comme les
*Grifons*, *les Vénitiens*, *les Suiffes*, *les Ba-
varois* , &c. un traitement fevére pourroit
bien les inciter à s'ériger en République
on du moins à les faire paffer fous un
Gouvernement plus doux chez quelques
uns de leurs Voifins; outre que leur Païs
eft pauvre , & que l'Empereur tire un
revenu confidérable de ces mines de Sel
& de métal. Ce font ces mines qui rempliffent

pliffent le Païs d'un plus grand nombre
de peuple qu'il n'en peut nourrir,
fans l'entrée des blez de Païs étrangers.
L'Empereur a des Forts & des Citadel-
les à l'entrée de tous les paffages qui
conduifent au *Tirol*, lefquels font pla-
cez fi avantageufement fur des Rochers
& des Montagnes, qu'ils commandent
toutes les Vallées & les avenues des environs. Outre que le Païs de lui même eft rompu en tant de hauteurs &
d'inégalitez, qu'une poignée de Monde
peut le deffendre contre une armée d'ennemis. C'eft ponr cela qu'on étoit généralement perfuadé, que le Duc de
*Baviére* ne tenteroit pas de couper tous
les fecours qu'on envoyoit au Prince
*Eugéne*, ni de fe faire un chemin de
force par le *Tirol* pour entrer en *Italie.*
La Riviere d'*Inn* qui jufqu'ici s'eft ren-
fermée entre les Montagnes, paffe
par un grand Païs ouvert, pendant
tout fon cours par la *Baviére*, ce qui
eft un Voyage de deux jours, à proportion de vint lieues par jour.

# F I N.

### E R R A T A.

*Pag.* 23. *lig.* 17. *lif. ad Sacerdotem pag.*
214. *lig.* 4. *lif. Apotheofe. Les autres*
*fautes font peu confiderables.*

# INDICE.

## A.

ADDA & Addige, décrites par Claudien, 73.

Albano, pourquoi fameux, 231. & suiv.

Alpes, (les) décrites par Italicus. 284

Ambroise, (Saint) sa fermeté contre Theodose le grand. 22

Ambrosienne (Bibliotheque) à Milan, comment fournie. 22 & 24

Ancone, sa Situation. 88

Anglois carresses par le Pape pour les engager à s'habituer à Civita Vecchia. 252

Antoine (Saint) de Padoüe, sa magnifique Eglise, 41. bonne odeur que rendent ses Os, conjecture là-dessus, ibid. titres que lui donne un pauvre Païsan. 42

Antiquaires, en quoi ils sont en faute. 201

Antiquités, de deux sortes à Rome 188. difference entr'elles, ibid.

Antium, etendue de ses Ruines, 182. en quoi autrefois fameux, 183

Anxur, son agreable Situation décrite par Martial, 126. &c.

Appenin (Montagnes de l') décrites par des Poëtes Latins, 271 & suiv.

Ariofte, son tombeau dans l'Eglise des Benedictins à Ferrare. 70

Avocats, leur grand nombre, employés continuellement par les Napolitains. 131.

## B.

Ayes Retraite des anciens Romains pendant l'hivers. 146

Barthelmi (Saint) sa fameuse Statue dans la grande Eglise de Milan. 19.

Berne, ses Promenades publiques, 305. son Arsenal. 306

Bologne, en quoi fameuse, 273. ses Raretés. 274

Bresse, pourquoi plus favorisée des Venitiens, que les autres Endroits de leur Domination. 35 & 36. Fameuse pour ses Ouvrages de Fer, ibid.

Cal.

# INDICE.

## C.

**C** Alvin, *avis qu'il don-na aux* Genevois a-*vant sa mort.* 325
Caprée, *decrite* 160. &c. *sa fertilité,* ibid. *Par quelle occasion on y a trouvé des Medailles.* 162 *& suiv.*
Cassis, *Port de Mer en* Fran-ce, *& son agreable Situation.* 1
Cenis, *Montagne entre* Tu-rin *&* Geneve. 282
St. Charles Baronnée, *sa Chapelle souterraine à* Milan, 19. *Estime où est ce Saint,* ibid. *Comparaison de ce Saint & des autres de l'Eglise* Romaine. 20
Cimmeriens, *où ils sont placés par* Homere. 178
Civita Vecchia, *son air mal sain.* 252
Clitomnus, *qualité de ses eaux.* 95
Colomne infame, *pilier à* Milan, 26. *Occasion pour laquelle elle fut dressée* ibid.
Confessionnaux, *plusieurs Inscriptions que l'on y trouve.* 23

## E.

**E** Scargots, *maniere de les nourrir.* 303
Espagnols, *leur politique dans le Gouvernement de* Naples. 123-133

## F.

**F** ano, *pourquoi ainsi appellé.* 88
Felix V. *son histoire.* 289. & suiv.
Ferrare, *peu habitée,* Description *de cette Ville.* 70
Florence, *Recit des Statues publiques* 260 *de ses fameuses Galeries des Raretés qui y sont, & de celles que l'on voit dans quelques Chambres Voisines* 260-270 *Renommée par ses Statues modernes* 270. *soin du grand Duc pour empêcher que* Civita Vecchia *ne devienne un Port libre,* 251 & suiv. *Animosité de ce Prince contre les Luquois & pour quelle occasion* 254 & suiv.
Fortunes, *deux* Fortunes *adorées par les Payens à* Antium 183 & suiv.
Fontaines *en* Suisse, *raison de leur Flux periodiques.* 292

Fri.

# INDICE.

Fribourg, *sa description*, 302 & *l'Hermitage qui en est proche.* 304

## G.

GAl. ( *Abbaye de St.* ) *étendue de son Territoire*, & *maniere dont se fait l'Election de l'Abbé*, 313 & suiv. *Richesses des Habitans*, 314 & suiv. *Differents entre eux & l'Abbé*, 316 & suiv. *ses Armes.* 319

St. Gal, *le grand Apôtre d'Allemagne*, & *quelques particularités de lui.* 319

Genéve, *sa Situation*, 285 & suiv. *Elle est en disgrace chez l'Empereur*, *pourquoi*, 300. *Estimée la Cour des Alpes.* 325

Gennois, *description de leurs Meurs*, 6. *Caractere que leur attribuent les Poetes modernes Italiens & Latins*, ibid. *Marque de leur indiscretion*, 11. *Obligés d'être à present dans les Interets des* François, ibid. *En quoi consistent leur Flotte & leurs autres Forces*, 12. *Le Doge porte une* Couronne & *un* Sceptre *à cause de la*

Conquête de Corse 13, *Avantage qu'en retirent les* Génois, & *maxime des anciens* Romains *toute opposée*, ibid.

Genes, *sa description*, 8, 9. *sa Banque*, *de quoi elle est composée*, & *par qui administrée.* 10

Georges ( Saint ) *son Eglise à* Verone. 39

Greniers, *comment administrés & entretenus en* Suisse, 326 & suiv.

Grote du Chien, *quelques experiences que l'on peut y faire*, 147-150. *Raisons apparentes des effets des vapeurs de cette* Grote, ibid.

Grote obscure. 165 & 166

Golfe de Génes, *fertile en tempêtes & pourquoi sans poissons.* 4

## H.

HAll, *son Sel & comment on le prepare.* 342 & suiv.

Henri VIII, *Roi d'Angleterre*, *une de ses lettres à Anne de Boulen.* 229.

Hercules Monacus. 5

Homere, *son Apotheose*, 214. & suiv.

J ❧

# INDICE.

## I.

JEsuites, *compliment singulier adressé à la Reine des* Romains *dans une* Comedie. 338

Insprukk , *Bâtimens publics.* 338 & suiv.

Ischia, *ancienement* Inarime, 173. *ce que l'on en dit ,* ibid.

Iealiens, *maniere dont ils garnissent leurs Bibliotheques ,* 24. *Comparés avec les* François 30 & 31. *Difference des meurs des deux Nations ,* ibid. *Grande aversion du petit Peuple d'Italie contre les* François *, & raison de cela ,* 31-33. *Extravagantes pierres que l'on met sur leurs Tombeaux,* 40. *Difference entre la prose & les vers* Italiens, 60. *Leurs Comedies sont basses & obscenes.* 61. *Raison de cela ,* ibid. *Quels sont les principaux Acteurs dans toutes leurs Comedies ,* 62. *Coûtume generale en Italie de couronner la Ste.* Vierge 75

Italie , *divisée en plusieurs Principautés comme sa Situation le demande,* 29. *Désolation de l'Italie , & comparaison de ce qu'elle étoit autrefois & de son etat present* 113-117.

Junon Sispita *ou* Sospita, *comment elle est representée* 265. *Decrite par* Ciceron. ibid.

Ste Justine , *son Eglise , la plus belle qui soit en* Italie. 43

## L.

LAc des Come, *autrefois* Latius, 36. *Decrit par* Claudien. 37

Lac de Guarde *ou* Benacus, *decrit par* Virgile. 36

Lapis vituperii, *quel est son usage.* 43

Lausane , *privilege particulier à une de ses ruës ,* 296 & suiv.

Livourne, 248 *son Port franc.* 249. *grand concours des autres Nations qui y abordent ,* 249 & suiv. *Avantages qu'en retire le Grand Duc,* 150 & suiv.

Lemanus , Lac *décrit avec les Villes situées sur ses bords ,* 287 suiv.

Liris *apresent* Garigliano, *décrite.* 119

Lorette , *ses prodigieuses richesses ,* 91. *pourquoi*

eK4

# INDICE.

*elle n'a jamais été attaquée par les* Turcs , ibid. *ou par les* Princes Chrêtiens, 92. *Defcription de la* Ste Maifon. 93
Lucain , *fa prophetie fur les Villes* d'Italie. 242
Ludlow ( Edmond ) *fon Epitaphe.* 294 & fuiv.
Luque , Republique , *induftrie de fes habitans,* 254. *Elle a le* Roi d'Efpagne *pour* Protecteur, 256. *Combien elle meprife les* Florentins , ibid. *Pourquoi le* Grand Duc *n'a jamais rien entrepris contre elle ,* 257. *Forme de fon Gouvernement,* 258.

## M.

St. Marin , Republique, *fa* Situation, 80. *Etendue de fon Domaine,* 81. *Qui la fondée & fon Antiquité,* ibid. *Forme de fon Gouvernement.* 82-87
Marie Madelaine , *Deferts vendus fameux par fa penitence ,* 1. Decrits par Claudien. 2
Maximilien , *Fondateur de la* Grandeur *de la Maifon* d Autriche. 340
Meldingen *petite* Republique *en* Suiffe, 310. *Modele de fon Gouvernement & l'emploi de fon Confeil d'Etat ,* ibid. & fuiv.
Milan , *fa grande Eglife,* 18 & fuiv. *Reliques & grandes richeffes qui y font contenues ,* 21 & fuiv. *fa Citadelle ,* 28. *Situation de cet Etat,* 29. *Affectation des* Milanois *d'imiter les modes* Francoifes, ibid *& fuiv. Parallele des* François *& des* Italiens, 31 &

32. *Defcription de* Milan *par* Aufone, 33 & fuiv.
Mincio, *décrit par* Virgile, 36. *& par* Claudien, 37
Mifene, *defcription de ce* Cap, 172. *fon rang de* Galleries *fouterraines.* 178
Modene, *étendue de cet Etat, & condition de fes habitans,* 275. & fuiv.
Monaco *fon havre décrit par* Lucain , 5. *Etendue de cet Etat,* ibid & 6.
Monte Circeio, Homere *le fuppofé être une* Ifle, 179. *Defcription du paffage* d'Enée *pres de là par* Virgile, 180 & fuiv.
Mont neuf, *comment il s'eft formé.* 150
Morge, *fon povt.* 297
Morphée , *toûjours reprefenté fous la figure d'un Enfant ,* 263 *De quelle maniere* Stace *s'adreffoit à lui.* 264

## N.

Naples , 123. *fes grandes fuperftitions,* ibid *& fuiv.* Sa *delicieufe* Baye 127 *& fuiv.* Decrite *par* Silius Italicus , 157 *& fuiv. fon agreable Situation,* 127. *& fuiv. Penchant des* Napolitains *pour les* Procés, 130 *& fuiv. les* Napolitains *modernes fort diferents de ceux du temps de* Stace, ibid. *Grands changements arrivés dans le Voifinage de* Naples *par rapport au temps paffé,* 139, 140. *Curiofités de la Nature que l'on voit dans ces lieux.* 147-156
Napolitains, *leur panchant pour l'oifiveté & le plaifir,* 133 & fuiv. *Raifon de cela,* ibid.

Narni,

# INDICE.

Narni, *pourquoi ainſi appellé.* 102
Nemi, *pourquoi ainſi appelle.* 238
Nettuno , *ce qui le rend remarquable.* 182

O.

Ocriculum, *ſa Ruine,* 103 & ſuiv.

P.

Padouë, *ſon Univerſité,* 44.
*Origine que lui donne Virgile,* ibid & ſuiv.
Pape , *deſolation de ſes Etats & Pauvreté de ſes Sujets,* 113. *Raiſon de cela.* 114-117
Parker , *Eccleſiaſtique* Anglois, 15. *Epitaphe ſur ſon Tombeau à* Pavie. 16
Parme, *ſon fameux Theatre,* 275 *Etenduë de ce* Duché , 276. *Etat de ſes habitans,* ibid & ſuiv.
Pavie, ( deſcription de ) 14-16 *Pourquoi appellée* Ticinum *par les Anciens,* ibid.
Pauſilipe, *Grote,* 136. *Belle vuë de ce Mont.* 172
St. Pierre , *Egliſe de* Rome *decrite,* 109. *Raiſon de ſon double Dome,* 110. *la beauté de ſa ſuperbe Architecture,* 111
Pietiſtes, *nouvelle Secte en Suiſſe,* 331 & ſuiv.
Piſatello *voyez* Rubicon.
Piſauro , *Doge de* Veniſe *, ſon Eloge.* 51
Po *decrit par* Lucain. 67 & ſuiv. *Critique de* Scaliger *ſur cet endroit ,* 68 & ſuiv.
Puteoles , *ſes ruines pres de* Naples, 138. *ſon Mole pris pour le Pont de* Caligula, 140. *Cette erreur refutée,* ibid.

R.

Ravenne, *ſon ancienne Situation ſelon* Martial, 71. *Et* Silius Italicus, ibid. *Deſcription de la Ville & de ſes environs,* ibid & ſuiv. *Grande diſette où elle eſt, d'eau fraiche,* 108.
St. Remo , *Ville aux* Génois, *decrite.* 3
Rhone , *quelques particularités touchant cette Riviere.* 299
Rimini, *ſes Antiquités.* 76
Rome , *ſa Situation preſente plus elevée que celle de l'ancienne ,* 187. *Grandeur de la Républi-que & magnificence des Empereurs à divers egards ,* 188 *Raretés de* Rome, 189 & ſuiv. *Conſiderations ſur ce ſujet,* ibid. *Pourquoi elle eſt plus frequentée par la Nobleſſe en Eté qu'en Hivers.* 240
Romulus, *ſa Cabane decrite par* Virgile. 94
Rubicon, *à preſent* Piſatello, *decrit par* Lucain. 76

S.

Sannazar , *ſes Vers ſur* Veni-ſe. 66
Sienne , 245 *ſa Cathedrale,* ibid & ſuiv.
Soleure , *Reſidence de l'Ambaſſadeur de* France, 309
Soracte, *appellé les par* Italiens *modernes* St. Oreſte. 104
Spolette, *ſes Antiquités.* 94
Suffolk, ( Duc de ) *enſeveli à* Pavie , 15. *Inſcription ſur ſon Tombeau. & ſon hiſtoire,* ibid.
Suiſſe, *ſa ſurprenante tranquilité ,* 320. *Raiſon de cela,* ibid. *Frugalité des* Suiſſes *& raiſon de cela ,* 322. *leur maniere de s'habil-*

# INDICE.

*s'habiller,* 324 & suiv. moyen de soûtenir les familles egalement , 327 & suiv. leur opinion touchant les forciers. 329

## T.

Terni, *pourquoi autrefois* Interamna. 96

Theatins, *leur Convent à* Ravenne, 74. & suiv.

Tibre, *ce qu'en dit* Virgile, 186 Les *grandes Richesses qu'il renferme,* 209 & suiv.

Ticin ou Texin, *Riviere pres de* Pavie, 17. *Decrit par Silius* Italicus, ibid. *& par* Claudien. 37

Timavus, *decrit par* Claudien. 37.

Tirol, *privileges particuliers de ses habitants.* 346

Turin, *commodité particuliere à cette Ville,* 281. *Aversion du commun Peuple pour les* Francois , ibid. & suiv.

## V.

Velini rosea rura, *pourquoi ainsi appellé par* Virgile, 99. *Cascade formee par la chûte de cette Riviere ,* ibid & suiv.

Venitiens, *leur ambition de faire des Conquêtes en Terre ferme, ce qui est prejudiciable à la* République *& pourquoi,* 53. La Republique *est sur son declin,* ibid. *Comment les* Venitiens *sont avec* l'Empereur , le Pape *& le* Duc de Savoye, 54. *Leur Senat le plus sage Conseil du Monde ,* ibid. *&*

suiv. En *quoi consiste leur rafinement,* ibid. *Leur grand silence en matiere d'Etat , preuve de* cela, ibid. *Nombre de leur* Noblesse , 57. *Leurs Opera* 58 & suiv. coûtume particuliere aux Vénitiens, 64. *spectacle particulier aux* Venitiens, *le jour de l'*Ascension, 65. *Ils sont decrits par* Claudien, ibid.

Venise, *sa Situation avantageuse,* 46. *facile pour le Commerce,* 48 & suiv. *son Commerce diminue & d'où vient cela,* ibid. & suiv. *Description de cette Ville,* 49 & suiv. *elle est remarquable par les Peintures qu'elle renferme des plus grands Maîtres ,* 50. *Humidité de son air ,* ibid. *son Arsenal ,* 52. *son Carnaval ,* 58. *Necessité & consequences de son Carnaval,* ibid.

Venus, ses-Chambres. 144

Verone, *son Amphitheatre,* 37 *& suiv. ses Antiquités ,* 39 *& suiv.*

Vesuve, *description de cette Montagne,* 151 *& suiv. bien diferente de ce qu'en dit* Martial, 162. & suiv.

Virgile, son Tombeau. 136

Ulisse, *son Voyage , sur lequel les* sçavants ne conviennent pas. 2

Vulturna. 119

## Z.

Zurich, ( *relation de* ) 312, & suiv.

## F I N.